Richard Swartz

AUSTERN IN PRAG

Leben nach dem Frühling

Aus dem Schwedischen
von Andrea Fredriksson-Zederbauer

Paul Zsolnay Verlag

1. Auflage 2019
ISBN 978-3-552-05932-0

Satz: Nadine Clemens, München
Autorenfoto: © Paul Zsolnay Verlag
Umschlag: Anzinger und Rasp, München
Foto: © Jaroslav Kučera
Druck und Bindung: GGP Media GmbH, Pößneck
Printed in Germany

Eines späten und sonnigen Nachmittags im Mai 1968 ging ich mit einem Diplom in der Hand die breite Steintreppe der Handelshochschule hinab, unter dem dunklen Tor hindurch und hinaus auf den Sveavägen, eine der längsten und meistbefahrenen Straßen in Stockholm.

Beinahe drei Jahre lang war ich fast jeden Tag diese Steintreppe emporgestiegen, um mich höheren Studien zu unterwerfen, bis an diesem Frühlingstag der Augenblick gekommen war, ihnen ein für alle Mal den Rücken zu kehren und den Schritt in die sogenannte Erwachsenenwelt zu tun. Einen Schritt, der eine Art Beförderung meinte, mir aber wie eine Bedrohung erschien. Und doch auch als eine Art Befreiung. Ich hatte mich von den höheren Studien ja befreit und zugleich nicht die geringste Absicht, mich als reif genug zu erweisen, um den Schritt in die Erwachsenenwelt zu machen. Gerade diese Unreife war das Beste, was ich vorweisen konnte. Was ich während der drei Jahre gelernt hatte, falls da überhaupt irgendetwas war, hatte ich zum allergrößten Teil bereits wieder vergessen. Kaum mehr als das Banale und Selbstverständliche war in meinem Kopf geblieben, wo es sich diesseits der Schwelle zum Vergessen und zum Verdrängten noch eine Weile hielt, wenn auch unklar war, wie lange noch. Trotzdem stand ich hier auf dem Sveavägen, bereit für das Erwachsenenleben, mit einer Bescheinigung dessen, was ich so erfolgreich vergessen hatte, ein Diplom aus steifem Papier von bester Qualität und mit Stempel versehen, sogar mit einem Siegel aus rotem Lack und, unten am Blatt, verschiedenen Signaturen in schwarzer Tinte, allesamt unleserlich, und in der Zeile darunter die gedruckten Namen inklusive Titeln, die ihrerseits viel Platz einnahmen.

Dieses Diplom war der Beweis, dass die höheren Studien hinter mir lagen. Schwarz auf weiß ließ sich darauf entnehmen, wie ich mich drei Jahre lang dem Willen anderer unterworfen hatte, welche Gewalt ich mir selbst zugefügt hatte, indem ich so lange andere darüber bestimmen ließ, was immerhin mein Leben war und nicht das irgendeines anderen. Mein Vater sagte, dass jede Familie ihren eigenen Arzt, Anwalt und Bankier haben müsse. Das sei notwendig, um die Verbindungen der Familie zur Welt aufrechtzuerhalten. Er wiederholte es so häufig, dass ich allmählich begriff, dass er es wirklich ernst meinte, dass es sich um eine unabdingbare Voraussetzung handelte. Für einen jungen Mann klang es aber viel zu praktisch und engstirnig, wie eine sehr düstere Vorstellung vom Leben, und was ich darüber dachte, muss er geahnt haben, er verlieh daher seiner Überzeugung umso hartnäckiger Ausdruck, je stärker er meine Skepsis spürte.

Letztlich aber hatte ich mich dem Willen meines Vaters gebeugt, wählte auf sein Anraten eine, wie er es mehr flehend als auffordernd nannte, ordentliche Ausbildung, statt Literatur und Philosophie zu studieren. Nach väterlicher Auffassung würden sie mich im Leben nicht weiterbringen, jedenfalls nicht besonders weit und bestimmt zu keinem Beruf, der Einkommen und Ansehen brächte, und in diesen väterlichen Willen hatte ich mich gefügt, anstatt meinen eigenen Weg zu gehen. Jahrelang war ich also die Steintreppe hinauf zu Vorlesungen, Seminaren und Lesesälen gegangen, in denen ich über Büchern und Papieren sitzend an meiner eigenen demütigenden Unterwerfung arbeitete, während verschiedene Professoren, einige davon weltberühmt, meinem Vater folgend versuchten, meinen Kopf mit nützlichem und brauchbarem Wissen vollzustopfen. Dafür gab es dort auch Platz. Da ich aber nicht die Absicht hatte, dieses

Wissen zu behalten, war mein Diplom, das ich da auf dem Sveavägen in der Hand hielt, nichts als eine schmerzvolle Erinnerung an diese Unterwerfung und die vergeudeten Jahre meines Lebens: eine offizielle Bestätigung meiner ersten großen Niederlage.

Ich war immer noch sehr jung. Beinahe gänzlich unerfahren, lediglich mit starken und unreflektierten Überzeugungen ausgestattet, ebenso leicht zu widerlegen wie zu verwerfen, während sich hinter dem Willen meines Vaters alle Erfahrungen und Einsichten des Erwachsenenlebens auftürmten. Mit denen wollte er in allerbester Absicht und mithilfe der Professoren auch mich versorgen, was mehr einer Bürde gleichkam, die mir den Rücken krümmte, ja, mich taumeln ließ, auch wenn mir gerade diese Bürde alles leichter machen sollte. Viel später erst würde ich begreifen, dass mein Vater sie als etwas sah, das mir in Not oder Bedrängnis behilflich sein könnte, eine Art Lebensversicherung eines jungen und unvernünftigen Menschen. Womöglich reichte sein Zweifel so tief, dass er meinem Wirklichkeitssinn an sich misstraute, dass er befürchtete, die Beschäftigung mit Nutzlosigkeiten wie Literatur oder Philosophie über einen längeren Zeitraum könnte ihn vollständig einstürzen lassen, ein existenzieller Zusammenbruch, ehe mein Leben überhaupt begonnen hatte.

Um diese menschliche Katastrophe zu vermeiden, musste er einschreiten, solange noch Zeit blieb.

Die Urkunde in meiner Hand berechtigte mich, den Titel eines Diplomkaufmanns zu tragen, ein Titel freilich, den ich nie verwenden, und ein Beruf, dem ich mich nie widmen würde. Aus Pflicht heraus, in der jedoch eher Feigheit, vor allem aber Unterwerfung steckte, hatte ich durchgehalten. Ich hatte bestanden, sodass jenes Papier bescheinigte, was ich während dieser drei Jahre getan hatte. Was ich in der Hand hielt, war der Beweis, dass ich ab sofort ein sogenannter reifer Mensch war.

Ein Erwachsener. Diese Vorstellung ängstigte mich mehr, als sie mich beruhigte, weil ich mich weder benehmen wollte noch konnte, wie es von einem sogenannten Erwachsenen erwartet wurde. Mit meinen 22 Jahren war ich viel zu jung und viel zu unreif für die Erwachsenenwelt, weshalb ich sie noch eine Weile vermeiden wollte.

Für wie lange?

Darüber machte ich mir keine Gedanken. Weder hatte ich den Wunsch noch die Absicht, regelmäßig für meinen Unterhalt zu sorgen, tagtäglich außer an Sonn- und Feiertagen um neun Uhr zur Arbeit zu gehen und bis fünf Uhr zu bleiben, zu heiraten, eine Familie zu gründen, ein Auto anzuschaffen, Steuern zu zahlen, mich an Geburtstage zu erinnern, Topfpflanzen zu gießen und leere Flaschen zu entsorgen (höchstens meine Schuhe zu putzen), mich jeden Morgen zu rasieren. Nichts davon und von anderen Dingen, die zum Erwachsenenleben gehörten, blickte ich mit Freude entgegen, obwohl genau das von mir erwartet und vom Diplom in meiner Hand festgehalten wurde, ein Diplom, das ich nicht anders begreifen konnte denn als einen neuen, hinterhältigen Angriff auf meine Freiheit, als Auftakt einer weiteren Unterwerfung, diesmal unerbittlich und endgültig, viel bedrohlicher und heimtückischer noch als die, denen ich bisher ausgesetzt gewesen war, obwohl ich mir von einem solchen Erwachsenenleben lediglich ein recht vages und lückenhaftes Bild machen konnte, das sich aus dem Verhalten der Erwachsenen in meiner unmittelbaren Umgebung schließen ließ.

Nun war ich an der Reihe. Auch meine Freiheit war bedroht.

Aber gerade meine Unreife schützte mich vor dem Erwachsenenleben. Mich daran zu klammern, so lange ich konnte, schien mir die einzige Möglichkeit, jene Freiheit zu verteidigen, und für diese Verteidigung war mein Diplom in keiner Weise hilfreich. Im Gegenteil. Es half nicht, dass das Examen zur Enttäuschung meines Vaters mittelmäßig ausfiel, dass alle meine Zeugnisse ausnahmslos durchschnittlich waren. Nichts davon ließ sich abstreiten. Und doch war ich zugelassen. Man erwartete von mir, das zu machen, was man Karriere nannte, obwohl es meine bereits übel zugerichtete Freiheit endgültig zerstören würde.

Ein Schritt noch, und ich würde die Zeit der Jugend für immer hinter mir lassen. Eine Zeit, die ich in meiner Unreife als Freiheit verstand, die ohne Forderung nach Verantwortung für andere oder auch nur für mich selbst wie totale Unordnung aussehen mochte. Solange ich diesen Schritt über die Schwelle zum Erwachsenenleben nicht tat, blieb ich auf der Seite der unbegrenzten und verantwortungslosen Möglichkeiten, wo nichts abgeschlossen und endgültig war. Solange ich auf der richtigen Seite der Schwelle stand, konnte ich mich immer noch weigern, diesen letzten Schritt zu tun, und unterwegs auf dem Sveavägen in Richtung Odenplan, etwa auf halber Strecke zwischen der Handelshochschule und der Stadtbibliothek, riss ich mein Diplom in zwei gleich große Teile; zur Sicherheit noch einmal, damit es sich nicht so leicht wieder zu dem fügen lassen würde, das es soeben noch gewesen war. Mit diesen Resten, die meine Eintrittskarte in die sogenannte Erwachsenenwelt gewesen waren, ging ich auf dem Sveavägen weiter zur Odengatan, und kurz vor der Ecke, an der die beiden Straßen einander in einem rechten Winkel kreuzen, genau unterhalb der Stadtbibliothek, warf ich die Fetzen in einen Papierkorb, gemeinsam mit, so schien es mir, meiner Reife.

Eine Trotzhandlung. Völlig sinnlos. Aber ich stand auf der Seite des Unreifen, gegen alle, die das Leben für einen Auftrag an Erwachsene und verantwortungsvolle Menschen hielten, und mit dieser buchstäblich kindlichen Handlung, streng genommen nichts weiter als eine vollkommen leere Geste, hatte ich dennoch meine Rolle in diesem erniedrigenden Pakt zwischen Jugend und Erwachsenenleben aufgekündigt. Zum ersten Mal, im vielleicht letzten Augenblick, hatte ich mich geweigert, mich noch einmal zu unterwerfen. Forthin würde ich niemand anderem als mir selbst dienen. Ich hatte jedoch nicht die geringste Ahnung, wie eine solche Dienstverweigerung vor sich gehen oder aussehen sollte. Und dennoch schien mich gerade das Kindliche meines Handelns in der Überzeugung zu bestärken, dass ich das einzig Richtige tat und das, was ich soeben zerstört hatte, der äußerste Beweis dafür war, dass ich mich um ein Dokument, das mit Siegel und Unterschriften für meine Reife bürgte, nicht verdient gemacht hatte.

Noch war ich unreif. Ich fühlte mich nicht bereit und war fest entschlossen, es zu bleiben, so lange ich nur konnte.

Das sollte sich bald als eine nahezu unmögliche Aufgabe herausstellen. Nicht nur die höheren Studien und mein Diplom hatten mich gefährlich nahe an die Grenze zur sogenannten Erwachsenenwelt gebracht. Seit einiger Zeit wohnte ich mit einer Frau zusammen, die ich bereits nach ein paar Monaten verlassen wollte, einzig und allein, weil es so viele andere gab; der Blick oder das Lächeln einer anderen Frau war verlockender, ihre Gedanken anregender, der Schwung sanfter, mit dem eine blonde oder kastanienbraune Haarsträhne über ihre Stirn fiel. Im Geheimen hatte ich begonnen, die eine oder andere dieser anderen Frauen zu treffen, an abgelegenen Orten in den Außenbezirken Stockholms, die niemand, den ich kannte, aufsuchte, in Teilen der Stadt, in denen ich mich weder zurechtfand noch mich erinnern konnte, je gewesen zu sein. Stockholm war zwar meine Stadt, ich war hier geboren und aufgewachsen, dennoch hatte ich keine Ahnung, wo ich mich gerade befand, wusste nur, warum ich dort war.

Seit einiger Zeit lebte ich in einer Lüge, und diese Verlogenheit war Teil von mir geworden. Ich wachte mit ihr auf und legte mich mit ihr schlafen. Sie trieb mich hinaus ins Unbekannte, löste Bus- und U-Bahn-Tickets zu Haltestellen, von denen ich noch nie gehört hatte, um an Orte zu gelangen, an denen ich meine Leidenschaft stillen konnte. Häufiger noch ließ sie mich unbefriedigt zurück. Gleichzeitig waren diese Stockholmer Expeditionen Betrug. Ich betrog eine Person, die alle als meine Freundin betrachteten, mit jemandem, von dessen Existenz niemand wusste. Am wenigsten meine Freundin, die ich belog und an diesen unbekannten Orten hinter mir ließ, gemeinsam mit dem Alltag, einem Alltag jedoch, in dem die Leidenschaft erloschen war, während die Routinen alles grau und trist eingefärbt hatten; und um diesem trostlosen Zustand zu entkommen, muss mir die Lüge als vergleichsweise geringer Preis erschienen sein.

Diese Abenteuer an den Rändern der Stadt bargen neue und fremde Gefahren. Ich wurde nie gut darin, mich rechtzeitig auf sie vorzubereiten. »Wo bist du so lange gewesen?« Jedes Mal war meine Antwort eine neue und improvisierte Lüge, selten besonders gelungen. »Im Mittelmeermuseum.« »Mittelmeermuseum?« »Um die etruskischen Sammlungen zu sehen.« Es klang nicht überzeugend. Und vielleicht waren die berühmten Sammlungen byzantinisch, nicht etruskisch; ich war mir da nicht ganz sicher oder konnte mich nicht erinnern. Und nicht einmal einen Katalog, keinerlei Ansichtskarte, geschweige denn eine entwertete Eintrittskarte hatte ich mit nach Hause gebracht, um meine Lüge glaubwürdiger zu machen.

»Ich wusste nicht, dass du dich für Krüge und alte Tonscherben interessierst.«

Ich auch nicht.

Oder ich kehrte als Erster nach Hause zurück, rechtzeitig, um in einem warmen Bad die Spuren und Düfte eines anderen Körpers abzuwaschen, bevor ich mich den Fragen stellen musste. Jedes Mal waren die guten Fragen zahlreicher als die guten Antworten. »Seit wann badest du mitten am Tag?« Was ich zu meiner Verteidigung zu sagen hatte, führte mich in einen immer tieferen Sumpf aus Verstellung und waghalsigen Kombinationen aus Halbwahrheiten. Oder noch schlimmer. Sobald ich den Mund aufmachte, riskierte ich, mich in Widersprüche zu verwickeln, die es jederzeit unmöglich machen konnten, wieder festen Boden unter die Füße zu kriegen.

»Hat das Mittelmeermuseum montags nicht geschlossen?«

Sicherer wäre es gewesen, solche erfundenen Besuche in Museen oder Einrichtungen zu verlagern, die mir vertraut waren und in denen meine Anwesenheit wahrscheinlicher war, in den Lesesaal der Königlichen Bibliothek etwa oder in eines der innerstädtischen Antiquariate, die deshalb aber das Risiko von Zeugen dramatisch hätte ansteigen lassen, von Zeugenaussagen gemeinsamer Freunde und Bekannter, die meine Mischung aus Halbwahrheiten und reinen Lügen sofort zum Einsturz gebracht hätten. (»Vergangenen Montag, sagst du? Am Vormittag? Eigenartig. Ich war den ganzen Tag dort, aber ich habe ihn nicht gesehen.«)

Meine heimlichen Treffen fanden in den Vororten oder auf Nebenstraßen im Zentrum statt, in Gaststätten irgendwelcher Stadtteile, in denen ich niemanden kannte, mit Blick auf dichten Fichtenwald. Hin und wieder auch näher an meinem eigenen Viertel, dann allerdings in Sackgassen, die in einen leeren Hinterhof mündeten oder an einer Brandmauer endeten, in kleinen Konditoreien oder Spelunken, in denen die Tischtücher selten gewechselt wurden und die Gäste lange auf ihren Kaffee und noch länger auf die Rechnung warten mussten. Am Stadtrand dünnte das Leben aus, zwischen den Bushaltestellen schien es sich zu lichten. Auch die Menschen wurden weniger; die, die ich traf, bewegten sich zögernd, als wären sie sich nicht sicher, wohin sie wollten und ob es sich überhaupt lohnte. Die Häuser standen mit sorgfältig geschlossenen Fenstern schnurgerade Straßen entlanggereiht. Wer lebte hier? Es sah ebenso ordentlich wie trostlos aus. Vielleicht wohnten Fabrikarbeiter oder Handwerker in diesen anscheinend ereignislosen Wohngegenden. Alle waren sie bei der Arbeit und die Kinder in der Schule. Wirklich sicher ließ sich das nicht sagen. Mitunter bewegte sich ein Schatten im Fenster hinter einer durchsichtigen Gardine und verschwand wieder. Dennoch konnte man mitten am Nachmittag den Eindruck gewinnen, dass an diesem Morgen hier niemand aufgewacht sei. Vielleicht auch an keinem anderen Morgen.

Eigentlich wollte ich den Besuch solcher Orte vermeiden, mich frei in der Stadt bewegen können, ohne Risiko, mit jemandem ertappt zu werden, dessen Gesellschaft ich nicht erklären konnte, schon gar nicht an so unmöglichen Orten. Mein Aufenthalt in den Randbezirken Stockholms schien mir fragwürdig. Ich war auf dem besten Weg, mich im Unbekannten zu verlieren, mich zu verirren, und diese mir fremden und abweisenden Orte machten mir deutlich, dass es höchste Zeit war umzukehren.

Ich hatte begonnen, nachts schlecht zu schlafen. Anfangs versuchte ich mir einzureden, dass der Zustand der Welt der Grund dafür war, wenngleich mein Schlafmangel ausschließlich mit der Frau zu tun hatte, die friedvoll neben mir im Bett schlief. Dass ich die Welt retten könnte, mag zu viel verlangt gewesen sein. Aber zu versuchen, sich selbst zu retten, war vielleicht immer noch möglich, und ich musste einsehen, dass es nötig geworden war aufzubrechen, das zu verlassen, was ich, wenn jemand fragte, ein »Verhältnis« nannte. Ich war des Zusammenlebens mit meiner Freundin überdrüssig geworden und sehnte mich auch nicht danach, mit jemand anderem zusammenzuleben, nur nach meiner Freiheit. Zugleich aber war ich so ungeschickt und träge, dass ich nicht wusste, wie ich aus dem herausfinden sollte, was für mich zur Falle geworden war.

Erwachsen. Verantwortung. Arbeit. Familie. Alle diese Wörter weckten Unbehagen, und alle waren mit Stockholm verbunden, wo mir meine Stellung mit jedem Tag unmöglicher schien und ich fortwollte aus der Stadt, in der ich geboren war, die aber im Begriff war, sich meines Lebens zu bemächtigen.

Doch wie sollte das vor sich gehen? Ohne den Mut, den ich nicht hatte? Ohne jenes Verantwortungsgefühl, das meine Unreife nicht in ihrer Nähe duldete? Nun wäre genau das erforderlich gewesen, um herbeiführen zu können, was ich mir gedanklich mithilfe eines Wortes wie »Trennung« vorstellte; ein klinisch neutrales Wort ohne scharfe Kanten, an denen man sich hätte schneiden können, beinahe so verlogen wie ich selbst. Ein Wort, das mich überzeugen wollte, dass das, was von mir verlangt wurde, ohnehin eine leichte Aufgabe sei, schmerzlos und bald vergessen.

Trennung?

Den Mut zu einem aufrichtigeren Wort als »Trennung«, einem, das der Sache eher gerecht wurde, hatte ich nicht, obwohl ich bald einsah, dass es viel zu harmlos war, um meine Freundin oder jemand anderen von meinem festen Entschluss überzeugen zu können, sie zu verlassen; große Schwierigkeiten, die richtigen Wörter bei der richtigen Gelegenheit zu benutzen, hatte ich früher schon gehabt. Stattdessen geschah es unachtsam. Wörter wie »Liebe« oder »mein Herz« hatten wir beide viel zu oft verwendet. Anfangs aufrichtig, bald jedoch aus Bequemlichkeit oder reiner Gewohnheit, und sie nun durch etwas zu ersetzen, was sie in Frage stellte oder gar verleugnete, widerstrebte meinem Stolz.

Ausgeschlossen. Es wäre nicht glaubwürdig. Wie hätten sich meine Gefühle in so kurzer Zeit so radikal verändert haben können? Etwas stimmte hier nicht. Außerdem war ich zu feige. Und meinen wirklichen Grund – dass sie eine unter anderen geworden war und mich die anderen mehr interessierten – würde sie nicht akzeptieren; sie würde sich ebenso sicher weigern, es zu verstehen, wie ich sie nie dazu bewegen könnte, meine Unreife als gültige Ursache für die »Trennung« anzuerkennen, die ich herbeiführen wollte, diese im Grunde verlogene Umschreibung, für die sie gewiss ein anderes, brutaleres und ehrlicheres Wort gehabt hätte.

Aber auch mit der Wahrheit war nichts anzufangen. Jede Aufrichtigkeit von meiner Seite würde mich nur zu langen Versicherungen verpflichten, dass es nicht wahr sei, dass ich sie vom allerersten Tag an betrogen hätte, und es nicht stimme, dass ich die ganze Zeit in einer Lüge lebte. Vielmehr seien meine Gefühle in Bezug auf sie und die anderen Frauen erst sehr langsam aufgekommen, sozusagen gegen meinen Wunsch und Willen, und sie hätten eigentlich nicht so sehr mit den anderen Frauen oder nicht einmal mit ihr zu tun als vielmehr mit meiner Freiheit. Doch wäre das eine Art von Erklärung, die mich sofort zu weiteren Erklärungen gezwungen hätte, *wann* und *wie* mein Betrug stattgefunden hatte. Eine Art Fahrplan und pedantische Buchhaltung der Untreue würde mir abverlangt werden, gleichermaßen schmerzvolle wie sinnlose Erklärungen. Nichts, was in einem solchen bedrückenden und sicher endlosen Gespräch herauskäme, das ich mir mit Unbehagen ausmalte, würde in der Sache selbst irgendetwas ändern.

Es gab zwischen uns nichts einzurenken. Nicht mit dem besten Willen der Welt würden die anderen Frauen weniger werden, wie sehr sich die Frau, die sich als die Einzige betrachtete, das auch gewünscht hätte. Sich zusammenzutun und in eine gemeinsame Wohnung zu ziehen hatte sich als wesentlich einfacher erwiesen als auseinanderzuziehen, was aber mit jedem Tag notwendiger wurde, wenn ich mich der vor allem körperlichen Nähe entziehen können sollte, die Gefahren enthielt, die ich zuvor nicht geahnt hatte: Verlockungen, denen ich oft genug nicht widerstehen konnte und die danach einen Aufbruch noch schwerer machten. Was mit Gefühlen und Verliebtheit begonnen hatte, war zu einem Problem der höchst alltäglichen und praktischen Art geworden. Banal und ärgerlich. Und bald würde es darum gehen, was wem gehörte und wer was behalten oder zahlen solle; vor allem aber, wer von uns ausziehen müsse – und es lag an mir, darauf zu beharren, dass einer von uns das auch tat. Eine unangenehme Aufgabe. Die Wohnung aber gehörte mir. Deshalb würde sie es sein müssen, die auszog, und ich der, der blieb.

Doch wie sollte das vor sich gehen?

Wie sollte ich ihr verständlich machen, dass das die einzig richtige und vernünftige Lösung sei? Wo doch ich untreu gewesen war und sie betrogen hatte? Der allein dafür verantwortlich war, dass jede Gerechtigkeit und jede Vernunft in unserer Beziehung untergraben wurde? Und Gefühle hatte ich da noch nicht einmal berücksichtigt, ihr Herz, wo, nachdem die Wahrheit herausgekommen war, vermutlich nicht sehr viel von ihrer Liebe für mich übrig geblieben sein würde. Nicht einmal etwas Glut, aus der sich ein paar letzte blasse und beinahe unsichtbare Flammen entfachen ließen. Nein, nicht mehr als kalte Asche.

Ich sah keinen Ausweg. Vor allem nicht, weil es weiter allein mein Problem war. Stattdessen begann ich von einer Lösung zu phantasieren, die es in Wirklichkeit nicht gab, ein klinischer und schneller, fast süßer Schnitt, der uns, ohne ihre Gefühle zu verletzen, zwar endgültig trennen, aber dennoch bei uns beiden nicht mehr als eine wehmütige und vergleichsweise schöne Erinnerung zurücklassen würde. In meinen Tagträumen begannen meine Phantasie und meine Trägheit harmonisch vereint an solch einer Lösung zu arbeiten, während sich das Problem zu etwas Bitterem und Undurchdringlichem verhärtete, je länger ich mich davor drückte, es auf andere Weise in Angriff zu nehmen als in genau diesen Träumen tagsüber, in denen das Wort »Trennung« immer seltener vorkam, bis es, ohne dass ich wusste, wie, durch ein anderes ersetzt wurde.

Das Wort war »Flucht«.

Zuerst widerstrebte es mir. »Flucht« war kein schönes Wort. Es schmeckte – zum wievielten Mal? – nach Niederlage. Das Feld zu räumen war vielleicht nicht dasselbe wie Unterwerfung, aber auch keine trotzige Geste wie jene, ein Diplom in Stücke zu reißen. Lange bemühte ich mich, das Wort zu meiden, bis ich letztlich aufgab. »Flucht« war das richtige Wort, und nur indem ich floh, glaubte ich, diese Frau loswerden zu können, indem ich ganz plötzlich nicht mehr da war, sondern bereits woanders, wo sie mich nicht fände. An irgendeinem Ort, an dem ich mich verbergen könnte.

Wo? Davon hatte ich keine Ahnung.

Manchmal beunruhigte mich, dass ein solch unbekannter Ort allzu sehr an jene Plätze in den Randbezirken Stockholms erinnerte, die ich so oft aufsuchen musste.

Doch das war nicht so wichtig. Ich würde ja nicht auf etwas hin-, sondern vor etwas davonfliehen. Das Wichtigste war, wegzukommen von ihr und dem Ort, an dem sie sich befand, wo mir meine Existenz mittlerweile unhaltbar schien. Besser, als im Vertrauten zu verharren und seine Freiheit zu verlieren, müsse es doch sein, sich ins Unbekannte zu flüchten, auch wenn einem solchen Entschluss zugleich etwas Bequemes und vor allem Lächerliches anhaftete. Aber nach wie vor befand ich mich in Stockholm, ohne einen Ort zu haben, wo ich hinkonnte. Fände ich einen solchen Ort, so nahm ich mir fest vor, in Zukunft alles anders zu machen: mich nicht sofort in ein neues Verhältnis zu stürzen, keine neue Frau so weit in mein Leben zu lassen, meine Freiheit zu verteidigen, keiner Frau zu erlauben, meine Zahnbürste oder meine Zahnpasta zu benutzen, dann neben mir ins Bett zu kriechen, um am nächsten Morgen erneut meine Zahnbürste und meine Zahnpasta zu benutzen, bis eines Morgens dort plötzlich in einem Plastikbecher ihre eigene stand. Ebenso am Morgen darauf und danach, so lange sie wollte und dazu Lust hatte, als wäre das die natürlichste Sache der Welt.

Entsetzliche Zukunftsaussichten, von denen ich fest entschlossen war, sie freiwillig nicht noch einmal zu erleben.

Im Spätsommer desselben Jahres marschierten die Warschauer-Pakt-Staaten in die Tschechoslowakei ein.

Bis zum Einmarsch hatte der Prager Frühling Hoffnung auf einen Sozialismus mit menschlichem Antlitz geweckt. Das ganze Frühjahr und den Sommer hindurch bis zur Nacht auf den 21. August hatte die Welt, zwischen Hoffnung und Besorgnis hin- und hergeworfen, verfolgt, was in diesem fast unbekannten Land geschah. Gewissermaßen so unbekannt, dass es recht bald auf Prag zusammenschrumpfte. Die Stadt mitten in Europa musste symbolisch verkörpern, was für die allermeisten bis dahin nicht mehr war als »ein fernes Land, von dem wir wenig wissen«.

Würde es Tschechen und Slowaken gelingen, eine Alternative zum stalinistischen Sozialismus zu schaffen? Die Bedingungen ihrer Existenz zu verändern? Ich selbst hatte weder an die eine noch an die andere Möglichkeit geglaubt. Mit dieser Auffassung stand ich allerdings ziemlich allein da. Ich sah die Voraussetzungen für jene Reformen nicht, die die Gesellschaft von Grund auf hätten verändern können. Alles, was ich darüber wusste, wie jenes gesellschaftliche System funktionierte (oder nicht funktionierte), hatte mich überzeugt, dass es unmöglich zu reformieren sei, dass umfassende Reformen eher der nicht beabsichtigte Beginn seiner Abschaffung wären, eine Einsicht, die sich mir indirekt erschloss, durch Bücher, Filme oder im Gespräch mit Menschen aus jenem Teil der Welt, die ich getroffen hatte. Die Machthaber aber – nicht zuletzt jene in Moskau – hatten nicht die leiseste Absicht, die sozialistische Gesellschaftsordnung abzuschaffen. Zu einem frühen Zeitpunkt war ich daher davon überzeugt, dass das, was während des Frühlings in Prag ins Rollen gekommen war, zu keiner Erneuerung führen würde, eher zum Gegenteil: zu Niederlage und Rückzug, zur Wiederherstellung der stalinistischen Ordnung.

Der Einmarsch in der Nacht auf den 21. August hatte mich nicht so sehr überrascht als vielmehr bestätigt, was ich bereits verstanden zu haben glaubte. Im Fernsehen zeigte man Panzer, umringt von wütenden und verzweifelten Pragern, während die eingeschüchterten Soldaten auf den Panzern, oft Asiaten, dachten, sie wären in Berlin, und bei jenen, die sie soeben von Revanchismus und Faschismus befreit hatten, um Wasser bettelten. Wasser gab man ihnen, während die Prager versuchten, sie davon zu überzeugen, dass sie sich nicht in Berlin befanden und dass sie hier in Prag keine Befreier, sondern Besatzer waren. Das verwirrte die eingeschüchterten Soldaten noch mehr. Recht bald suchten sie im Innern ihrer Panzer Schutz und schlossen über sich die Luken. Nur wenige Tage später würden sie ausgetauscht werden, neue Soldaten würden kommen, die nicht so eingeschüchtert und verwirrt waren. Wasser bekamen sie aber keines mehr. Doch das, was bereits geschehen war, reichte aus: Im Verlauf nur weniger Stunden hatte die Welt gelernt, dass der »real existierende Sozialismus« nicht reformierbar und der Einmarsch eine Art zynische Bestätigung dieser Tatsache war.

Die Lebensbedingungen der Tschechen und Slowaken waren zwar aufgezwungen, erstickend und so gut wie unerträglich, hatten sich aber als unerschütterlich erwiesen und vor allem als nicht von Prag bestimmt – »mit der Sowjetunion für alle Ewigkeit« pflegte auf den Spruchbändern zu stehen, die von jenen getragen wurden, die zu Aufmärschen des Regimes abkommandiert wurden. Das, was auf ihnen stand, galt nach wie vor, auch wenn die Spruchbänder während des Prager Frühlings eingerollt wurden und im Keller der Parteizentrale geblieben waren. Nun sollten sie wieder zurückkehren; der Text der Spruchbänder, »mit der Sowjetunion für alle Ewigkeit«, galt erneut als rhetorische Losung, die Tschechoslowakei war eine sozialistische Gesellschaft und würde es auch bleiben.

Ein für alle Mal hatte die Geschichte ihr Urteil gefällt.

An diesem Punkt allerdings blieb ich zutiefst misstrauisch. Auch aus rein persönlichen Gründen. In dem, was in Prag während des Frühlings geschehen war, hatte ich meine eigene Auflehnung gegen fremde Machtausübung und eine erstickende Lebensform wiedererkannt, den Versuch, sich gegen den Willen eines anderen zur Wehr zu setzen. Was mir in Stockholm geschehen war, floss mit dem zusammen, was der Welt geschehen war, sodass ich keinen entscheidenden Unterschied sehen konnte zwischen meiner Situation und jener, die in Prag herrschte.

Es war vermessen: übertrieben und egozentrisch, sogar lächerlich, und dennoch ging es für mich um ein und dieselbe demütigende Unterwerfung, egal, ob sie nun an Diplome und Routinen des Erwachsenenlebens oder an sozialistische Bruderhilfe und Panzer gebunden war. Ich hatte mich in der Weigerung der Tschechen und Slowaken wiedererkannt, ein Leben zu führen, das das wahre Leben an einen anderen Ort verlegte, in ihrem Fall auf die andere Seite des sogenannten Eisernen Vorhangs. So wie ich wollte man in Prag einen Schritt zurücknehmen, ich weg von der Schwelle zur sogenannten Erwachsenenwelt, und sie hinaus aus dem, was sich als politische und historische Sackgasse erwiesen hatte. Was für mich das drohende Leben als Erwachsener war, hatte für Tschechen und Slowaken seine Entsprechung in jenem trostlosen Dasein, das sie so lange geführt und von dem sie zuletzt genug hatten. Sie wollten aus dem Leben, das man sie zu leben zwang, aussteigen, zu dem zurückkehren, was für mich Jugend und Unreife, für sie Freiheit und Unabhängigkeit war.

Der Einmarsch am 21. August zerschlug alle Illusionen. Zuerst starb die Hoffnung in Prag und bald auch das Interesse des Westens an dem, was dort geschah. Die Stadt verschwand von den Fernsehbildschirmen und Titelseiten der Zeitungen; die Berichte von dort wurden immer spärlicher, bis sie schließlich mehr zur Verwirrung als zur Information beitrugen. Aus Hoffnung und Interesse wurden Enttäuschung und Frustration, die ziemlich rasch von Gleichgültigkeit abgelöst wurden. Bald fragte sich niemand mehr, was dort geschah; bereits im Herbst nach dem Einmarsch schien es, als wäre der Prager Frühling eine Luftspiegelung oder ein zufälliger Rausch gewesen, die sich verflüchtigt hatten. Was zum Vorschein kam, war wieder die alte *terra incognita* von früher. Prag war wieder das, was es immer gewesen war, also nicht Wirklichkeit, erneut ein Ort auf der anderen Seite des Eisernen Vorhangs, also nirgendwo, nun auch außerhalb von Raum und Zeit.

Von neuem schien die Stadt in vergilbte Fotoalben geklebt oder in irgendein dickes ungelesenes Buch über den Dreißigjährigen Krieg oder die Kunstschätze Mitteleuropas eingesperrt worden zu sein. Was bis vor kurzem Leben gewesen war, war jetzt tot. Und alles, was aus der näheren Vergangenheit noch da war, waren Schwarzweißfotografien der Zwischenkriegszeit mit ihren prächtigen Gebäuden und Straßen, jedoch nur wenigen Menschen, bei der Arbeit für immer eingefroren oder festgehalten mitten im Schritt auf dem Weg durch ihre Stadt auf ein unbestimmtes Ziel zu.

Die Ordnung war wiederhergestellt, und Prag hatte aufgehört zu existieren.

Doch statt mich abzuschrecken spornte es meine Neugier an. In Prag wurde nun der alte Stalinismus wiedererrichtet, mithilfe einer Politik, die mit einer ebenso genauen wie nichtssagenden Bezeichnung »Normalisierung« genannt wurde, auf Tschechisch *normalizace*. Schritt für Schritt sollte sie sich in der Wirklichkeit durchsetzen. Wenn aber das, was ihr vorausging, unnormal gewesen war, so betraf die Normalisierungspolitik in Prag dennoch genau dieselben Menschen, die sich eben und beinahe ohne Ausnahme zum Unnormalen bekannten, nicht etwa zur neuen normalen Ordnung. Dass sie in so kurzer Zeit ihre Auffassung vom Leben geändert haben sollten, konnte ich mir nicht vorstellen. Wie sah ihr Alltag nach der Invasion aus? Dass sich dort irgendeine Art von Leben abspielen musste, war schließlich klar, auch dass es nicht mehr heroisch, sondern eher provisorisch war. Zu meiner Verwunderung und moralischen Beschämung fand ich heraus, dass ich auf dieses Leben neugieriger war als darauf, wie die Prager hätten leben können, wenn der Einmarsch nie stattgefunden hätte: Und ich ertappte mich dabei, dass ich begonnen hatte, mich nach einer Stadt zu sehnen, die alle anderen bereits vergessen hatten.

Was aber war es, wonach ich mich dort sehnte?

Nach einer Art schwarzen Utopie: nach einem Ort, an den fast niemand wollte und von dem weitaus mehr wegzukommen wünschten; nach einem Ort, ausreichend weit weg auf der anderen Seite, einem Fluchtort, um Aufschub zu erwirken und sich zu verstecken, wo niemand mich finden könnte. Nach einem Ort, den es gab und auch wieder nicht, einem, an dem weder meine Anwesenheit noch das, was ich dort machte, von irgendeiner Bedeutung wäre, eine Falte in der Zeit, die einen großen Schritt hinaus aus meinem eigenen Leben erlaubte, um Zeit zu gewinnen statt zu verlieren. Ein Platz, an dem ich meinen Eintritt ins Erwachsenenleben aufschieben könnte und an dem niemand auf die Idee käme, nach mir zu suchen.

Denn genau so war es. Prag zählte nicht.

Ich würde in Prag anwesend sein können, ohne dort wirklich zu leben. Nichts hinter dem sogenannten Eisernen Vorhang gab es schließlich wirklich. Das Einzige, das es gab, war etwas, von dem man bestenfalls gehört hatte, das aber keine Spuren hinterließ, keine Träume oder Ideen weckte. An einem solchen Platz würden keine Forderungen an mich gestellt werden. In Prag müsste ich mich zu überhaupt nichts bekennen, könnte mich jeder Verantwortung entziehen, würde keinen Moment lang ernst genommen, und diese Sehnsucht nach Prag verteidigte ich mit einem großen Wort wie »Freiheit« statt Wörtern wie »Bequemlichkeit« oder sogar »Feigheit«, Wörtern, die der Wahrheit mehr entsprochen hätten.

Ahnte ich, dass diese Stadt nicht meine wäre und auch nicht zu meiner werden könnte? Dass ich in Prag nichts als ein Gast bei der Wirklichkeit sein könnte, noch dazu jemand, der sich selbst eingeladen hatte, ein Fremder in besseren Schuhen und Mantel als andere? In einem Land ohne Geld würde ich selbst als Student mehr zur Verfügung haben als alle anderen, zudem meine eigene Freiheit diskret in Reichweite: Wann immer es mir einfiele, könnte ich mit einem Retourticket in der Tasche als Rückversicherung Prag verlassen und in die Wirklichkeit heimkehren, aus der ich geflohen war.

Ahnte ich, dass mich das am Leben in Prag kaum teilhaben lassen würde? Dass ich es an Ort und Stelle nur aus der Ferne betrachten können würde, wie ein Außenstehender etwas betrachtet, das unzugänglich und im Grunde unbegreiflich bleibt? Auf mehr als das könnte ich nicht hoffen. Was ich im Nachhinein von Prag würde erzählen können, hätte abgesehen davon, was es vielleicht über mich selbst sagen würde, nichts zu sagen – in erster Linie würde ich ja doch ein Deserteur aus der schwedischen Wirklichkeit bleiben.

Über keine dieser Befürchtungen war ich mir zu jener Zeit im Klaren. Keine davon hatte ich vorhersehen können, als ich mich entschloss, im Rahmen des offiziellen Kulturaustauschs zwischen Schweden und der Tschechoslowakei um ein Stipendium in Prag anzusuchen. Als einer der wenigen Skeptiker und Zweifler meiner Generation reiste ich in das sogenannte normalisierte Prag, von dem damals niemand auf die Idee gekommen wäre, es zu besuchen. Es war eine bewusste Handlung, ohne dass ich deren Konsequenzen in vollem Ausmaß verstand. Das Wirtschaftsstudium, dem ich mich widmen wollte, war nur ein Vorwand für meine Flucht; es sollte sich zudem herausstellen, dass es in Prag zwar allerlei von Interesse gab, das man hätte studieren können, gerade Wirtschaft aber nicht.

Trotzdem sollte ich in Prag einiges sehen und hören, sogar das eine oder andere lernen, für das ich aber im Unterschied zu Stockholm mit keinem Diplom belohnt werden würde. Ich blieb dennoch zwei Jahre, und als ich nach Stockholm heimkam (das nach Prag nie wieder dasselbe wurde), interessierte sich keiner dafür, was ich dort erlebt hatte. Erfahrungen mit dem Leben im Osten waren nichts, was hoch im Kurs stand. Ich war ein langweiliger Positivist und Empiriker, der darauf pochte, dass es Prag gab. Aber ich hatte mich geirrt. Prag gab es nicht. Nicht einmal ich, der dort gewesen war, konnte jemanden vom Gegenteil überzeugen.

Niemand stellte mir Fragen. Niemand war da, der zuhören wollte. Ohne dort gewesen zu sein, wussten sie alles besser als ich.

Man konnte sich nicht einmal ganz sicher sein, dass eine solche Stadt je existiert hatte.

In Ostberlin habe ich den Zug nach Prag verpasst. Hierhergekommen bin ich mit dem Nachtzug aus Stockholm. Von der Unterführung des Ostbahnhofs, schmutzig und verwahrlost, bin ich endlich aufs richtige Gleis gelangt, wo ich meine schwere Reisetasche einige Meter entlanggeschleppt und gerade noch gesehen habe, wie der Expresszug nach Prag pünktlich aus der Station rollt. Ärgerlich, denn der Vindobona ist die einzige tägliche Bahnverbindung, die über Dresden in südöstlicher Richtung nach Prag und von dort weiter zur Endstation Wien führt.

Der ostdeutsche Fahrdienstleiter muss das Signal zur Abfahrt eben erst gegeben haben, während ich meine Tasche die letzten Stufen zum Gleis hinaufschaffte, und jetzt steht er da, die Pfeife noch in der Hand, und meint, dass ich vielleicht einen Regionalzug nach Bodenbach nehmen könne. Dort gebe es voraussichtlich die Möglichkeit, in eine weitere Lokalbahn umzusteigen, mit der ich mit ein wenig Glück bis über die tschechoslowakische Grenze komme. Nach Tetschen, sagt der Fahrdienstleiter. Dann sei ich ja fast schon am Ziel. Ein Visum habe ich doch wohl? Auf der anderen Seite der Grenze werde es nicht so schwer sein, eine Verbindung zu finden, die mich das letzte Stück nach Prag bringt.

»Keine Ursache«, sagt der Fahrdienstleiter, als ich ihm für die Auskunft danke. Aber er hat sich geirrt oder diese Informationen entgegen besseren Wissens weitergegeben: So viel Hilfsbereitschaft ist in Ostberlin recht ungewöhnlich. Das wusste ich damals allerdings nicht. Auch bin ich mir nicht sicher, auf welcher Seite der Grenze Tetschen liegt. Der Name klingt fremd, obwohl er doch von einem deutschen Mund ausgesprochen wurde. Habe ich mich vielleicht verhört?

Sicher ist nur, dass ich keinerlei Absicht habe, in einer dieser beiden Städte zu bleiben, die mir nur aus der Literatur bekannt sind. Wenn ich mich recht erinnere, war Franz Kafka in seiner Eigenschaft als Jurist dort auf Dienstreise, um im Auftrag seines Prager Arbeitgebers, der Arbeiter-Unfall-Versicherungsanstalt (AUVA), die Umstände festzustellen, die zu diversen Verletzungen am Arbeitsplatz geführt hatten, Hände und Füße zu verzeichnen, die von Maschinen verstümmelt wurden, oder mit versicherungsmathematischen Formeln die Entschädigungssummen für kaputte Rücken und Lungen zu ermitteln.

Das ist alles, was ich weiß, und keine große Hilfe. Aber ich habe keine Wahl. Irgendwie gelingt es mir, mit einem Regionalzug ins ostdeutsche Bodenbach zu kommen, und von dort nach einem mehrstündigen Aufenthalt auch über die Grenze, an einen Ort, den ich als Děčín verstehe. Tetschen muss unterwegs verlorengegangen sein. Mittlerweile ist es spät geworden, und auch von hier gehen keine Züge nach Prag weiter. Bloß eine Handvoll Fahrgäste, Reisende in unergründlichen Angelegenheiten, haben mir von der ostdeutschen auf die tschechoslowakische Seite der Grenze Gesellschaft geleistet, wo alle aussteigen.

Děčín ist offenbar eine sehr kleine Bahnstation. Ohne die Grenze gäbe es sie wohl kaum. Nur vereinzelt scheinen hier Züge zu halten, die laut Fahrplan im Inneren des Stationsgebäudes rasch wieder abfahren, wenn auch nicht besonders weit. Einige von ihnen stehen verlassen auf Abstellgleisen, rostige Lokomotiven und Personenwaggons mit schmutzig grauen Fenstern, Züge, die in Bodenbach keine Werbung für die tschechoslowakische Eisenbahn gewesen wären, obwohl die ostdeutsche nicht viel besser aussieht.

Ich muss verloren gewirkt haben; meine Reisetasche ist viel zu groß für einen so kleinen und unbedeutenden Bahnhof. Eine freundliche Schaffnerin, vielleicht auch die Fahrdienstleiterin, erbarmt sich und nimmt mich in der Wartehalle beiseite. Ein Reisender wie ich steige hier nur mit einer ganz bestimmten Absicht aus oder, wahrscheinlicher noch, aus Versehen. In meinem Fall handle es sich offenkundig um ein Versehen. Die Schaffnerin lächelt mich an, im Oberkiefer fehlt ein Schneidezahn. Prag? Die nächste Verbindung nach Prag gebe es erst morgen zeitig in der Früh. Ob ich Geld für ein Hotelzimmer habe? Das habe ich nicht, und es beginnt bereits, dunkel zu werden. Mitleidig sieht sie mich an wie ein Vogeljunges, das gerade aus einem der Nester gefallen ist, das die Tauben unter dem Bahnhofsdach gebaut haben, zerzaust und sicher noch nicht flügge. Bald werde das Stationsgebäude für heute schließen. Was soll sie mit mir denn anfangen? Mütterlich besorgt mustert sie erst die Reisetasche und dann wieder mich.

»Du kannst bei mir übernachten«, sagt sie. Sicherheitshalber zeigt sie dorthin, wo die Uniformjacke über ihrem Busen spannt.

Meint sie das ernst? Ich weiß nicht, wie ich auf ihren Vorschlag reagieren soll, nicht einmal, ob es ein Vorschlag ist. Eine Weile stehen wir verlegen beieinander. »Du kannst versuchen, hier auf dem Bahnsteig zu schlafen«, sagt sie dann in ihrem gebrochenen Deutsch, das ich vermutlich der Nähe zu Bodenbach auf der anderen Seite der Grenze zu verdanken habe, auch dass sie mehrmals »Tetschen« sagt, bis ich verstehe, dass Děčín der tschechische Name für die Stadt sein muss, in der wir uns befinden. Die Schaffnerin fügt hinzu, dass es zwar verboten sei, auf dem Bahnsteig zu übernachten, aber selten kontrolliert werde.

»Falls die Polizei kommt, warst du betrunken und wurdest aus dem Zug geworfen. Dann lässt man dich in Ruhe.«

Auf dem Bahnsteig gibt es einige Bänke aus Beton; auf einer

davon zu schlafen ist nichts, worauf ich mich freue. Der Bahnhof ist noch offen. Ich gehe hinein und finde in einer Ecke ein kleines Lokal, in dem ich zwei gekochte Würste bestelle, die ohne Besteck auf einem Pappteller mit etwas Senf und einem runden, geschmacklosen Gebäck serviert werden, eine *kaiserská,* die hier wohl auch Kafka bestellt hat, während er auf den Zug zurück nach Prag wartete. Dazu trinke ich erst ein Bier und dann noch eines, vor allem, weil es nichts anderes zu tun gibt, bis zuerst das Lokal und danach der Bahnhof schließt. Das Bier schmeckt gut und hellt meine Stimmung auf; Prag scheint trotz allem eine Reise und sogar eine Übernachtung in der Provinz wert.

Die Dämmerung fällt nun rasch ein, hält aber unerwartet inne, steht dann grauweiß und durchsichtig still, als bereue sie und wisse nicht mehr weiter. Eine Stunde vielleicht kann sie sich nicht entscheiden, fasst schließlich Mut, zieht tief dunkle Luft ein und hält aufs Neue an, bevor sie sich pechschwarz über die Landschaft und die Bahnstation breitet wie ein Stück abgenutzter, alter Seide.

Das Bahnhofsgebäude schließt. Ich muss wieder hinaus auf den Bahnsteig. Das Personal beendet die Schicht und geht nach Hause. In kleinen Gruppen verlassen die Menschen ihren Arbeitsplatz, alle in einer Art Uniform, ohne dass ich sie zuvor in der Wartehalle, am Fahrscheinschalter oder draußen bei den Gleisen gesehen hätte, und es verwundert mich, dass in einem vergleichsweise kleinen Gebäude so viele Menschen während des Tages Beschäftigung finden. Alle biegen an der Ecke des Bahnhofs Richtung Stadt ab, nur die freundliche Schaffnerin wendet sich nach rechts, den Gleisen und dem Bahnsteig zu, wo ich auf die Nacht warte. Wieder lächelt sie mich an, aber als sie die Betonbank in Augenschein nimmt, ist ihre Miene besorgt, sie streicht mit der Hand darüber, als wolle sie mir das Bett für die Nacht richten. Meine Beschützerin tritt einen Schritt zurück und untersucht mein Nachtlager, ehe sie sich wieder an mich wendet. Aus ihrer Uniformjacke holt sie eine Art Prospekt hervor, den sie mir gibt, eine Tourismusbroschüre, die wohl alle Sehenswürdigkeiten Děčíns vorstellt.

»Vergiss nicht, dass du betrunken warst.«

Ernst und leicht beunruhigt sieht sie mich an. Dann geht auch sie, und ich bin allein.

Meine erste Nacht in der Tschechoslowakei werde ich auf dem Land gut hundert Kilometer von Prag entfernt verbringen, auf einem Bahnhof dicht an der Grenze zu Ostdeutschland. Bevor die Dämmerung das letzte Licht des Tages löscht, versuche ich ein Buch über tschechische Literatur zu lesen, das ich aus Stockholm mitgebracht habe. Es wurde vor dem Ersten Weltkrieg geschrieben, von einem damals berühmten tschechischen Gelehrten, Arne Novák, und während ich da und dort einen Absatz lese, frage ich mich, wie er zu seinem skandinavischen Vornamen gekommen war. Bald ist das Licht so schwach, dass ich nicht länger sehen kann, was da auf den Seiten steht; die Buchstaben fließen zu einer einzigen grauen Masse zusammen. In Böhmen fällt die Nacht viel rascher ein, als ich es von zu Hause gewohnt bin, und bevor es ganz dunkel ist, hole ich einen dicken Wollpullover aus der Reisetasche, der eigentlich für den kommenden Prager Winter mit seinem strengen Kontinentalklima gedacht war. Ich habe gehört, dass es in Prag oft kältere Winter gibt als in Stockholm, das durch die Nähe zum Meer im Winter häufig schneefrei bleibt, manchmal wochenlang. Den Winterpulli knülle ich zusammen und lege ihn zwischen den Beton der Sitzfläche und meinen Kopf. Ich ziehe meinen Mantel enger um meinen Körper, lege mich zusammengekauert auf die Bank und wünsche mir, die freundliche Schaffnerin wäre hier, während ich mit den Füßen versuche, Kontakt mit der Reisetasche neben mir auf dem Bahnsteig zu halten.

Unter einem sternenlosen und, wie mir scheint, sehr niedrigen böhmischen Himmel schlafe ich einsam auf der Bank ein, muss jedoch unruhig geschlafen haben, obwohl weder Züge noch Polizei gekommen sind und mich gestört haben, und bin wenig später wieder wach; die beiden Halbliterkrüge Bier, die ich vor einigen Stunden trank, machen sich bemerkbar, aber eine Schranke, die ich zuvor nicht gesehen habe, muss vom Bahnhofspersonal bei Betriebsende geschlossen worden sein, von der freundlichen Schaffnerin vielleicht, und hindert mich daran, zum Stationsgebäude zurückzukehren. Mir fällt ein, dass es abgesperrt und während der Nacht verlassen ist, weshalb ich von der Bahnsteigkante, lange und mit einem Gefühl der Erleichterung, im Bahnhof von Tetschen auf das Eisenbahngleis uriniere, fast genau an derselben Stelle, wo ich, mittlerweile am Vortag, aus der Lokalbahn aus Bodenbach gestiegen war, statt wie geplant mit dem Expresszug Vindobona durch diese beiden vollkommen unbedeutenden und beinahe zusammengewachsenen Grenzstädte weiter Richtung Prag zu reisen.

Zu Hause gehört zur Dunkelheit die Kälte. Hier aber scheint sie es je nach Laune zu halten, und die Nacht auf der Betonbank erweist sich als lau und mild, wie das daheim ohne Licht nicht möglich wäre. Niemand stört mich auf dem Bahnsteig. Kein Zug fährt ein. Auch die Polizei in Děčín muss in dieser Nacht anderes zu tun gehabt haben.

Kurz nach sechs Uhr rattert ein Bummelzug mit ein paar Waggons in den Bahnhof, und wie aus dem Nichts hat sich eine Schar Fahrgäste gemeinsam mit mir auf dem Bahnsteig eingefunden, Herren in grauen oder dunklen Anzügen und mit verschlissenen Aktentaschen, Damen mit schlampig geschminkten, nichtssagenden Gesichtern, als würden sie noch schlafen, vermutlich alle aus Děčín, aber bereits früh auf dem Weg fort von hier. Eine bleiche Sonne steht tief über dem Horizont, ohne sich höher auf den Himmel zu wagen.

Ich beeile mich, meinen Winterpulli zurück in die Reisetasche zu stopfen, und als alle anderen in den Zug steigen, tue ich es ihnen gleich. Der Waggon ruckelt und wankt, bewegt sich mit größter Anstrengung vorwärts, als falle es ihm schwer mit der Lokomotive im selben Takt zu bleiben. Die verschmutzten Fenster lassen die Landschaft draußen weiterschlafen. In den vielen kleinen Bahnhöfen entlang der Strecke bleibt der Zug ruckartig stehen und setzt sich dann ruckartig wieder in Bewegung, was die Waggons mehr zu überraschen scheint als die Fahrgäste. Diese sitzen in sich versunken aufrecht im Abteil und starren ins Leere. Einige sind in den morgendlichen Schlaf zurückgekehrt; nicht einmal die abrupten und schwankenden Bewegungen des Waggons vermögen sie zu wecken. In jeder Station steht ein Fahrdienstleiter auf dem Bahnsteig mit einem Signalwimpel und einer Trillerpfeife, deren schriller Ton den Morgennebel durchschneidet. Wie weit ist es noch? Ihre schlafenden Körper wissen Bescheid. Mir fällt ein, dass ich mich gar nicht erkundigt habe, wohin wir eigentlich unterwegs sind, überzeugt davon, dass es ohnehin dasselbe Ziel sein muss, dass diese Lokalbahn uns früher oder später alle nach Prag bringen wird.

Während der ersten Zeit in Prag verwende ich einen großen Teil des Tages darauf, kreuz und quer durch die Stadt zu spazieren. Ohne Ziel und ohne Plan. Hin und wieder werfe ich einen Blick auf eine kleine Karte, die ich in der Sakkotasche bei mir trage und die das Prager Bus- und Straßenbahnnetz zeigt, dicke, schnurgerade Linien in unterschiedlichen Farben, die Kurven ebenso weglässt wie alles, was im Zweifel über die Richtung scheint. Mit der Wirklichkeit hat die Karte nichts zu tun, und meistens gehe ich der Nase nach.

Prag scheint für Augen und Nase gemacht. Andere Sinnesorgane kommen hier zu kurz. Die Stadt riecht nach Kohle, nach

Schimmel und feuchtem Mauerwerk, zwischen den Häusern der Gassen nach Urin, überall nach schlechtem Benzin und jetzt im Spätherbst nach feuchtem Laub. Die Braunkohle hat einen unangenehm stechenden Geruch, der erst erträglicher wird, wenn er sich mit den anderen Gerüchen der Stadt mischt. Plötzlich einsetzende Regenschauer und Nebelschwaden binden den Kohlestaub zu einer dünnen, rutschigen, fast unsichtbaren Schmiere, die die Gehsteige und Straßen für Fußgänger und Autofahrer gleichermaßen glatt und gefährlich werden lässt. Vor allem im Herbst passiert es leicht, dass man sich schmutzig macht und den Halt verliert, sich, wenn es richtig schlimm kommt, den Fuß verstaucht oder einen Oberschenkelhalsbruch zuzieht. Gegen Ende des Herbsts ist aus dieser Braunkohleschmiere ein dünner Belag geworden, eine Haut für die Stadt, wie bei jemandem, dessen Gesundheit nicht die allerbeste ist und der sich nichts aus Hygiene macht.

Dem Ohr hat Prag wenig zu sagen. Die Stadt ist fast geräuschlos, mit Ausnahme des herzzerreißenden Quietschens der Straßenbahnen und dem Geläut und den Schlägen der vielen Turmuhren und Kirchenglocken. Da ist das dumpfe Hämmern von Schienen der Linie 3, wenn der Fahrer mit einer Metallstange, groß wie der Zahnstocher eines Riesen, aussteigt und die Weichen umstellt, bevor wir, selten nach Fahrplan, von Holešovice aus auf die Šverma-Brücke biegen. Oder da ist das raue Bimmeln der Linie 8, bevor sie ihre Türen schließt und von der Haltestelle beim Rudolfinum weiter die Moldau entlangfährt. Uhren und Glocken schlagen ihr Kling-Kling oder höchstens ein Ding-Dong, spröde und wie in Watte gebettet. Nicht einmal die Glocken der großen Kirchen dröhnen, wenn es Zeit ist, sodass die Prager stehen bleiben und die Tauben in einem einzigen Schwarm von allen Plätzen der Stadt auffliegen könnten.

Trotz ihrer ständigen Wiederkehr sind diese Geräusche fast diskret, und ohne das Getöse in den großen Bierhallen hätte das

Ohr in Prag wenig zu tun. Große Maschinen, Fabriksirenen, Hammerschläge, auch Polizei- und Rettungstonfolgen sind Geräusche, die es sofort begierig aufnimmt, als Besonderheiten in einer zwar großen Stadt, die aber alles daranzusetzen scheint, so wenig wie möglich aufzufallen.

Das gilt auch für die menschliche Stimme. In Prag schimpft oder ruft man nie laut, und gejubelt wird nur auf den Fußballtribünen. Nicht einmal die Macht hat in Prag eine Stimme. Niemand spricht hier noch zu den Massen; all das ist vorbei. Das ist merkwürdig, da es nach wie vor überall in der Stadt Lautsprecher an Hauswänden und hohen Masten gibt, die allerdings stumm sind. Nur selten kommen Knistern oder einige Takte Musik heraus: Schlagartig kann man von oben eine laute Stimme wie aus einer Badewanne oder einem hallenden leeren Benzinfass vernehmen, bevor sie mitten im Satz abbricht. Es klingt wie ein Röcheln, wie eine schwere Erkältung, ist aber eigentlich die versammelte Abwesenheit öffentlicher Worte.

Dann ist es wieder still.

Wochen-, mitunter monatelang sind die Lautsprecher stumm, und man vergisst sie. Doch dann ist da plötzlich wieder diese krachende Musik, eine Polka oder ein Marsch. Keiner weiß, warum. Und auch nicht, woher, bevor das Auge die Lautsprecher an einer Hausfassade oder einem Laternenpfahl entdeckt, als wolle die Macht daran erinnern, dass sie noch immer existiere, auch wenn das, was aus den Lautsprechern zu hören ist, klingt, als komme es aus dem Jenseits. Eine gespensterhafte Erinnerung an verschwundene, schlechtere Zeiten, ohne dass damit gesagt sei, die Gegenwart wäre um so vieles besser.

Die einzige öffentliche Stimme, die es noch gibt, ist die des Zeitungsverkäufers, der in der Fußgängerpassage unter dem Wenzelsplatz am späten Nachmittag wie ein Nebelhorn die neueste Ausgabe des Abendblattes ausruft. »*Večerní Praha! Večerní Praha!*« Ein Schwächling, wer nicht zu brüllen vermag.

Die aufgeblähte, raue Stimme macht auf mich einen stärkeren Eindruck als das, was in der Zeitung steht. Ich bilde mir ein, dass es eine Stimme mit Lebenserfahrung ist, vermutlich die eines schwer alkoholisierten Menschenkenners.

Dieser erste Herbst ist warm und schwül, mit Unwettern, die von den Hügeln im Norden über die Stadt rollen. Dann folgen prächtige Tage mit hohem Himmel und Bäumen in leuchtenden Farben, an denen ich weiter als üblich gehe. An diesen Tagen riecht die Stadt leicht nach Fallobst. Früh am Morgen hängen dichte Nebelschwaden über der Moldau wie weiße Laken zum Trocknen; der Fluss scheint sie gewaschen zu haben, während er selbst immer schmutziger wird. Auf der Karlsbrücke lehne ich mich über die Steinbalustrade und sehe hinunter auf das dunkle Wasser, das unter der Brücke durchfließt. Dort unter mir treibt an den letzten warmen Herbsttagen noch das ein oder andere moosgrüne Ruderboot den Fluss entlang, dicke oder sehr magere Männer liegen darin mit nacktem Oberkörper auf dem Rücken und lassen sich von der Strömung sanft weitertragen. Es sieht aus, als würden sie sonnenbaden. Die Ruder schleifen im Wasser und ziehen zwei mäandernde Furchen in den dunklen Fluss, für die sich nicht einmal die Möwen interessieren.

Ein ums andere Mal kehre ich an Orte zurück, an denen ich bereits gewesen bin, in der Hoffnung, dass mir diese Wiederholung die Geheimnisse der Stadt enthüllen würde. Mit einem Gefühl von Ehrfurcht bleibe ich vor denselben Springbrunnen, Palais oder Torbögen stehen wie in der Woche davor. Sie gelten als schön. Und sie sind schön. Die jüngeren Gebäude mussten sich nach den älteren richten, und beinahe jedes hat seinen Namen aus einer Zeit, die keine Hausnummern kannte. Meine Erforschung der Stadt hat etwas Manisches und Abergläubisches, als sei es möglich, sich die Wahrheit über Prag zu erwandern. Manchmal glaube ich, etwas auf der Spur zu sein, aber schon einige Tage später bin ich mir der Sache nicht mehr sicher.

Vermutlich habe ich mich geirrt. Meine ersten Wochen in Prag bezahle ich mit tauben, hin und wieder wunden Füßen voller Pflaster.

Bereits in aller Frühe ziehe ich mir Schuhe mit festen Gummisohlen an und begebe mich auf stundenlange Erkundungstouren. Stets allein. Ich habe vor, die Stadt selbst zu erobern, eine Eroberung, die mehr mit friedvollem Flanieren als mit Marschieren zu tun hat. Von meinem Studentenheim in Holešovice aus erst über den Fluss, dann den Ring entlang zum Wenzelsplatz, von dort durch die Altstadt, dann wieder zurück über den Fluss, die Kleinseite hinauf Richtung Hradschin und wieder hinunter, ein drittes Mal über den Fluss, fast immer auf der Karlsbrücke, weiter durch die Altstadt und dann vom Ring über die Šverma-Brücke in Richtung nach Hause, nun zum vierten Mal über den Fluss, zurück zu meinem Studentenheim im siebenten Bezirk.

Immer zu Fuß, selten nur das letzte Stück mit der Straßenbahnlinie 3.

Über weite Strecken spaziere ich auf Kopfsteinpflaster durch die Stadt, stellenweise mit Asphalt ausgebessert, der nicht gereicht zu haben scheint und vergossene, ausgehärtete Flecken auf den gepflasterten Bürgersteigen hinterließ. Oft sind sie aufgegraben. Plötzlich tut sich eine tiefe Grube oder ein Graben im Gehsteig auf, kaum je ausgeschildert oder abgesperrt. Aus diesen Löchern quillt das Innenleben der Stadt hervor: statt Arterien und Muskeln Kabel und Rohre, ganze Bündel an Leitungen aus Gummi oder rostigem Metall, eingebettet in lösliches Fleisch aus Erde und Lehm. Ein strenger Geruch nach feuchtkalter Erde und Fäulnis steigt aus der Unterwelt Prags empor. Die Gruben und der Gestank daraus lassen mich an offene Gräber denken. Fast niemals sehe ich einen Arbeiter in der Nähe. Ob hier etwas ein- oder ausgegraben wird, ist nicht leicht zu sagen. Was vor sich geht, scheint weder begonnen noch abgeschlossen, eher wie eine anhaltende Betriebsamkeit ohne Arbeiter, Gerät oder erklärtes Ziel; so eine Grube sieht mitunter aus wie der geöffnete Bauch eines Kadavers, aber ohne dass richtig klar wird, warum das Tier so brutal aufgeschlitzt worden ist.

Prag ist eine Stadt nach klassischem mitteleuropäischen Muster – zwei Stadthälften, getrennt durch einen Fluss, der idealerweise die Donau sein sollte, in Prag aber als Moldau vorliebnehmen muss. Auf der einen Seite des Flusses ein Berg oder eher großer Hügel mit Schloss und Kathedrale; ein Schlossberg, durch den man in modernerer Zeit manchmal einen Tunnel für den Autoverkehr gebohrt hat; ein Gewirr aus Palais und mittelalterlichen Gassen, das sich von der Höhe des Schlossberges hinunter zum Fluss zieht; eine Brücke – oder mit der Zeit mehrere –, die die aristokratisch-klerikale Schlossseite mit der ebenen, oft erheblich jüngeren bürgerlichen Stadthälfte auf der flachen Seite des Flusses verbindet, eine Stadthälfte, in der die Gassen während der letzten hundert Jahre Zeit hatten, sich auszustrecken und geradezurichten, was auf der Schlossseite nach wie vor krumm und gebogen ist. Sehr viel mehr als die paar wenigen Brücken scheint die beiden Hälften Prags nicht miteinander zu verbinden. Wobei die Karlsbrücke die einzige ist, die zählt. Sie rekelt sich in der Sonne oder zittert unter Schnee, in dem sich rasch ein durch all das Weiß gezogener Pfad zeigt; dafür braucht es nur wenige Stadtbewohner. Und zu keinem ersichtlichem Zweck. Auf meinen Spaziergängen kommt es vor, dass ich mitten am Tag über die Karlsbrücke gehe, ohne einen einzigen Menschen zu treffen, um einige Stunden später über dieselbe Brücke wieder zurückzugehen und auch dann niemandem zu begegnen.

Es sieht so aus, als hielten die Vögel die Stadt besser zusammen als Brücken und Menschen. Als Vogelliebhaber freut mich das. Vor allem sind es Tauben, Dohlen, Spatzen und die ein oder andere Amsel, die sich frei über den Fluss hin- und herbewegen, auf dem als eine Art Grenzwächter der Natur Fischmöwen und weiße Schwäne patrouillieren. Auch nach Hunderten von Jahren hat Prag keine Macht über diese Natur, die sogar die einheitliche Farbgebung der Stadt zu beherrschen scheint: Prag hält sich an die anspruchslose Farbskala der Haus- oder Feldspatzen, an Nuancen von Braun, Grau und Schwarz mit Einsprengseln von etwas, das einmal weiß war, sich aber bald – es ist nur eine Frage der Zeit – in all das Graue und schmutzig Braune fügen würde. Römische Garnisonsstädte hatten sich zu ihrer Zeit an dieselben Farben gehalten. Oder Paris. Prag tut es ihnen so lange gleich, bis der Kommunismus zusammenbrechen und die Stadt auf grelle Pastellfarben umsteigen wird: Aus seinem Käfig entlassen, wird Prag sofort beginnen, wie ein bunter Papagei zu protzen.

Doch das geschieht viel später. Während der Spaziergänge durch die Stadt damals entdecke ich lediglich ein Gebäude, das mit kraftvoller Farbe, einem dunklen Rot, gestrichen ist, auf dem Kleinen Platz in der Altstadt, ein Haus, das zu jener Zeit einsam aussieht und sehr verloren.

Es sollte einige Wochen dauern, bis ich zwischen all der Pracht aus Stein die Parks und großen Obstgärten entdecke. Oft handelt es sich dabei um Apfelbäume. So gut wie immer sind die Parks und Gärten versteckt, als wollten jene, die sie einst anlegten, sie mit niemandem teilen. Jetzt sind sie mit etwas Mühe jedem zugänglich. Dennoch wissen die Prager selbst nur selten darüber Bescheid. Prag entpuppt sich als grüne Stadt. Aber die Natur bleibt diskret, die Grünflächen bilden eines der meistverborgenen Geheimnisse der Stadt. Unter den Bäumen kommen Linden, Kastanien und Pappeln am häufigsten vor; sowohl Linden als auch Kastanien haben große und ausladende Kronen. Es gibt Stadtteile, in denen sie durch die geöffneten Fenster beinahe ins Innere der Wohnungen drängen und mit ihren Ästen an den Fenstern schaben, wenn man diese schließt.

Die Pappeln sind schmal und gerade, ständig in einer zitternden Bewegung. Sie kennen keine Ruhe und hätten sich mit all dieser raschelnden, wachsamen Nervosität als jener Baum geeignet, der zu Prag am besten passt, wenn ihr Wuchs nicht auf so stramme, nahezu strenge Weise gerade ausgerichtet wäre. Auch die Kastanien taugen als heraldischer Wappenbaum nicht richtig. Sie kommen mir für Prag viel zu majestätisch, viel zu stoisch vor, auf ihre gemächliche und selbstgenügsame Weise viel zu zufrieden damit, ebendas zu sein, was sie sind, und nichts anderes. Im Herbst fallen ihre Früchte auf den Boden, dunkelbraun und ungenießbar. Dort bleiben sie stumm liegen. Um die Stadt kümmern sie sich kaum.

Für mich sind die Linden die eigentlichen Bäume Prags: wie die Pappeln in ständiger Bewegung, aber zerstreut und sanft wie jemand, der aus einem Traum aufwacht, der im nächsten Augenblick für immer verschwunden sein wird. Begleitet von den zarten Schatten des Blattwerks der Linden bahnt sich das Licht seinen Weg in die Prager Wohnungen, dringt durch offene Balkontüren oder Fenster und fällt über Böden und abgetretene orientalische Teppiche; sehr weit ragt es allerdings nicht ins Innere der Räume hinein, mitunter nicht weiter als über die Fensterrahmen oder den Boden direkt unterhalb des Fensters, scharf abgegrenzt vom Halbdunkel dahinter. Aber in diesem Lichtfeld bewegen sich die durchsichtigen Schatten des Lindenlaubs hin und her, das Licht verleiht ihnen eine schwach grüne Farbe.

Sieht man vom Ohr und vom Mund ab, ist Prag eine sehr sinnliche Stadt und auffallend schön, und auf meinen Wanderungen versuche ich herauszufinden, worin diese Schönheit besteht. Die geografische Lage? Die Nähe zum Wasser? Die sanften Hügel der Kleinseite, die die flache Altstadt auflockern? Oder eine Schönheit, die nur damit zu tun hat, dass diese Stadt auf so rätselhafte Weise von den schlimmsten Kriegen und Katastrophen Europas verschont geblieben ist? Vom ersten Tag an betrachte ich Prag als ein historisches Kompendium. Während des Gehens versuche ich, darin zu blättern, vor und zurück: Es genügt, sich ein oder zwei Häuserblocks weiterzubewegen, um eine Ecke zu biegen, um eine neue Seite in diesem Kompendium aufzuschlagen. Eine zerbrechliche Seite vielleicht, aber immer noch vorhanden und mit vielem, das sich sehen und über das sich staunen lässt.

All das scheint meinen allerersten Eindruck zu bestätigen – Prag ist eine malerisch gelegene, sogenannte historische Stadt. Eine schöne Stadt. Aber was heißt eigentlich schön? Auf mich wirkt die Schönheit merkwürdig stumm, sie spricht mich selten an. Warum? Meine Wanderungen durch die Stadt begleitet eine Frage, für die der Kleinseitner Ring, das Prager Jesulein, der Pulverturm oder die Teynkirche Antwort genug sein müssten. Aber sie schweigen. Sie sprechen nicht mit oder nicht zu mir. Weil es sich um eine in die Jahre gekommene Schönheit handelt? Mit einer solchen Erklärung gebe ich mich nicht zufrieden. Sie ist zu kokett – die Schönheit Prags ist schließlich nicht die Schönheit einer älteren Dame, die zu ihrer Zeit all ihren Bewunderern den Kopf verdrehte und immer noch aufweist, was auf natürlichem Weg nur langsam abfällt oder verblasst, letzte Reste verschwundener Schönheit, die mithilfe von Puder und der geeigneten Pose, mit Schminke und vorteilhaftem Licht diskret bewahrt werden.

Die Schönheit Prags ist nicht einmal gut erhalten. Viele der historischen Gebäude sind nicht mehr als leere Hüllen. Manchmal sind nur die Fassaden geblieben. Doch sie sind schief, neigen sich in alle Richtungen und würden umfallen, würden sie nicht mit Bohlen und Eisengerüsten gestützt, die ebenfalls schief sind, sich in alle Richtungen neigen und umfallen, hätten sie nicht ebenjene Fassaden in ihrer Nähe, um sich abzustützen. Trotz seiner Vergangenheit und provinziellen Würde ist Prag skandalös verwahrlost. Ich kann nicht sagen, ob die Stadt vor dreißig, hundert oder vielleicht dreihundert Jahren verkam, aber klar ist immerhin, dass der Stolz und vor allem das Geld der Prager heutzutage nicht ausreichen, um sie instand zu halten. Alles Historische, das nicht als ganz und gar unentbehrlich angesehen wird (oft aus sehr unklaren Gründen), lässt man verfallen.

Es kommt vor, dass ich unvermittelt vor einer Kirche oder einem Palais stehen bleibe, die ich aus irgendeinem Buch über Meisterwerke europäischer Architektur wiederzuerkennen glaube. Ein verfallenes Meisterwerk, das ich hier ganz für mich habe.

Ich habe die Geschichte überrascht und bin allein mit ihr.

Die Schönheit Prags hat ausschließlich mit der Vergangenheit zu tun, und es ist leicht, sich vorzustellen, dass das auch vor hundert Jahren so war. Und wieso nicht bereits vor mehr als 350 Jahren, als die Schweden trotz umfassender Raubzüge und Brandschatzungen weder die Stadt noch ihre Schönheit zerstören konnten? Das historische Prag sieht heutzutage nicht viel anders aus. Eine Schönheit der melancholischen Art. Stumm ist diese Schönheit erst geworden, als sie buchstäblich nicht mehr lebendig war (oder lebte), als sie gerade durch die Abwesenheit von Leben charakterisiert wurde.

Ziemlich bald habe ich den Eindruck, dass die, die in Prag leben, sich hin und wieder fühlen, als hätten sie sich in ihrer eigenen Stadt verirrt. Es scheint, als fühlten sie sich hier nicht richtig zu Hause, als wäre die Stadt nicht ganz die ihre. Viele sind zugezogen; die turbulente Geschichte Mitteleuropas hat dazu beigetragen, dass die allermeisten hier nicht länger wohnen als seit höchstens ein paar Generationen. Ihrem Verhältnis zur Stadt haftet etwas Unpersönliches, mitunter Gleichgültiges an, als wäre die Existenz der Prager – auch jener, die hier seit vielen Generationen leben – von einer halb unbewussten Verlegenheit überschattet, als hätten sie sich um Prag nicht verdient gemacht und wüssten darum. Im Unterschied zu anderen europäischen Städten scheint Prag seine Einwohner nicht dazu erziehen zu können, dass sie sich um ihre Stadt kümmern, die Fassaden putzen und streichen, mit einer Selbstverständlichkeit darin leben, die zeigt, dass die Stadt wirklich ihre und niemandes andere ist.

So wirkt Prag auf mich oft herrenlos; wie eine Stadt ohne stolze und selbstbewusste Besitzer. Die Prager scheinen hier zu wohnen, als seien sie Gäste. Gnadenhalber. Nein, nicht mit gepackter Reisetasche, aber als könne jederzeit ein Fremder an die Tür klopfen, eintreten und sich aufs Sofa vor den Fernseher setzen. Und die Stadt selbst verstärkt diesen Eindruck von Unsicherheit: Die Palais sind entschieden zu prachtvoll; dass darin nun Büros und Institute angesiedelt sind, unterstreicht ihre fremde Pracht nur noch. Die Kirchen sind zu leer. Die Klöster zu trostlos. Die Hotels zu heruntergekommen. Die Seidenbezüge zu fadenscheinig. Im Schloss weder König noch Kaiser. Die Räume in den alten Beletagen sind zu hoch, wie überhaupt das allermeiste hier zu hoch oder zu groß ist, manchmal ohne jeden vernünftigen Sinn, und davon kündet, was früher besser war – alles, um genau zu sein –, und wie das alles eigentlich für andere geschaffen wurde und gedacht war als für jene, die heute hier leben.

Jene, die hier leben, leben so mehr in einem Prag, das war, als in einem, das ist. In der Stadt aber, die ist, überleben sie eher, als sie leben. In dieser Stadt werden sie auch sterben, ohne viele andere Städte besucht zu haben, und jenen, die schon tot sind, werden sie nur wenige Gedanken gewidmet haben. Da und dort wohnten einmal Deutsche oder Juden oder irgendein Fürst, aber jetzt nicht mehr. Von ihnen sind nur ihre Häuser und das ein oder andere Palais geblieben; Prag ist eine Ansichtskarte ohne Absender. An jene, die hier einst wohnten, erinnert man sich nicht gerne, und was von ihnen übrig ist, darf mit keiner

Fürsorge rechnen, im besten Fall mit Gleichgültigkeit und damit, dass das, was nach ihnen entstand, an den Stadtrand verwiesen wird.

Es ist nicht ungefährlich, sich so nahe an der Vergangenheit zu befinden. Das neue Prag wird die Rückständigkeit des alten unterstreichen, aber das alte die Dürftigkeit und Trostlosigkeit des neuen.

Wer lebt in Prag?

Tschechen natürlich. Prag ist eine Stadt ohne Minderheiten und Einwanderer, auf den Straßen hört man selten eine andere Sprache als Tschechisch. Besucher und Touristen sind etwas sehr Ungewöhnliches. Die Stadt ist gleichzeitig groß genug, damit ihre Bewohner nichts voneinander wissen, und klein genug, sie nicht in der anonymen Masse der Großstadt verschwinden zu lassen. Hier hat jeder Name und Adresse. Das gilt sogar für Feinde des Regimes – auch sie haben ihre Stammlokale, der Briefträger kümmert sich um ihre Post, die Leute erkennen sie auf der Straße und grüßen manchmal. Nur in den Verleumdungskampagnen der Presse gegen diese Volksfeinde werden ihre Biografien so verfälscht und zur Unkenntlichkeit entstellt, dass sie zur Bezeichnung »Unperson« buchstäblich Anlass geben.

Aber andere sind fort oder für immer ausgelöscht und kommen nicht einmal in den Zeitungen vor. Nicht einmal auf den Friedhöfen. Und die Liste der Abwesenden ist lang. Fort sind die Aristokraten, fort sind die Juden, fort sind die Deutschen. Ausgewandert, ermordet oder vertrieben. Übrig ist eine Stadt, die ohne die Abwesenden niemals zu Prag geworden wäre, das aber nicht gern zugibt. Trotzdem scheint es so, als verursache gerade diese jüdische und deutsche Abwesenheit bei den Tschechen eine Scheu vor dem, was auch ihre Stadt ist, eine verstohlene Scheu, die den Eindruck macht, sie werde von Generation zu Generation vererbt, obwohl die, die von ihr getroffen werden, hier in keiner Weise fremd sind. Immer war Prag auch ihre Stadt, nichts, was sie gestohlen oder okkupiert haben. Doch ohne die anderen ist Prag armselig: Die Stadt ist jetzt ausschließlich »ihre«, war aber bis gestern »unsere« Stadt.

Und ohne die vielen, die dieses »Wir« geschaffen haben, ist Prag zusammengeschrumpft. Prag ist eine kleine Stadt geworden, und mit der Stadt scheinen auch jene geschrumpft, die hier leben. Prag ist Provinz – und zusammen mit der Stadt sind ihre Bewohner provinziell geworden.

Hin und wieder kommt es zum Streit darüber, wie tschechisch oder wie deutsch das historische Prag war, oder wie böhmisch oder österreichisch, um genau zu sein. Die wenigen Juden und Deutschen, die es noch gibt, ziehen es vor, als Tschechen aufzutreten. Selten geben sie ihre Wurzeln preis, außer ein Fremder wie ich macht sie neugierig. Begeistert umkreisen sie mich, und diese Neugier, diese instinktive Zusammengehörigkeit mit einem Fremden verrät sie, legt eine Schicht von Fremdheit auch bei ihnen selbst offen, die sie beinahe mit Erfolg versucht haben zu vergessen. Solche Prager werden bisweilen wieder zu Deutschen oder Juden, und das überrascht auch sie selbst: zu einer Art sentimentaler Dekoration dessen, was einmal war und existierte, zu menschlichen Gespenstern aus dem historischen Prag.

Aber sie leben, im Unterschied zu ihrer eigenen Stadt, dieser großartigen Sammlung an schönen Gebäuden, die ich nach einigen Wochen des Spazierengehens kreuz und quer über den Fluss als ebenso prachtvoll wie buchstäblich versteinert wahrnehmen werde, als zu viel Geschichte auf zu kleinem Raum. Bis vor kurzem hat sich hier in den Gassen allzu viel zugetragen, während die Prager so tun, als sei eigentlich überhaupt nichts geschehen. Das Vergangene ist vergessen; es ist genauso kalt und stumm wie die Schönheit der Stadt, nichts als Stein, und jeden Tag schreiben die Zeitungen ausführlich darüber, was nicht geschieht, und die Briefträger tragen weiterhin mehrmals am Tag die Post aus, dieselben Mitteilungen wie immer, üblicherweise vor allem Rechnungen und die ein oder andere offizielle Vorladung, alltägliche Routinen, die bestätigen, dass sich alles, was sich hier überhaupt ereignen könnte, bereits ereignet hat.

Nichts muss oder kann mehr geschehen.

Aber all das, was bereits geschehen ist und worüber man nicht spricht, scheint Prag zu lähmen: Es hat die Stadt versteinert wie ein Insekt in honiggelbem Bernstein. Wann soll das geschehen sein? Das kann niemand so genau sagen. Alle scheinen es verdrängt zu haben. Aber es ist geschehen, und reglos und unveränderlich ruht Prag in seiner eigenen Lähmung, eine unnahbare Stadt auch für jene, die hier leben.

Mir wird klar, dass das, worin ich täglich umherstreune, eine zwar betörend schöne, aber riesige Kulisse ist, deren verfallende Schönheit nur allzu oft an jene erinnert, die nicht mehr hier sind, und daran, warum sie es nicht mehr sind. Diese Stadt ist, wie eine spätere Zeit es formulieren wird, ethnisch gesäubert, und wie in all diesen Städten werden die Abwesenden wichtiger als die Anwesenden, eine Stadt, in der die, die bleiben konnten und nicht zur Flucht gezwungen wurden, sich in einer Art innerem Exil befinden, in einem Zustand halb unbewusster, anhaltender Heimatlosigkeit, die unheilbar ist und deshalb Schuld oder Scham gleichen kann, auch wenn man für das, was geschehen ist, überhaupt keine Verantwortung trägt.

Hat vielleicht auch Europa Prag deshalb aufgegeben? Nicht plötzlich, nicht sofort, sondern so, dass es niemand recht bemerkte, wie es auch bereits weiter östlich mit Städten wie Lemberg, Czernowitz, Klausenburg, Przemyśl oder Temeschwar geschehen war, Städte, in denen Europa einst zu Hause war und es nun nicht mehr ist. Europa ist anderswo, auch wenn man in Prag versucht, es sich nicht anmerken zu lassen. Wie gewohnt gehen die Leute zur Arbeit, die Züge (einigermaßen) pünktlich, in den Zeitungen und im Fernsehen wird berichtet, wie alles seinen Lauf nimmt, die Bauern säen und ernten, die Ärzte operieren, in der Oper wird gesungen, die Politiker lügen, die Wissenschaftler forschen, Gedichte werden geschrieben, Küsse werden ausgetauscht, das Bier ist genauso billig wie immer. Wie in allen anderen Jahren schwimmt zu Weihnachten ein fetter Karpfen in jeder Badewanne, Leute sterben an Krankheit oder ihrem hohen Alter, sogar die Vögel singen, wie sie es immer getan haben.

In all dem gibt es eine Art vernünftiger Genügsamkeit. Und warum auch nicht? Ist es nicht das, was alle wollen? Wonach alle streben? Und jene, die so eine Ordnung nicht wollen, nicht nach ihr streben, haben trotz heimlicher Zweifel entschieden, sich an sie als den Normalzustand für das Leben hier in der Stadt anzupassen.

Jan wird einer meiner ersten tschechischen Freunde in Prag.

Ich lerne ihn über seine Mutter kennen, eine zerbrechliche und emsige Dame, die eine an einer Schnur um den Hals baumelnde Lorgnette trägt und im Kulturzentrum der DDR auf der Národní třída arbeitet. Trotz ihres tschechischen Namens – Fišer – ist Frau Fischer Deutsche und in ihrem hellblauen Arbeitsmantel jeden Tag hier zur Stelle, um einem in Prag nicht besonders interessierten Publikum Wissen über das nördliche Nachbarland der Tschechen zu vermitteln. Abgesehen von den Klassikern, vielleicht weil man sie als harmlos betrachtet, wird nicht viel Kultur geboten. Jene, die hier als ostdeutsche Literatur angeboten wird, gleicht verdächtig der einheimischen, die nach dem Einmarsch so gut wie unverkäuflich ist. Die Stapel unverkaufter Bücher haben mehr mit dem Inhalt als mit Sprachschwierigkeiten zu tun. Deutsche sind nicht populär, und Ostdeutsche gelten als Deutsche zweiter Klasse, nicht einmal im Stillen widerwillig bewundert wie jene aus dem Westen, und das Schlimmste an den Ostdeutschen ist, dass sie eben nicht aus dem Westen sind und dass sie hier im Osten zum selben elenden Dasein gezwungen werden wie die Tschechen selbst. Daran will niemand erinnert werden; dass die Ostdeutschen es durch ihre bloße Existenz dennoch tun, ist unverzeihlich. Frau Fišer ist zwar weder West noch Ost, hält es aber für angebracht, im Kulturzentrum ihre deutschen Wurzeln hinter einer Freundlichkeit zu verbergen, die mehr auf Vorsicht und Distanz als auf überschwängliche Hilfsbereitschaft zurückzuführen ist.

In den Stößen von Büchern, die im Raum vorne auf dem Tisch liegen, finde ich zwei oder drei, für die sie Geld entgegennimmt und die sie dann in ein raues, schmutzig graues Papier schlägt, ebenfalls ostdeutschen Ursprungs. Wir beginnen ein Gespräch, und schon bei diesem ersten Mal schlägt Frau Fišer vor, dass ich ihren jüngsten Sohn treffen muss. Er heißt Jan. Eine Gelegenheit wie diese muss man sofort ergreifen, und Frau Fišer pocht darauf:

»Darf ich mir die Bemerkung erlauben, dass Sie wie geschaffen füreinander sind?«

Jan wohnt allein in einer Kammer auf dem Dachboden eines verfallenen Hauses auf der Kleinseite, unmittelbar oberhalb des Palais Schönborn. Wie er an diese Unterkunft gekommen ist, weiß niemand. Die Kammer geht auf einen Hinterhof hinaus. Durch das einzige Fenster blickt man direkt auf eine Brandmauer. Wenn man das Fenster öffnet, schabt der Rahmen an der Wand. Diese ist aus sorgfältig gemauerten Ziegeln, die mit der Zeit so dunkel geworden sind, dass sie nun fast schwarz aussehen. Erst wenn man sich vorsichtig hinauslehnt, kann man links und rechts einen Blick auf die Schornsteine und das Gewirr von verwitterten Schiefer- oder Ziegeldächern erhaschen, das sich auf der Prager Kleinseite in alle Richtungen erstreckt.

Jan hat viele Freunde, die seine Dachkammer als ihr kollektives Eigentum betrachten, kommen und gehen, wie sie wollen, hin und wieder Obst bei sich haben, mit dem sie sich auf dem Weg hierher auf dem Laurentziberg oder im Strahover Klostergarten eingedeckt haben. Äpfel, Birnen, manchmal Zwetschken. Die Früchte legen sie auf den einzigen Tisch oder einen von Jans drei Stühlen, damit wir alle davon essen können. In der Dachkammer werden endlose Gespräche geführt, so spröde und tastend, dass ich versucht bin, sie vergeistigt zu nennen. Es geschieht nicht sehr viel mehr, als dass sie sich langsam auflösen wie der Dunst auf den heißen Teegläsern. Oder dass jemand aufsteht, um einen Apfel zu nehmen oder mehr Wasser in die Teekanne zu füllen. So kann man auch leben, denke ich, zumindest, wenn man dieser Gemeinschaft als einer besonderen Art der Innerlichkeit oder asketischen Wahrhaftigkeit huldigt.

Jans Dachkammer scheint außerhalb von Zeit und Raum zu liegen. Auch jene, die sich hier versammeln. Wer hier eintritt, tut das, um sich zu reinigen und zu stärken, um danach die Welt draußen besser ertragen zu können.

In Jans Kammer sind wir vielleicht weniger miteinander, so wie wir da aufgefädelt einer neben dem anderen sitzen wie Walderdbeeren auf einem Grashalm, einige darunter zwar reifer als andere und mit mehr Lebenserfahrung, doch ohne Erfahrung von der Welt, die es in Prag nicht gibt. Aber die meisten von uns sind noch unreif, mit blasser und pickeliger Haut, nicht mehr als unreifes Obst oder Material für etwas, das sich in fertiger Form nur schwer vorstellen lässt. Jans Dachkammer scheint solche Unfertigkeiten und Entwürfe zu versammeln und macht seinen Freundeskreis weit größer, als er selbst ahnt. Das nimmt er hin, ohne überrascht zu sein. Wie üblich sagen seine Freunde nicht viel und bestätigen oft nur, was jemand anderer bereits gesagt hat. Die wenigen Worte kommen leise und zögernd, wie ein Ritual in einem stillen Einvernehmen, bei dem niemand das Bedürfnis zu verspüren scheint, jene Überzeugungen oder Ansichten zu wiederholen, die sie einst zusammengeführt haben mussten. Sie trinken weiter ihren Tee oder blättern in einem Buch, bevor es an jenen weitergereicht wird, der am nächsten sitzt. Wie immer scheinen sie in allem völlig einer Meinung, auch darin, dass das vielleicht nur für diesen Raum gilt.

Manchmal kommt mir der Gedanke, dass Jans Freunde Mönchen und Nonnen gleichen. Rein und unbefleckt. Als hätten sie sich selbst aufgegeben, um ganz und gar in dieser innerlichen Gemeinschaft aufzugehen, in die sie eingetreten sind, um aus ihr niemals wieder aussteigen zu müssen. Hin und wieder glaube ich, die Verlockung darin verstehen zu können: sich Stimmungen hingeben wie einem Rausch, frei und ohne Verantwortung Vermutungen anstellen und träumen, alles auf den nächsten Tag verschieben. Aber diese Untätigkeit erweist sich mit jedem Treffen deutlicher als eine Art Ersatz für das, woran sie gehindert werden oder was ihnen zu tun verboten ist. Ihre Gespräche gleichen eher Entwürfen zu Gesprächen und enden für gewöhnlich, ehe ich begreife, dass sie überhaupt begonnen haben.

Bald verzweifle ich an dem, was sich stets in melancholischem Schweigen zu erschöpfen scheint. Einer sitzt still neben mir und spielt mit einem Teelöffel oder dreht den Gedichtband auf dem Boden vor uns um. Es *passiert* nichts. Es ist, als liege ein fremder und lähmender Schatten über ihnen. Was ist das für eine Kraft, die ihre Gespräche in die immer gleichen Bahnen lenkt? Die Gemeinschaft auf dem Dachboden in Jans Zimmer fühlt sich unwirklich an, als hätten sich jene, die hier zusammenkommen, aus der Wirklichkeit gelöst, und nun entfernt sie ihr uneingeschränktes Einverständnis noch weiter davon.

Der öffentliche Raum ist zu einer Dachkammer geschrumpft;

nur hier können sie sie selbst sein, und mit der Zeit denke ich an Jans Zimmer als eine Zelle.

Jedes Mal, wenn ich zu Besuch komme, ist bereits ein anderer da, jemand, der auf dem Boden sitzt und Tee trinkt oder Jans Katze streichelt, ein bösartiges Wesen mit einem leuchtend blauen und einem trübgrauen Auge. Die Katze attackiert plötzlich die Buchregale an den Wänden der Kammer, die sich langsam zur Zimmerdecke hinschieben, zerkratzt Buchrücken oder reißt ganze Bände aus den Regalen. Während jemand sie auf den Arm nimmt und ihr über den Rücken streichelt, bis sie sich schnurrend beruhigt, stellt Jan geduldig seine Bücher zurück auf ihren Platz.

Bücher sind neben der Gastfreundschaft so ziemlich das Einzige, das Jan besitzt. In den Regalen steht vor allem Belletristik: Gedichtbände von Halas und Seifert, ein dünnes Heft mit Jiři Wolkers früher Revolutionspoesie, die Gebrüder Čapek, Hrabal, Škvorecký, Hašeks »Švejk« und unter den Übersetzungen Tolstoi, Brecht, Hemingway, Mandelstam und Thomas Mann. Auch eine zerlesene englische Taschenbuchausgabe der »Farm der Tiere« findet sich da. Auf den unteren Regalen liegen großformatige Kunstbände gestapelt. Sie sind schwer und voller erstklassiger Reproduktionen in strahlenden Farben. Schlägt man einen davon auf, so scheinen die Seiten die düstere Kammer zu erhellen. Jan studiert an der Filmhochschule, der berühmten FAMU, und schreibt hin und wieder selbst Gedichte. Die zeigt er der Katze und liest sie nur einer jungen Frau mit langen blonden Haaren vor, die mit überkreuzten Beinen vor ihm auf dem Boden sitzt.

Obwohl Jan von Natur aus weich ist, gehen wir an den Sonntagvormittagen regelmäßig zu den Boxkämpfen ins Lucerna, das von Václav Havels Großvater errichtete Jugendstilpalais, das diesem auch gehörte. Als Buchmensch beneidet Jan die Boxer um ihre direkte und unmittelbare Kunst, die sie im Ring entfalten: Ein einziger Schlag, und alles kann vorüber sein. Während es an den Abenden als Nachtklub dient, wird im Lucerna sonntags früh am Morgen in der Mitte der Tanzfläche ein Ring montiert. Auf der Tanzfläche kennt Jan niemanden, aber im Ring hat er einen Freund. Sein alter Schulkamerad John ist ein Mittelgewichtler und gilt als großes Talent. Johns Vater ist ein schwarzer amerikanischer Soldat, der fast unmittelbar nach dem Krieg nach Amerika zurückkehrte, aber der Sohn ist so weiß wie Teig, der noch nicht im Ofen gelandet ist; im Lucerna unterscheiden ihn nur die gelockten Haare und die breite Nase von den anderen tschechischen Boxern. Seine Spezialität sind Körperschläge, einige gezielte Haken, und der Gegner knickt ein wie eine Wachskerze. Jans Freund schlägt mit beiden Fäusten hart zu, und das Publikum liebt ihn bereits abgöttisch. Viele von ihnen sind Zigeuner. Zuhälter, Glückssucher in Halbstiefeln mit bunten Nieten, professionelle Charmeure oder einfach arme Teufel, die vor dem Gong zur ersten Runde mit Bier in Pappbechern umhergehen und uns anderen die Hände schütteln, als hätte John bereits gewonnen. Wir erwidern ihren Händedruck und klopfen ihnen auf den Rücken.

Aus dem eisgekühlten Sekt und der Tanzmusik des späten Samstagabends sind bis zum Sonntagmorgen abgestandenes Bier und Gegröle geworden.

»Schlag ihn tot, John! Mach ihn fertig!«

Die Zigeuner geraten in Rage und reißen den Rest des Publikums mit sich, oft unechte Blondinen mit Frisuren wie aus aufgetürmter Zuckerwatte, in Begleitung von Typen, die aussehen, als könnten sie sich auch ohne Boxhandschuhe mit jedem prügeln, der daherkommt. »Schlag ihn tot, John!« So ein Blutdurst am Sonntagmorgen ist nicht mehr christlich. Aber alle sind derselben Meinung wie die Zigeuner, denen wir eine Sympathie entgegenbringen, die nur an Sonntagvormittagen gilt. Aber jetzt ist Sonntag, und wir schreien mit ihnen:

»Schlag ihn tot, John! Mach ihn fertig!«

Jans alter Schulfreund ist frech und unerschrocken und gibt jedes Mal alles. Das reicht normalerweise. An einem der Sonntage trifft er im Ring aber auf einen kompakten Jugoslawen, der bei irgendeiner internationalen Meisterschaft bereits eine Bronzemedaille geholt hat. Jetzt ist er nach Prag gekommen, um zu zeigen, was er draufhat. Schon zu Beginn der ersten Runde hat John respektlos einige Kreise um ihn gezogen, erst von links nach rechts und dann von rechts nach links, als handle es sich um einen Walzer auf dem Tanzparkett, was es letztlich ja auch ist, und lässt dann wie ein Reptil seine harte linke Gerade dem Jugoslawen mitten ins Gesicht schnellen. Das Publikum brüllt vor Begeisterung. »Schlag ihn tot, John! Mach ihn fertig!« Doch der Jugoslawe grinst nur, der weiße Zahnschutz füllt das Grinsen voll aus wie bei einem Clown, und gegen Ende der Runde hagelt es eine Serie von Treffern gegen Johns Körper, dass man von seiner Ecke des Rings das Handtuch hineinwirft.

Ein schmähliches Ende, und Jan ist verzweifelt. Die Zigeuner heulen und bestellen mehr Bier. Die Frauen im Publikum bringen vorsichtig ihre Frisuren in Ordnung und beeilen sich hinaus zur Toilette. Aber da ist nichts, worauf man die Schuld schieben kann; der Jugoslawe war schlicht und einfach um vieles besser. An anderen Sonntagen haben wir hingegen mehr Glück und den ein oder anderen Knockout, und auch jene, die nicht auf Johns Konto gehen, sind ihr Geld wert.

Der Herbst ist ungewöhnlich warm, die Prager sitzen weit in den Oktober hinein im Hemd in den Gastgärten, und auf meinen Wegen durch die Stadt trage ich selten mehr als meinen Cordanzug. Aber mit Monatsende beginnen die Nächte kühl zu werden, Regen fällt, und früh am Morgen steigt dichter Nebel von der Moldau auf, sodass all die Nässe sich bereits an den Kais mit dem Ruß der Braunkohle mischt, mit der in Prag geheizt wird, und zu jener dünnen, rutschigen Schmiere verbindet, die bald den Asphalt und die Kopfsteinpflaster der Gassen bedeckt und in den Innenräumen ärgerliche Fußabdrucke hinterlässt.

Anfang November hole ich den Mantel aus dem Kleiderschrank in meinem Studentenzimmer. Er hing dort mehr oder minder seit jenem Tag, als ich nach Prag kam, immer noch zerknittert und mit einigen Flecken von der Nacht auf dem Bahnhof in Děčín. Der Mantel braucht dringend eine chemische Reinigung, und ich bringe ihn in die Innenstadt, in eine Wäscherei auf dem Graben.

Dort mache ich meine erste unliebsame Erfahrung mit Prag – der Mantel kommt ohne Futter zurück. Irgendjemand muss die Gelegenheit genutzt haben, das Futter mit einer Schere oder einem Messer zu entfernen.

Der Leiter der Wäscherei streitet nicht ab, dass das Futter, wie ich behaupte, noch dran war, als ich den Mantel zur Reinigung brachte. Er zuckt mit den Schultern. Mit seinen blassen, kleinen Händen untersucht er sehr umständlich die Innenseite des Mantels, als handle es sich um eine Operation, nicht um einen Diebstahl. Tatsächlich, das Futter ist weg. Das lässt sich nicht bestreiten. Der Leiter hat seine Brille auf die Stirn geschoben, um zu unterstreichen, dass die Untersuchung beendet und er zum selben Schluss gekommen ist wie ich. Jetzt fordert er mich auf, den Diebstahl zu melden.

Ich will wissen, wer auf die Idee kommt, ein Mantelfutter zu stehlen.

»Das lässt sich nicht so genau sagen«, meint der Wäschereileiter, immer noch die Brille auf der Stirn. »Im Prinzip kommt dafür jeder in Frage.« Und fügt hinzu: »So sind nun mal die Zeiten, in denen wir leben.«

Während er sich den Mantel bezahlen lässt, der immerhin gereinigt wurde, nutzt er die Gelegenheit, mich darüber aufzuklären, dass eine Diebstahlmeldung an sich noch nicht zu einer Entschädigung berechtigt. So etwas muss von Fall zu Fall geprüft werden. Eine Meldung ist nicht mehr als ein Protokoll. Ein Aktenstück. Der Leiter beugt sich mühsam hinter der Theke hinunter, zieht einige Laden heraus und sucht ziemlich lange nach dem richtigen Stempel. Es ist sehr wichtig, dass ein solches Protokoll korrekt unterzeichnet wird, in diesem Fall von ihm als Leiter und mir als Kunden, und es dann den richtigen Stempel bekommt, den er nun triumphierend vor mir in die Luft hält.

»Das nenne ich Glück«, sagt er. »Direkt vor meiner Nase!«

Dennoch soll ich mir keine Hoffnungen machen. Besonders wahrscheinlich, dass sich das Mantelfutter wiederfindet, ist es nicht, und dass sich herausfinden lässt, was genau geschah, wohl auch nicht.

Der Leiter scheint in dieser Sache ziemlich sicher.

»Wir sind eine Wäscherei«, stellt er feierlich fest. »Wir sind schließlich nicht bei der Polizei.«

Eine einsame Glühbirne in einem Schirm aus Pappe baumelt an ihrem Deckenkabel über dem Tisch. Es ist bereits nach Ladenschluss. Draußen fahren die rot-gelben Prager Straßenbahnen quietschend den Graben hinunter, eine Klage wie von einem großen unbekannten Tier unter der Peitsche. Die Straßenbahnen sind vollgestopft mit Menschen auf dem Weg von der Arbeit nach Hause, und aus einem Raum hinter dem Ladentisch kommen zwei Frauen vom Personal, um einen Blick auf den Kunden zu werfen, der glaubt, mithilfe einer Diebstahlmeldung zurückzubekommen, was er für immer verloren hat; es lässt sich nicht einmal ausschließen, dass eine von ihnen die Diebin mit der Schere ist.

In den Gesichtern der beiden Frauen gibt es keine Spur der Anteilnahme, auch nicht von Schuldbewusstsein, nur diese stumme und träge Neugier, mit der man einen Verlierer oder einen Hilflosen dabei beobachtet, wie er ein Formular ausfüllt, das vermutlich nicht einmal abgeschickt werden wird. Ihr indiskretes Interesse an dem Vorfall scheint mir unwürdig, beinahe sadistisch.

Der Leiter der Wäscherei setzt eine wichtige Miene auf und seufzt. Danach liest er gründlich das Formular durch, bevor er es in der rechten oberen Ecke abstempelt. Die Lippen bewegen sich, während er still liest, auch jetzt mit auf die Stirn geschobener Brille; seine plötzliche Bedeutung hat ihn möglicherweise vergessen lassen, dass es bereits nach sechs ist und das Personal darauf wartet, nach Hause gehen zu dürfen. Ich unterschreibe ganz unten auf dem Formular. Zum Abschied reichen wir uns die Hand. Dieselbe blasse Hand, die das Innere des Mantels so flink untersuchte, streckt sich mir nun unterwürfig entgegen: An dem schlaffen Händedruck bemerke ich, wie er seine Finger spreizt, um sie länger erscheinen zu lassen.

Vom Graben begebe ich mich auf direktem Weg auf die Kleinseite, um Jan zu erzählen, was geschehen ist. Soll ich erst noch am Devisenladen Tuzex vorbeigehen und etwas kaufen, das ich mitbringen kann? Schweizer Schokolade vielleicht? Oder richtigen Kaffee? Aber es ist bereits sechs Uhr vorbei, und ich habe in der letzten Zeit aufgehört, Dinge mitzunehmen, die ihre Äpfel nur noch wurmstichiger und rostfleckiger machen; ich habe aufgehört, an ihrer Stelle zu kaufen, was sie selbst nicht kaufen können, aber auch um meiner selbst willen, eine Aufopferung und asketische Solidarität meinerseits in der Absicht, uns gleichwertiger zu machen. Ebenbürtiger. Es scheint sie allerdings nur enttäuscht zu haben. Ohne dass es gesagt wird, gewinne ich den Eindruck, dass sie weder Wert auf meine Aufopferung noch auf meine Solidarität legen, dass sie ihre Schokoladentafeln vermissen und ab und zu auch mir die ein oder andere gerne gönnen.

Mit leeren Händen betrete ich Jans Dachkammer, der wie üblich Besuch hat; wann er Zeit hat zu studieren oder Vorlesungen zu besuchen, habe ich nie verstanden. Jan ist damit beschäftigt, Teewasser für seine Gäste zu kochen. Einige von ihnen sehe ich zum ersten Mal, sie sitzen auf dem Boden oder den drei Stühlen im Raum. Hinter der Tür hängen ihre Mäntel und Jacken. Jans Zimmer riecht wie immer schwach nach Äpfeln, Ruß und rissigem Leder, und dazu dieser unbestimmte Geruch nach vertrockneten, einsamen Menschen, arme Teufel, nicht mehr als Haut und Knochen und mit einem Fuß bereits im Grab, die, so bilde ich es mir ein, seit Hunderten Jahren hier gewohnt haben, bevor die Zeit auch für den anderen Fuß gekommen ist.

Niemand scheint besonders aufgebracht oder verwundert über das, was ich erzähle. Ob ich die Verkäuferin, die den Mantel entgegengenommen hat, von früher kenne? Und um welche Art Futter es denn gehe? Aus bester Lammwolle. Ein englisches oder schottisches großkariertes Muster in kräftigen und leuchtenden Farben. Wissend sehen sie einander an. Was sie gehört haben, scheint mehr als genug zu sein. Eine rothaarige junge Frau mit Sommersprossen, die ihren Tee an eines von Jans Buchregalen gelehnt im Stehen trinkt, gibt mir zu verstehen, dass ich es mir selbst vorzuwerfen habe, so leicht bestohlen worden zu sein. Die Rothaarige ist höflich, aber der sarkastische Tonfall ist nicht zu überhören. Niemand sagt es offen, doch das diskrete und zugleich höhnische Schweigen lässt kaum Zweifel zu: Das Mantelfutter habe ich zum letzten Mal gesehen, und daran bin nur ich selbst schuld.

»Über welchen Mantel sprechen wir eigentlich?«

Einen Burberry.

Sie richten ihre Blicke beinahe sofort auf den Kleiderhaken, auf dem mein Mantel zusammen mit ihren Mänteln und Jacken hängt. Also ein Burberry.

Und so einen Mantel gebe ich weg, ohne zu wissen, mit wem ich es zu tun habe? Habe ich nicht begriffen, dass es nirgendwo in Prag so einen Mantel zu kaufen gebe? Schottisch und großkariert noch dazu. Dass hier nirgendwo so ein Futter zu haben sei?

So viel Leichtgläubigkeit ist für sie nicht vorstellbar, sie ist beinahe unverzeihlich. Und diese ganze Aufregung wegen etwas, das doch nichts ist. Habe ich gar nichts gelernt? Mit cholerischem Zorn und Hysterie lässt sich hier überhaupt nichts ausrichten. Von mir hätten sie mehr erwartet, ausreichend lange sei ich ja immerhin in Prag, um nicht auf die kleinen Diebstähle moralische Entrüstung zu vergeuden, sondern sie für die großen aufzuheben. Ein Mantelfutter ist nichts, nicht einmal der Rede wert. Nicht zu vergleichen mit dem, was man *ihnen* gestohlen hat, die großen Diebstähle, die hier jeden Tag stattfinden.

Ich habe auf eine Erklärung gehofft, zumindest auf Verständnis, aber stattdessen haben sie mich verletzt. Das bringt mich aus der Fassung. Anscheinend sind sie der Meinung, dass der Diebstahl eines Mantelfutters etwas ziemlich Banales und Normales ist, mit dem man daher rechnen und sich damit abfinden muss, und als ich sage, wie ich das, was sie gesagt haben, sehe, reagieren auch sie aufgebracht und versuchen mich gleichzeitig zu beruhigen. Gewiss, das Recht sei auf meiner Seite, das heißt auf der des Bestohlenen. Aber für dieses Recht habe ich keine größere Verwendung. Moralische und juristische Prinzipien seien wichtig, aber nichts, was man essen, nicht einmal etwas, womit man sich wärmen könne. Wie wolle ich mich den Winter über warm halten? In Prag müsse man mit jeder Menge Schnee rechnen, die Moldau friere oft zu.

Und in einem dünnen Mantel ohne Futter werde auch ich frieren.

Habe ich daran nicht gedacht?

Da ist wieder die junge Frau mit den roten Haaren, die ich in Jans Dachkammer zum ersten Mal treffe, an die ich jedenfalls keine Erinnerung von früher habe. Sie schenkt mir ein spitzes

Lächeln: Mein Futter ist sicher schon in einen ganz anderen Mantel eingenäht. Und dann spricht sie es offen aus: Was sie beträfe, so finde sie das völlig in Ordnung. Wer auf seine Habseligkeiten nicht aufpassen kann, muss damit rechnen, alles zu verlieren, auch das, was bei weitem wichtiger und kostbarer ist als ein Mantelfutter.

Ein weiteres Mal scheint es, als seien die anderen ihrer Meinung. Mit nikotingelben Fingerspitzen rauchen ihre männlichen Kollegen die Zigaretten bis ganz ans Ende und lächeln nur müde oder schadenfroh über mein Unglück. Die Rothaarige spricht in deren Sinn, in einer Sache, die immer mehr einer Anklage gleicht. Ich bitte Jan um eine Tasse Tee, und sofort setzt er auf dem kleinen Primus-Kocher, der zwischen Dostojewski und seiner Krimisammlung eingezwängt im Buchregal steht, erneut Wasser auf.

Je länger ich seinen Freunden zuhöre, desto mehr beschleicht mich der Verdacht, dass sie mit dem, was mir in der Wäscherei widerfahren ist, ziemlich zufrieden sind. Die westliche Leichtgläubigkeit – oder Dummheit – ist bestraft worden. Es hat sich nicht einmal als besonders schwierig erwiesen. Eine Schere, es kann auch ein Messer oder eine Rasierklinge gewesen sein, einige rasche Schnitte – fort ist das Futter. Alles im Handumdrehen. Der Osten hat sich am Westen revanchiert. Exemplarisch. Ihr habt, wir brauchen. Und weg ist das Futter.

Eigentlich ist das Ganze natürlich lächerlich, nichts, worum man viel Aufhebens machen muss. Und zugleich wird eine Art uralte und ursprüngliche, eben deshalb zutiefst menschliche Gerechtigkeit geübt, jenseits von Paragrafen und dem Kleingedruckten in Verträgen, im konkreten Fall mithilfe eines Futters, das zwar meines ist, von dem aber jemand hier in Prag der Auffassung war, es dringender brauchen zu können als ich. Und Jans Freunde – vielleicht auch Jan selbst – stehen auf der Seite dieser unbekannten Person.

Was ich Diebstahl nenne und sie eine alltägliche Bagatelle, ist jedenfalls eine Art Beitrag dazu, eine der großen Ungerechtigkeiten des Lebens zu korrigieren, das skandalöse Ungleichgewicht zwischen Überfluss und Armut, den für alle offenkundigen Skandal, dass wir im Westen alles haben und sie in Prag nichts. Das ist ihr stärkstes Argument. Oder sei ich vielleicht anderer Meinung? Wolle ich diese Ungerechtigkeit verteidigen? Aber genauso wenig, wie sie in Prag schuld an ihrer Armut und ihrer Unfreiheit sind, haben wir im Westen uns um unseren Reichtum und unsere Freiheit verdient gemacht. Alles ist Zufall, nichts anderes als den Umständen geschuldet. Und sie haben Pech gehabt. Es ist die Rothaarige, die mir nun aggressiv und wortreich zugleich die Welt erklärt, aber auch Jan mit seinen zur Hälfte deutschen Wurzeln, stimmt ein:

»Keiner von uns hat es sich ausgesucht, östlich der Elbe geboren zu werden.«

Ein Satz wie dieser klingt aus seinem Mund altklug. Ich vermute dahinter etwas, das er bei seiner Mutter aufgeschnappt hat.

Ich verstehe sie nicht. Stehe ich tatsächlich ihnen gegenüber in einer so großen kollektiven Schuld, dass ich mich damit abfinden muss, bestohlen worden zu sein? Nur deshalb, weil ich zufällig aus dem Westen bin? Aber für die Geografie kann ich schließlich nicht zur Verantwortung gezogen werden, und es stört mich, dass sie nicht einmal eine Spur Mitgefühl zeigen, dass sie mit einer solchen Schadenfreude anscheinend auf der Seite des Diebes stehen und nicht auf meiner. Was richtig und falsch ist, muss ja immerhin wichtiger sein als die Umstände. Aber davon schweigen sie, und ich schäme mich für sie: für ihre Heuchelei und ihren Neid, aber auch – doch davon schweige selbst ich – dafür, dass der Mantel, den ich auf den Haken hinter der Tür gehängt habe, auch ohne Futter so viel besser ist als alles, was da nun über meinem hängt, billige Jacken und Mäntel, mit denen sie sich begnügen müssen.

»Warum kaufst du dir keinen neuen Mantel?«

Es ist wieder die Rothaarige, die auf mich losgeht. Was sie damit sagen will, ist, dass sie sich das nicht leisten kann.

Schlagartig sitzen alle stumm da. Es ist die Anspielung aufs Geld, die das Gespräch zum Erliegen bringt. Die materielle Welt außerhalb hat in Jans Zimmer keinen Platz. Jan ist aufgestanden, um mehr Teewasser aufzusetzen. Seine Freunde tragen fast alle lange, dunkle Pullover und Jeans, sind sehr würdevoll und auf beinahe biblische Art feierlich, besonders, wenn sie schweigen. Die Frauen sind im Schweigen noch besser; sogar die Rothaarige ist verstummt, ein für alle Mal, wie es scheint. Mit dem Schweigen ist der große Ernst in ihre Gesichter zurückgekehrt, und der Ernst ist so blass und unbeweglich, dass sich ein Lachen oder Lächeln kaum darin zurechtgefunden hätte. Alles beginnt wieder von vorn: Sie sitzen auf dem Boden oder auf Jans Bett und trinken Tee, mit Gesten, die für seine enge Dachkammer wie maßgefertigt scheinen, langsam und nachdenklich, Gesten, die in meiner Vorstellung zu Menschen mit einer großen, aber erzwungenen Ruhe in ihrem Inneren gehören.

Nur mein Mantelfutter hat sie für eine Weile aus der Fassung gebracht.

Einige Tage nach dem Treffen bei Jan ersuche ich ihn, mich zur Wäscherei auf den Graben zu begleiten, um herauszufinden, was mit meiner Diebstahlmeldung geschehen ist. Auch dieser Besuch trägt sich am späten Nachmittag zu. Die Dämmerung setzt in Prag die ersten Lichter, verschwommene und schwach gelbliche Flecken schwebenden Lichts, die nicht wachsen, nur still und beinahe unmerklich atmen, als hofften sie, von der Dunkelheit nicht entdeckt zu werden. Die Luft ist rau, aber noch nicht beißend, Winter haben wir in diesem Jahr noch keinen zu

Gesicht bekommen. Der Leiter der Wäscherei scheint nicht besonders überrascht, mich zu sehen, auch nicht, dass ich diesmal in Begleitung erscheine, obwohl er Jan kaum eines Blickes würdigt. Aus der Lade zieht er das Protokoll von meinem letzten Besuch hervor. Jan macht nicht viel Aufhebens um sich, hält sich im Hintergrund, und während er die amerikanischen Zigaretten raucht, die ich als Geschenk für ihn im Tuzex-Laden gekauft habe, sieht er durch das Schaufenster auf den Graben hinaus.

Ab und zu wirft er einen Satz oder eine kurze Bemerkung ein, aber ohne dass das, was er sagt, besonders viel nützt. Ist er überhaupt anwesend? Unaufhörlich blickt er aus dem Fenster, als wäre er lieber woanders.

Jan redet nicht mit dem Wäschereileiter, sondern an ihm vorbei. Auch der Wäschereileiter redet nicht mit Jan, und dieses Einverständnis zwischen ihnen schließt mich aus. Ich habe Jan immerhin gebeten mitzukommen, um einiges klarzustellen, als Eingeweihter und einer von *ihnen,* damit der Wäschereileiter zuhört, was er bei mir unter keinen Umständen getan hätte. So viel habe ich von Prag schon begriffen. Aber Jan sagt nichts; unsere Freundschaft hat in der Wäscherei kein Gewicht, sie ist nichts wert, verflüchtigt sich wie der Rauch von Jans amerikanischen Zigaretten, die ich ihm für meine harte schwedische Währung im Devisenladen gekauft habe. Jan ist mitgekommen, weil es die Freundschaft nun mal verlangt, er scheint sich unwohl zu fühlen und schämt sich vielleicht sogar, aber vor dem Wäschereileiter mehr noch wegen mir, der nichts begriffen hat, einem Wäschereileiter, der instinktiv und in Übereinstimmung mit Jan bereits alles begriffen hat und das nun zeigt, indem er dahinschwadroniert und breitwälzt, was ohne Belang, völlig unbedeutend oder eine glatte Lüge ist.

Und auf dummdreiste Art nickt Jan dazu; als stimme er mit allem überein, ohne die Argumente des Wäschereileiters gegen mich entkräften zu wollen. Nicht einmal so viel Anstand gebietet unsere Freundschaft, und der Wäschereileiter hat auch das sofort verstanden und schwadroniert weiter, sodass ich bald vermute, Jan sei schon im Voraus davon überzeugt gewesen, dass der, der auf der anderen Seite des Ladentisches steht, der Dieb höchstpersönlich sein muss.

Noch einmal erklärt der Wäschereileiter, dass er selbst sich meines Falles angenommen und getan habe, was er konnte. Seine Nachforschungen seien wirklich umfassend gewesen. Ohne Ergebnis. Ein durchtriebener Dieb, das muss man schon sagen. Was man nun machen könne? All seine Möglichkeiten seien erschöpft; weiter als bis hierher würden wir nicht kommen. Bleibe also nur, sich geschlagen zu geben. Den Dieb sollten wir am besten vergessen. Aber er habe auch eine erfreuliche Überraschung für mich: Wenn ich davon Abstand nehme, auf das Mantelfutter, das so unglücklich »verschwunden« sei, Anspruch zu erheben, könne er mir gegen ein geringes Entgelt ein anderes Futter besorgen. Was er ohne mein Einverständnis bereits getan habe, das sei die erfreuliche Überraschung, denn er sei überzeugt, dass ich seinem Vorschlag sofort zustimmen würde. Ich müsse nun lediglich einige neue Angaben zu Protokoll geben, um danach ein weiteres Mal meinen Namen auf das alte Protokoll zu schreiben, »so sind schließlich die Bestimmungen«, das er so frei gewesen sei, hier vor mir auf den Ladentisch zu legen.

Dieser Vorschlag scheint Jan zu interessieren: Um besser zu sehen, wohin ich dieses Mal meinen Namen setzen soll, beugt er sich über die Theke, wo Jans Kopf und der des Wäschereileiters beinahe aneinander streifen.

Aus meiner Sicht ist das ein merkwürdiger Vorschlag.

Einen Augenblick lang lässt uns der Wäschereileiter allein, ist aber bald mit einem Stück Stoff wieder zurück, das er neben das neue Protokoll auf den Tisch legt. Ein dünnes moosgrünes

Futter ohne Muster, hier und da an den Rändern ausgefranst. Erwartungsvoll sieht mich der Wäschereileiter an. Und auch Jan sieht er an; ich glaube, es ist das erste Mal.

»Sie könnten dieses grüne statt Ihrem alten Futter nehmen.«

Jan nickt, als hätte er über den Vorschlag bereits nachgedacht und sei der Meinung, ich solle zuschlagen.

Ich lehne ab.

Als wir die Wäscherei verlassen, scheint Jan erleichtert, beinahe ausgelassen. »Was für ein komischer Vogel«, sagt er und klopft mir freundschaftlich mit dem Ellbogen in die Seite. Als Dank für seine Hilfe lade ich ihn auf ein Glas Wein in den Jazzklub Viola einige Häuserblocks entfernt ein. Wir sind allein im Lokal; die ersten Besucher werden hier frühestens in einer Stunde auftauchen. Noch hat man das Licht nicht überall angemacht. Im Halbdunkel sitzen wir da, während die Kellner damit beschäftigt sind, die Tische für den Abend zu decken.

Hinter der Bühne bläst jemand Töne und Tonleitern, dann einige unsichere Phrasen auf einem Baritonsaxofon; das asthmatische Keuchen des Saxofons mischt sich mit dem Klirren von Gläsern, die von den Kellnern auf den Tischen um uns herum verteilt werden.

Wir trinken Wein und sprechen nicht über das Mantelfutter. Weder das gestohlene noch das moosgrüne. Auch nicht darüber, was man sonst von der Sache halten sollte.

Am Anfang müssen Ela und ich weitgehend ohne Sprache auskommen. Lange taugt mein Tschechisch zu nichts, aber Ela spricht abgesehen vom Tschechischen nur ihre Muttersprache Griechisch. Elas Griechisch ist für mich ebenso schön wie unbegreiflich, ihr vollständiger Name hingegen, Elefteria, lässt sich mit all seinen Vokalen leicht aussprechen. Ich mag ihn sofort. Auch meine eigene Sprache ist ja voller Vokale, und hier gibt es erfreulicherweise noch eine weitere, wie gemacht für Opernsänger oder verblüfftes Staunen. Trotzdem führt uns ihr griechischer Name in eine sprachliche Sackgasse, wo er uns ebenso wenig weiterhelfen kann wie mein Schwedisch.

Mit dem Tschechischen wird alles anders. Fast das gesamte Tschechisch, das ich während der ersten Monate in Prag lerne, lerne ich von Ela. Auf eigene Faust habe ich mich mit Wörterbuch und Grammatik um die neue Sprache bemüht, aber bald bemerkt, dass ihr Unterricht effektiver und vor allem angenehmer ist. Ich kann mir den langen und staubigen Umweg über die Bücher ersparen. Die fremde Sprache wird zu Fleisch und Blut, wenn sie Elas Gestalt annimmt. Mein erstes, rudimentäres Tschechisch lerne ich von ihr beinahe so, wie ein Kind bereits im Mutterleib in Kontakt damit kommt, was zu seiner Muttersprache werden soll und das Kind über das Fruchtwasser als Klang oder Wellenbewegungen erreicht. Das Tschechische scheint mir genau das: Klang, Rhythmus und Laut. Mit keinem Mann hätte ich in so kurzer Zeit so viel gelernt.

Trotz seiner Überfülle an Konsonanten ist das Tschechische eine weiche, beinahe gefügige Sprache. Vor allem in Prag hat es etwas fast Kindliches an sich. Auch sehr lange Wörter enthalten oft nur einen einzigen gedehnten Vokal. Konsonanten in solch großer Zahl sind mir fremd. Aber da sind sie nun – Konsonanten, die übereinander zu stolpern scheinen, sich dicht aneinanderdrängen, bis sie Schulter an Schulter stehen, ohne den geringsten Platz für auch nur einen Vokal zu lassen. Es gibt sogar Wörter, die ganz und gar ohne Vokale auskommen müssen, Wörter, die sie verloren zu haben scheinen oder sie aus Gründen, aus denen ich nicht schlau werde, verjagt haben. Warum diese Missachtung der Vokale? Oder ist es vielleicht Misstrauen? Und die Konsonanten wären noch zahlreicher gewesen, wenn sie sich nicht manchmal in sogenannte diakritische Zeichen verwandelt hätten. Diesen sind die Konsonanten offenbar lieber als die Vokale – kleine verkümmerte Striche, Winkel oder Kreise, die ihren Platz wie brütende Vögelchen auf dem Dach einiger Buchstaben haben, Buchstaben, die ohne solche Markierungen der Aussprache wegen hätten verdoppelt werden müssen.

Zuerst weiß ich nicht, wie man Wörter ohne Vokale aussprechen können soll. Oft lässt Ela mich hören, wie sie klingen, und ich nehme die Augen nicht von ihren Lippen, obwohl diese Wörter ohne Vokale eigentlich im Inneren ihres Mundes hinter halbgeschlossenen Lippen entstehen. Ela ist der Meinung, solche Wörter seien gar nicht schwierig auszusprechen und sollen, wenn man es richtig macht, wie Trillern oder Vogelgezwitscher klingen. Das stimmt. Sobald die harten und kantigen Konsonanten in großer Anzahl gemeinsam im Mund auftreten, scheinen sie weich zu werden, sie haben sich gefügt und sind milder geworden; was auf dem Papier wie ein Trommelwirbel aussieht, wird im Ohr zum Gezwitscher kleiner Vögel in einem Gebüsch im Frühling. Bald werde ich dasselbe übertragene Vogelgezwitscher auch in Leoš Janáčeks Musik hören: Früher oder später schlägt ein Vogel seinen Triller über Wiese oder Feld, sofern die Musik es nicht vorzieht, den Wind im Gras oder das fließende Wasser im Bach nachzuahmen.

Die seltenen Vokale stehen in Prag hoch im Kurs. Sind sie einmal in den Mund gelangt, behält man sie dort eine Weile. Niemand scheint sich von ihnen trennen zu wollen, und alle ziehen sie in die Länge; sie werden so gedehnt, dass beinahe allem, was in Prag gesagt wird, etwas Flehendes oder Klagendes anhaftet, als teile sich ein verzogenes oder vielleicht öfter noch erstauntes Kind seiner Umwelt mit. Die Vokale mögen wenige sein, aber so leicht geben sie nicht auf; jedes Mal scheinen sie gegen die Übermacht der Konsonanten protestieren zu wollen, der sie bald wieder ausgesetzt sind.

Im Rest des Landes heißt es, die Prager sängen wie kleine Kinder, statt wie Erwachsene zu sprechen. Was der Rest des Landes sagt, ist nicht als Wertschätzung gemeint.

Begierig nehme ich mir das Tschechische vor. Ich halte es für unabdingbar, diese Sprache verstehen und sprechen zu lernen, um jenen Raum betreten zu können, von dem ich überzeugt bin, er werde die Geheimnisse Prags enthalten, dass vieles von dem, was hier meine neue Wirklichkeit bildet, eine ganz andere Gestalt und vielleicht sogar Bedeutung annehme, wenn ich sie mit tschechischen statt fremden Wörtern und Begriffen versehen könnte. Aber diese Sprache ist wie eine geschlossene Tür, die erst geöffnet werden muss, um Zutritt zu dem zu bekommen, was dahinter liegt: eine massive, sorgfältig versperrte Tür, zu der ich den Schlüssel nur mithilfe der tschechischen Wörter finde, mit denen mich Ela mit großer Geduld ausstattet. Sie bittet mich, ihr nachzusprechen. Manchmal schreibt sie die Wörter auf Papier. *Krk, prst, trh.* Aber das hilft selten. Auf dem Papier scheinen sie noch unmöglicher als aus ihrem Mund, und aus meinem klingen sie alles andere als vogelgleich; die einzigen Vögel, die mir in den Sinn kommen, wenn ich versuche, ihr nachzusprechen, sind Dohlen, die sich in der Herbstdämmerung auf einem großen Baum niederlassen, ehe die Nacht einfällt. In meinen Ohren klingen diese tschechischen, mit Konsonanten vollgepackten Wörter nicht wie Vögel, sondern eher, als bewege sich eine Schlange in einem Haufen trockenen, knisternden Laubs.

Obwohl ich nicht weiß, was sie bedeuten, vermitteln sie mir ein Gefühl von Unbehagen, das mich nicht ermutigt, ihre Bekanntschaft zu machen. Überhaupt rufen sie Gefühle hervor, die mit Wehmut, Einsamkeit und Vergänglichkeit zu tun haben. Gerade der Herbst oder frühe Winter scheint ihre Jahreszeit zu sein, und wenn ich herausfinde, was sie eigentlich bedeuten, werden meine Vermutungen oft bestätigt. Viele von ihnen sind wirklich düster und geradezu unheilverkündend: *vlk* ist das tschechische Wort für Wolf, *krk* für Hals oder Kehle, *smrt* das Wort für Tod.

Ela ist Griechin, wurde aber in Böhmen geboren. Ihre Eltern standen im griechischen Bürgerkrieg auf der Verliererseite, vermutlich als aktive Kommunisten, und hatten nach dem Umsturz in Prag 1948 einen Zufluchtsort in der Tschechoslowakei gefunden. Ihre Tochter ist in Pardubice aufgewachsen und niemals in Griechenland gewesen. Sie sieht jedoch auch nicht besonders tschechisch aus. Ihr Haar, glatt und lang, trägt sie niemals hochgesteckt, sondern in der Mitte in zwei dichte, blauschwarze Hälften gescheitelt, die die Stirn frei lassen und den Rücken hinabfallen. Zusammen mit der kräftigen, geraden Nase und den großen nussbraunen Augen verleiht es ihrem Aussehen etwas Exotisches und undeutlich Fremdes. Um den Hals trägt sie oft ein schwarzes Samtband wie eine Katze.

Auch in meiner Begleitung bleibt das Dunkle und Fremde anwesend. Fast immer wird sie nach einer Weile gefragt, woher sie komme. Sie ist daran gewöhnt und nimmt es nicht übel. Mit ihrer Antwort gibt sich kaum jemand zufrieden.

Pardubice? Ja. Also Pardubice. *Wirklich?* Von denen, die fragen, tippen die meisten auf Ungarn oder Bulgarien. Griechenland ist zu exotisch, eine fremde Welt, von der man nichts weiß. Vielleicht versucht sie einfach, sich interessant zu machen, und mit Bulgarien liegt man eigentlich nicht so weit daneben. Ich vermute, dass ihre Familie aus dem slawischsprachigen Teil Makedoniens stammt, dass ihre Muttersprache statt Griechisch ebenso gut eine Art bulgarischer Dialekt hätte sein können. Aber ich unterlasse die Frage. Unser Problem, einander überhaupt zu verstehen, ist so groß, dass wir es uns gar nicht leisten können, uns noch tiefer in unsere babylonische Sprachverwirrung zu verstricken, nicht einmal als linguistische Archäologie.

Der Mangel an Wörtern macht uns den ganzen Herbst hindurch zu schaffen. Das, was fehlt und uns nicht zur Verfügung steht, prägt die Zeit unseres Beisammenseins, nicht das, was gerade vorhanden ist. Unser gemeinsamer tschechischer Wortschatz ist belastend gering, der Mangel so groß, dass wir schließlich nicht viel anderes tun können, als darüber zu lachen. Die Zeit, die wir zusammen verbringen, verwenden wir vor allem damit, den dürftigen Vorrat an Wörtern aufzufüllen. Ich frage, Ela antwortet. Aber nach einem Wort in einer Sprache zu fragen, die man nicht beherrscht, ist beinahe unmöglich, und das gilt erst recht für die wichtigsten Wörter. Die Wörter, die wir am notwendigsten brauchen, sind jedes Mal die wichtigsten und zugleich schwierigsten, Wörter von großem Gehalt, aber von unbestimmter, flüchtiger Kontur. Und ehe mich Ela mit den tschechischen Wörtern für »Verlangen« oder »Eifersucht« ausstatten kann, muss ich zuerst mit den viel konkreteren und dürftigeren tschechischen Wörtern versuchen, das, wonach ich suche, einzukreisen, um es ihr zu beschreiben. Ohne Wörterbuch ist das oft zum Scheitern verurteilt. Oder es dauert eine Ewigkeit. Es gelingt mir nicht, ihr zu erklären, was ich meine, und falls wir das tschechische Wort doch finden, habe ich Mühe, mir das zu merken, was wir ausgegraben haben. Will ich das Wort bei nächster Gelegenheit wieder verwenden, habe ich es vergessen. Oder es wird von meinem Gedächtnis bis zur Unkenntlichkeit entstellt, sodass Ela selten versteht, was ich meine; sie erkennt das misshandelte Wort nicht wieder, es weist keine Ähnlichkeit mit jenem auf, das sie mir beigebracht hat.

Wir müssen wieder von vorne anfangen. Da es sich meist um Wörter handelt, die mit Gefühlen zu tun haben, kann ich nicht mit dem Finger darauf zeigen. Mit Dingen tun wir uns leichter. Sie befinden sich häufig in der Nähe, ich muss sie nur in die Hand nehmen und bekomme von Ela sofort das richtige Wort: *zápalka.*

Für mich sind die Wörter, nach denen ich frage, jedes Mal unbekannt und neu, während sie für Ela alle vertraut sind und zu ihrem Alltag gehören. Meine Unwissenheit ist aber offenbar ansteckend. Die einfachsten Wörter fangen an, sie zu überraschen. *Zápalka?* Während ich herausfinde, was es bedeutet, mit dem Versuch beschäftigt, Wörter an Gegenständen oder Phänomenen festzumachen, um sie dann an der richtigen Stelle meines Gedächtnisses einzuordnen, kann sie lange still dasitzen und über ein alltägliches und für sie banales Wort nachdenken, bevor sie es in den Mund nimmt, um es langsam auszusprechen, als habe sie das Wort zum ersten Mal gehört und als sei ihr dessen eigentlicher Gehalt erst jetzt klar geworden.

Zápalka.

Das tschechische Wort für Streichholz.

Das Streichholz, das sie in den Mund genommen hat, habe ich verwendet, um damit eine Zigarette anzuzünden, und es dann gleich in den Aschenbecher auf dem Marmortisch des Kaffeehauses gelegt. Marmortisch. *Mramorní stůl.* Aber das Wort für Streichholz, das sie vor einem Augenblick erst in ihrem Mund hatte, muss in ihrem Bewusstsein hängen geblieben sein, und nachdenklich wiederholt sie es, obwohl es sich um ein Wort handelt, das sie vermutlich täglich nicht nur im Mund hat, sondern auch im Ohr oder Auge.

Zápalka.

Ela lächelt mich an. Schwach und still, ihr schüchternes, beinahe verlegenes Lächeln. Dann nimmt sie ein neues Streichholz aus der Schachtel und entfacht es. Das brennende Streichholz hält sie vor sich und betrachtet es ernst, bis die Flamme beinahe ihre Finger versengt und sie es in den Aschenbecher auf den Tisch fallen lässt.

Dort brennt es aus und verkohlt.

Auf Umwegen, dem Weg über einen Fremden, kommt ihre eigene Sprache zu ihr zurück. Was mir unbekannt ist, ist für Ela ja ihre eigene, vertraut und geläufig, die sie aber nicht wiedererkennt, wenn sie im Kaffeehaus von der anderen Seite des Marmortisches zu ihr zurückkehrt. Es ist, als entdecke sie ihre eigene Sprache von neuem. *Svoboda* bedeutet Freiheit auf Tschechisch, aber als sie das Wort von mir zurückbekommt, ist sie sich dessen nicht mehr sicher. Das verwirrt sie. Sie runzelt die Stirn. Ein Streichholz ist ja trotz allem ein Streichholz. Aber hier kommt plötzlich ein Wort zurück und bedeutet etwas völlig anderes als zuvor, eine Bedeutung, die es dort vielleicht immer gab, wenngleich sie verborgen war, und über die sie zuvor nicht weiter nachgedacht hat.

Noch öfter müssen wir ganz ohne Wörter zurechtkommen, vereint in einem frustrierenden Schweigen, das wir uns notgedrungen selbst geschaffen haben. Darin bleiben die meisten Wünsche und Absichten eingeschlossen, die auszusprechen unser magerer Wortschatz nicht zulässt. Dieses Schweigen begreife ich mit der Zeit als unsere geheime Sprache, der wortlosen Sprache unserer Körper vergleichbar, ein Esperanto, das von niemandem außer Ela und mir gesprochen wird.

Bald jedoch ist es irritierend, letztlich nicht mehr auszuhalten, beisammenzusitzen und sich ausschließlich mithilfe einfachster Sätze zu unterhalten, ohne einander sehr viel mehr sagen zu können als das, was überhaupt nicht gesagt hätte werden müssen. Wir sitzen da und können nichts anderes tun, als es in holprigem Tschechisch zu versuchen. Aus Mangel an Wörtern sind wir unseren unbedarften, ziemlich unbeholfenen Händen ausgeliefert. Zwei Paar Hände ohne Verantwortung, Liebkosungen ohne geringstes Nachdenken; Hände auf der Seite des Verlangens und des Abenteuers. Statt damit Wörter zu bilden, benutzen wir unsere Münder für Küsse. Immer weniger Wörter sind im Mund vorhanden. Meine Zunge, die dort regelmäßig das beinahe unaussprechliche tschechische »ř« übt, das mit vibrierender Zungenspitze dicht hinter den Schneidezähnen gebildet werden muss, ist solcher Wiederholungen bald überdrüssig geworden. Wir schließen die Augen und öffnen unsere Münder, nicht, um Platz für Wörter zu machen, sondern für unsere feuchten Zungen, für meine feuchte Zunge, die in Elas Mund ihre feuchte Zunge sucht, Zungen, die gemeinsam zwei Münder erforschen, ohne dass sie dort auch nur ein einziges Wort finden, das sie hätten verwenden können.

Sobald ich mein sogenanntes Tschechisch in den Mund nehme, lässt es mich beinahe verstummen. Nicht mehr als kurze Wendungen für die plattesten und gängigsten Routinen des Alltags habe ich gelernt. Und unsere Gespräche nehmen einen entsprechenden Verlauf: Stark eingegrenzt auf das Allergleichgültigste, sind sie in ihrer Dürftigkeit schwer zu übertreffen. Wer kann auf Dauer damit leben, sich auf die Uhrzeit zu beschränken, auf ja oder nein, links oder rechts? Darauf, was gut ist oder schlecht? Ein ums andere Mal gelangt unsere Unterhaltung an denselben toten Punkt: jenen, an dem alles lächerlich wird, an dem wir ein weiteres Mal in Gelächter steckenbleiben, das bald zu einem besorgten Lächeln wird und schließlich zu jenem Schweigen, das mit nichts anderem mehr als Entmutigung zu tun hat.

So werden wir nicht weiterkommen.

Wir treffen uns meist in einem Kaffeehaus oder einer Bierkneipe in der Altstadt, auch wenn Ela fast keinen Alkohol trinkt und in Prag nirgends eine Tasse mit jenem kohlschwarzen Espresso (»griechischen Kaffee«, wie sie es nennt) zu bekommen ist, den ihre Mutter für sie in Pardubice zubereitet. Es ist immer das Gleiche: Albern lächeln und starren wir einander an, wechseln einige Sätze, so wie man Wechselgeld überschlägt, das man zufällig in der Tasche hat, bevor wir einen Kaffee oder ein Bier bestellen. Das Bier in Prag ist ausgezeichnet, der Kaffee besteht hauptsächlich aus Satzresten und ist ungenießbar. Ich denke darüber nach, was ich sagen will, aber nicht sagen kann. Ela lächelt weiter. Ohne Sprache sind wir wie gelähmt, wir bleiben beieinander sitzen, ohne dass wir sehr viel mehr tun können als einander die Hände zu streicheln. Die von Ela sind größer und breiter als meine, ihre Finger länger und beinahe ganz weiß. Neben ihren Händen wirken meine winzig, fast feminin, und wenn meine Hände nicht gerade ihre halten, bemühe ich mich, die Aufmerksamkeit von ihnen abzulenken und sie sich mit Bierkrügen, Kaffeetassen oder meinen Zigaretten beschäftigen zu lassen.

So sitzen wir oft in den Prager Kaffeehäusern, Bierkneipen oder auf Parkbänken mit dem uns eigenen Schweigen als einziger Gesellschaft. Manchmal vor einem Bild in einem der Kunstmuseen, das wir beide zum ersten Mal sehen und wofür wir uns nicht recht interessieren. Im Nationalmuseum stehen wir vor Vitrinen mit Insekten, die uns vollkommen gleichgültig sind, ein durchbohrter Schmetterling ist ohnehin kein Schmetterling mehr; in Kirchen vor berühmten Altären, die einander alle zum Verwechseln ähneln; auf dem Wenzelsplatz vor einer Auslage, die etwas zeigt, was begehrt, aber bereits ausverkauft ist; in der Bibliothek irgendeines Fürsten vor Inkunabeln oder aufgeschlagenen Büchern aus Pergament, die uns mit ihren lateinischen

Texten daran erinnern, dass wir schon eine Sprache haben, die wir nicht verwenden können, eine Sprachlosigkeit, der zu entfliehen diese Ausflüge in die öffentlichen Räume Prags einen halb verzweifelten Versuch darstellen.

Zugleich erinnert uns der öffentliche Raum daran, dass wir über keinen eigenen verfügen. Kein Raum, in dem wir ungestört zusammen hätten sein können. Der öffentliche lindert vielleicht das Fehlen der Sprache, und niemand interessiert sich dafür, was wir da tun, erlaubt uns aber dennoch nicht, ganz ungestört zu sein, allein zu zweit.

Mit Ausnahme unserer beiden Studentenzimmer haben wir weder Ort noch Adresse, die wir als unsere bezeichnen hätten können. Beide werden jedoch streng überwacht. Ela wohnt in einem Heim für Studentinnen auf der Dláždĕná, zwischen dem Prager Hauptbahnhof und jenem Platz, der nach Maxim Gorki benannt wurde, in einem großen, trostlosen Raum, der dem Saal eines Krankenhauses oder einer kleineren Wartehalle gleicht. Mit seinen sieben schmalen Betten erinnert er mich an die Unterkunft, die ein gutes Jahr lang mein Zuhause als wehrpflichtiger Soldat war. Das Zimmer teilt Ela mit sechs anderen Studentinnen, die wie Ela alle vom Land kommen und nur zum Studium hier in Prag sind. Für viel mehr als die sieben Feldbetten gibt es keinen Platz im Zimmer. Tagsüber sind sie mit einem Überwurf bedeckt, alle in derselben düsteren, grauen Farbe. In den Betten sind die Leintücher verschlissen durch oftmaliges Waschen oder wegen der schlechten Qualität der Laken, manchmal fast so rau wie Sackleinen. Ela und ihre Zimmergenossinnen nehmen es mir übel, dass ich ihre Betten mit den Pritschen in meiner Soldatenunterkunft vergleiche: Sie versichern mir, dass es im ganzen Land so aussieht, überall dieselben ungeglätteten Laken auf Bettsofas, in Zimmern zur Miete, in den Schlafzimmern der Eltern oder in Hotelbetten auf dem Land.

Allein kann man in der Dlážděná nicht sein. Jedenfalls nicht lange. Unter der Woche ist fast immer eine der anderen jungen Frauen da. Jemand sitzt an dem großen Tisch bei den Fenstern zum Hof und liest, hört Radio oder schält einen Apfel. Im Keller des Studentenheims gibt es eine Mensa, aber das Essen ist so unappetitlich, dass die jungen Frauen auf einem kleinen Primus-Kocher lieber ihr eigenes zubereiten; fast jedes Mal, wenn ich zu Besuch bin, kocht eine von ihnen etwas in einer verbeulten Kasserolle, und sogleich werde ich eingeladen, gemeinsam mit ihnen zu essen, was gerade da ist.

Die einzige Ausnahme sind die Wochenenden, an denen die Betten leer stehen und der Geruch nach Essen ausgelüftet ist. Elas Zimmergenossinnen sind per Bus oder Bahn nach Hause zu ihren Familien irgendwo in Böhmen oder Mähren gefahren, um sich dort mit Vorräten für die nächste Woche in Prag zu versorgen. Vor Sonntag spätabends kehren sie nicht zurück mit ihren von Riemen zusammengehaltenen Koffern und Reisetaschen, vollgestopft mit Würsten, Schweinshaxen, Eiern, Konservendosen mit eingelegten Pilzen und in Zeitungspapier eingeschlagenem Frischkäse, Taschen, die viel zu schwer sind, um von dünnen Mädchenarmen den ganzen Weg von Prag-Mitte oder vom Hauptbahnhof hierhergeschleppt zu werden. Aber im Studentenheim auf der Dlážděná gibt es keine männlichen Studenten, die ihnen hätten helfen können. Zurück in ihrem Prager Zimmer, packen sie aus und breiten all ihre Schätze auf dem großen Tisch vor den Fenstern zum Innenhof aus, tauschen die ein oder andere Dose oder Wurst untereinander oder beneiden insgeheim, wovon man in Jičín reichlich hat, nicht aber in Písek.

In meinem ersten Herbst in Prag bleibt Ela oft im Studentenheim, ohne an den Wochenenden nach Pardubice zu fahren, und die Freundinnen freuen sich für Ela, dass sie in männlicher Gesellschaft ist, die keine der anderen hat, jedenfalls nicht hier in Prag. Aufopferungsvoll und auf rührende Weise nehmen sie an ihrem Erfolg teil, versichern, dass sie an diesem Mittwochabend ins Kino gehen wollten und sicher erst gegen Mitternacht zurückkommen würden, ja, gewiss nicht vor zwölf Uhr, wahrscheinlich später. Mit einer Geste großzügiger Solidarität überlassen sie uns das Zimmer in einer Stadt, deren Gewohnheit es ist, allergisch auf alles zu reagieren, das sich als solidarische Gemeinschaft oder als kollektive Entscheidung um der guten Sache willen ausgibt.

In meinem ersten Prager Herbst kann ich einige Wochenenden mit Ela allein in der Dlážděná verbringen. Dazu braucht es Hilfe, nicht nur die ihrer Zimmergenossinnen. Wir haben Glück. Der Hausmeister des Studentenheims, ein alter pensionierter Volksschullehrer, ist vernarrt in die Griechin aus Pardubice, die einem bunten Vogel gleicht, dennoch *eine von uns* ist, und nach kurzer Zeit behandelt er auch mich wohlwollend. Vielleicht hat er eingesehen, dass es lächerlich ist, sich Chancen auszurechnen. Sein Wohlwollen besteht darin, dass ich Luft für ihn bin. Kein einziges Mal will er meinen Ausweis sehen, was einen großen Vorteil für mich bedeutet. Demjenigen, den es nicht gibt und dem deshalb kein Beweis für seine Existenz abverlangt wird, kann auch nichts verboten werden.

Das wird der Grund dafür gewesen sein, dass er uns nicht aufhält, als Ela an jenem ersten Wochenende resolut meine Hand nimmt und mich mit halb schelmischem, halb nervösem Lächeln an der Hausmeisterloge vorbeizieht, ohne anzuhalten, um mögliche Fragen zu beantworten. In der Loge des Hausmeisters werden in einem an der Wand montierten Holzgestell mit offenen Fächern sämtliche Zimmerschlüssel des Studentenheims aufbewahrt. Der Hausmeister hat Ela mit ein paar freundlichen Worten unverzüglich ihren Schlüssel überreicht. Diese freundlichen Worte gelten ausschließlich seiner Favoritin, während er wieder so tut, als existierte ich nicht, und mir, in Wirklichkeit natürlich Ela, damit einen besonders großen

Dienst erweist, weil es bereits früher Samstagabend ist und er der Hausordnung zufolge gezwungen gewesen wäre, nach 16 Uhr alle Besucher abzuweisen.

Im Studentenheim ist Ela vermutlich die Einzige, die sich an diesem Samstagabend zu Bett begibt, um bis zum späten Sonntagnachmittag auf ihrem Zimmer allein bleiben zu können, zusammen mit jemandem, der nicht zählt, da es ihn nicht gibt. Sicherlich ahnt der Hausmeister, dass in ihrem Zimmer während des Wochenendes nicht sehr viel Schlaf zu holen sein würde, ein Verdacht, der, falls er entschieden hätte, von mir Notiz zu nehmen, das Bild kompromittieren könnte, das er sich von seiner Favoritin gemacht hat.

Also sieht er mich nicht, um Ela rein und unschuldig bewahren zu können.

Vergeblich. Und auch Schlaf werden wir nicht besonders viel bekommen.

Als Ela sich in diesem Herbst entschließt, ihre Unschuld zu verlieren, bin ich derjenige, an den sie dabei denkt. Obwohl es eigentlich umgekehrt ist: Da sie seit Beginn des Herbstes an mich denkt, hat sie sich letztlich entschlossen, sie zu verlieren. Es dauert etwa einen Monat, bis sie diesen Entschluss fasst. Hier und da haben die Bäume bereits begonnen, ihr Laub zu verlieren, das Wasser in der Moldau ist dunkler geworden, und auf den Straßen scheinen es die Leute eiliger zu haben als zu jener Zeit, da die Abende heller waren. Die Unschuld zu verlieren ist im damaligen Prag keine große Sache, ob es nun in einem Bett geschieht, einem Park oder einem Treppenhaus. Man betrachtet es als Privatangelegenheit, die allerletzte in einer Stadt, in der so gut wie alle Angelegenheiten von anderen Personen als einem selbst entschieden werden, fast immer von Männern hinter Schreibtischen, erwachsenen Männern von jener Sorte, mit der eine junge Frau wie Ela unter keinen Umständen Lust gehabt hätte, ins Bett zu gehen.

Energisch habe ich lange um dieselbe Sache gerungen, zu der sie sich erst später entschließt. Ohne Erfolg. Auch scheint nichts, was ich tue oder sage (sehr wenig), irgendeine Bedeutung für jene Entscheidung zu haben, die sie schließlich fällt. Es ist ganz und gar ihre eigene. Ich habe bereits aufgegeben, mich damit begnügt, dass ihre Einstellung zur eigenen Unschuld vielleicht mehr griechisch als tschechisch ist, aber als ich dann an jenem Wochenende begreife, dass sie sich doch entschieden hat, sie ausgerechnet gemeinsam mit mir zu verlieren, beunruhigt mich ihre Entschlossenheit ebenso sehr, wie ich sie bewundere.

Nichts von dem, was in jener Nacht geschieht, ist mir in Erinnerung geblieben.

Das Gedächtnis hat lediglich unwichtige Details aufgehoben. Ich erinnere mich, dass ich am Sonntagmorgen auf dem Rücken liegend in Elas Bett aufwache. Es ist noch nicht einmal sechs Uhr. Mein Rücken schmerzt. Durch die großen Fenster zum Innenhof fällt das Licht der Morgendämmerung. Eins davon steht einen Spalt offen: In der großen Kastanie auf dem Hof probiert eine einzelne Amsel einige Phrasierungen, verliert sich darin und fängt von neuem an. Zögernde Töne, die alle aus Konsonanten zu bestehen scheinen, hallen zwischen den Hausmauern wider. Verborgen im noch tiefgrünen Laubwerk befindet sich irgendwo die Amsel. Bald wird die Stadt Prag mit all ihren gedämpften und entfernten Geräuschen zu einem frühen Wochenendmorgen erwachen. In dem stillen Zimmer wirkt der Vogelgesang beruhigend, und ich bin versucht, wieder einzuschlafen.

Ela hat sich schlafend an mich geklammert, ihren Körper an meinen geschmiegt und den Kopf auf meine Brust gelegt, und es ist vielleicht das Gewicht ihres Körpers, das mich weckt. Ihre griechische Nase hat sie in meine Achselhöhle gedrückt. Im Schlaf sieht sie aus und bewegt sich wie andere Frauen auch, und während ich warte, dass sie aufwacht, versuche ich mir einzureden, dass ihr weiblicher Duft griechisch und nicht tschechisch ist. Mit Erfolg, denn mir ist weder bekannt, wie der eine, noch wie der andere duften soll.

Das unbequeme Bett, die Morgendämmerung und die Amsel da draußen, Elas warmer Atem an meiner Brust – alles eingeschlossen in einem dieser Augenblicke, die bisweilen aus der Zeit gefallen wirken und die vom Gedächtnis dann gedehnt werden, sodass sie länger erscheinen, als sie eigentlich waren.

Ich muss bald eingeschlafen, aber dann aufs Neue aufgewacht sein. Ela hat Arme und Beine um meinen Körper geschlungen. Ihrer ist jungenhaft kräftig mit nur schwach angedeuteter Taille. Arme und Beine sind lang, die Brüste klein und spitz; sie gleichen kreideweißen Kegeln mit getrockneten Beeren. Ruhend scheint sie ausmessen zu wollen, was sie während dieser Nacht in Besitz genommen hat, taxiert meine Finger, meine Zehen, meine Haare und anderes, das, bevor wir uns ins Bett legen, mir gehört, ehe es im Bett zu ihrem wird, presst ihren Bauch gegen meinen; ihre Hände bewegen sich über meinen Körper, wenn Ela untersucht, was sie im Austausch gegen ihre Unschuld bekommen hat. Alles beginnt und endet mit dem Körper: Wie ein Schneider nimmt ihre Liebe Maß.

Mein Rücken schmerzt, ich lasse meinen Atem in ihren Nacken strömen, beiße sie zart ins Ohr, flüstere dabei die beiden einzigen unanständigen Wörter, die ich auf Tschechisch gelernt habe, und ihr ganz nahe kann ich sehen, wie sich im Schlaf ein schwaches, beinahe unsichtbares Lächeln über ihrem Gesicht ausgebreitet hat. Alles, was sie umarmt und umschlungen hat, gehört ab sofort ihr, niemand anderem, und vorsichtig, um sie nicht zu wecken, versuche ich uns beide vom Oberlaken zu befreien, in das sich unsere Körper irgendwann im Morgengrauen verwickelt haben wie in ein Netz.

So bleiben wir liegen. Manchmal nicke ich ein, um kurz darauf wieder aufzuwachen. Die ganze Zeit hält sie mich in ihren Armen, so fest, dass es unbequem wird und beinahe schmerzt. Mein Körper gehört nun ganz ihr, Ela denkt nicht daran, ihn loszulassen. Mit Ausnahme des Hausmeisters, der um diese Uhrzeit in seinem Stuhl im Erdgeschoss wohl noch schläft, sind wir möglicherweise allein im Studentenheim. Vermutlich stehen Zimmer wie unseres überall im Haus leer.

Einen großen Teil des Sonntags verbringen wir im Bett. Erst gegen Nachmittag stehen wir auf. Plötzlicher Hunger treibt uns dazu, uns anzuziehen, um im Restaurant an der Ecke, dem früheren Künstlercafé Arco, etwas zu essen. Wir essen gierig und schweigend. Mitunter sehen wir von unseren Tellern auf, unsere liebesmatten Blicke begegnen einander über dem Tisch. Ela sitzt verträumt mit einem Hühnerbein in der Hand da. Zärtlich lächelt sie mich an. Zumindest im Arco hätte ich »Liebling« oder etwas Vergleichbares sagen, meine Sprache hätte sich an das, was eben geschehen ist, anpassen müssen. Aber dazu reicht sie nicht, unsere Körper haben meine wenigen Wörter weit hinter sich gelassen, und die neuen, die nötig wären, gibt es noch nicht.

Bevor Elas Zimmergenossinnen zurück sind, verlasse ich das Haus auf der Dlážděná und nehme die Straßenbahn heim nach Holešovice. Mein Körper schmerzt, und ich bin wieder hungrig. Vor Elas Studentenheim hätte ich mich links halten, in Richtung Stadt gehen und den Weg über den Maxim-Gorki-Platz nehmen können, der nur einen Steinwurf vom Wenzelsplatz entfernt ist, auf dem die Linie 3 ihren Anfang nimmt. Stattdessen gehe ich nach rechts, Richtung Bahnhof, und biege links in die Celetná ein, die am Ring ganz in der Nähe des Pulverturms endet, wo sich ebenfalls eine Haltestelle der Linie 3 befindet, von Ela gleich weit entfernt wie jene am Wenzelsplatz.

Die Linie 3 ist die einzige in Prag, die nach wie vor Straßenbahngarnituren aus der Zeit vor dem Krieg benutzt, kleine, viereckige Schachteln mit einer offenen vorderen und hinteren Plattform, mit Bänken und ziemlich undichten Schiebetüren aus Holz. Im Winter zieht der Wind durch die Waggons, und es kommt vor, dass sich an kalten Tagen in den Ecken Schnee sammelt, der erst in den Remisen schmilzt. Wie alle Straßenbahnen in Prag ist auch die Linie 3 rot und gelb lackiert, aber aufgrund des Alters oder der Vorkriegsqualität des Holzes fällt das Rot roter und das Gelb gelber aus als die Farben jener Waggons, die auf anderen Strecken verkehren. Vom Pulverturm fährt die Linie 3 zuerst die Revoluční třída entlang über die Šverma-Brücke, biegt auf der anderen Seite des Flusses scharf nach rechts, bevor sie in einem weiten Bogen in Richtung Holešovice abzweigt, vorbei am Strossmayerplatz, bis sie den Julius-Fučík-Park erreicht.

Dort steige ich aus. Hier bin ich beinahe schon zu Hause in der Strojnická, an diesem Sonntagnachmittag im Herbst in weniger als einer Viertelstunde.

Während der Woche müssen wir uns mit meinem Zimmer in der Strojnická 7 in Holešovice begnügen. In meinem Studentenheim wohnen ausschließlich junge Männer, die meisten von ihnen Afrikaner und Araber aus der Dritten Welt. Eine große Gruppe Vietnamesen, die in Prager Fabriken arbeiten und eine technische Grundausbildung machen, hat eine ganze Etage für sich. Nur selten sehen wir einen von ihnen allein; ein einzelner Vietnamese sieht verloren aus, als frage er sich, wohin die anderen verschwunden seien. Die Vietnamesen kommen oder gehen zusammen und bleiben unter sich, aber wir wissen, dass sie regelmäßige Kontakte mit den Behörden in Prag unterhalten. Wir haben mehrere von ihnen im Verdacht, Spitzel zu sein und Meldung zu erstatten, was im Studentenheim geschieht. Deshalb meiden wir sie. Einer heißt oder nennt sich Chong und hat die

Angewohnheit, lächelnd an meiner Tür zu klopfen, um mich in unverständlichem Tschechisch zu bitten, ihm meine Zahnpasta zu leihen. Als Student mit akademischem Grundexamen habe ich ein eigenes Zimmer in der obersten Etage des Hauses. Aber genau wie bei Ela sind wir auch bei mir gezwungen, im Erdgeschoss die Kontrolle der Hausmeister zu passieren, ältere Damen und Herren, die einander im Schichtbetrieb abwechseln, weiterhin tätig, aber nicht in erster Linie, um etwas zu tun zu haben, sondern um die schmale Pension aufzubessern.

Die meisten von ihnen sind vergrämte und gemeine, in unseren Augen gescheiterte Existenzen, die uns mit Vorliebe dafür heranziehen, sich für ein Leben zu rächen, das sich ungerecht gezeigt hat und wohl bald vorüber sein wird. Ihre unbedeutende Aufgabe nehmen sie äußert ernst, wenngleich auch ihnen unklar gewesen sein muss, worin diese besteht. Trotzdem haben sie sich dazu entschlossen, sie so auszulegen, dass sie hier in erster Linie strengstens über Tugend und Moral zu wachen haben. Das geschieht nach Gutdünken und bringt uns eine Niederlage nach der anderen, sofern wir nicht zu ihrer unzureichenden Rente beitragen, eine für sie weitaus größere Sorge als unser sündhaftes Leben.

Die Besucher in der Strojnická sind fast ausnahmslos junge Frauen, was vor allem die Hausmeisterinnen ärgert, ältere Damen, die eingesetzt werden, um über junge Männer zu wachen, die sich in keiner Weise für sie als Frauen interessieren. Das kränkt sie zutiefst, und sie können und wollen ihren Neid und ihre Eifersucht nicht verbergen. Der Kontrast zwischen ihren schmerzgeplagten, erschlafften Körpern, von einem Leben misshandelt, das sie zum überwiegenden Teil hinter sich haben, und diesen jungen Frauen in unserer Begleitung ist zu groß, eine Beleidigung. Das macht sie noch bitterer und gemeiner. Ihre Fähigkeit zum Genuss scheint zu sadistischer Lust geschrumpft. Sie versuchen nicht einmal ihre Verachtung zu verbergen; herablassend prüfen sie die Ausweispapiere unserer Besucherinnen, drehen und wenden sie, kommentieren Fotos und Geburtsdaten, ohne geringstes Interesse an einer Antwort, stellen Stempel in Frage, die unverschämtesten sogar die Berechtigung einer der Staats- oder Parteibehörden, überhaupt ein solches Dokument auszufertigen.

Jeder Versuch einer Erklärung vonseiten der jüngeren Frauen steigert ihre eifrige Bosheit. Jemand sieht auf einem Bild jünger aus; die Ohren werden von den Haaren verdeckt; die Frisur auf dem Bild und in der Wirklichkeit stimmt nicht überein, bisweilen nicht einmal die Haarfarbe, obwohl es sich um ein Schwarzweißfoto handelt; sie haben da etwas entdeckt, das nicht passt, etwas Verdächtiges, und hier gilt es zu prüfen, ob nicht das Geburtsdatum nachträglich geschönt wurde, um eine Minderjährige älter zu machen, als sie tatsächlich ist. Wieder und wieder drehen und wenden sie voller Misstrauen den Personalausweis, als hielten sie kein behördliches Dokument in der Hand, sondern eine Fälschung.

Vollkommen ausgeschlossen, dass sie so etwas durchlassen können.

Einige dieser Damen sind nie und nimmer vom Gegenteil zu überzeugen. »Was glaubt ihr eigentlich? Dass ich nicht lesen und schreiben kann?« Also eine Fälschung. Jedenfalls etwas Ungültiges. »Bleibt stehen, ich rufe die Polizei!« Wir wissen freilich, dass das Nein der Hausmeisterinnen ein Angebot ist, eine Einladung, ihre Pension aufzubessern, was allerdings wie eine freiwillige, am besten überhaupt nicht wie eine Gabe aussehen soll. Meine Kommilitonen, die bereits länger in Prag sind, wissen, was sie zu tun haben. Mit einem nicht enden wollenden Redeschwall überschütten sie die diensthabende Dame aufs schamloseste mit Komplimenten, bis ihr Gesichtsausdruck milder wird. Langsam werden die Züge um Mund und Augen weicher, der Mund öffnet sich ein wenig, als drängten all die verlogenen Beteuerungen durch ebendiesen Mund und nicht durch die Ohren ins Innere der Hausmeisterin; die Lippen sind nun leicht angefeuchtet wie auch die Glubschaugen, ein Augenpaar, Blutegeln gleich an den Mund des männlichen Lügners geheftet, sodass sie nicht zur Kenntnis nehmen müssen, wie er zugleich vorsichtig eine Schachtel amerikanischer Zigaretten oder einige Geldscheine durch die offene Luke in der Loge schiebt, hinüber auf die Seite der nun nachsichtigen Dame.

Es dauert lange, ehe ich das mit derselben Routine nachahmen kann. Nicht weil ich keine Zigaretten oder Geldscheine in meinen Taschen habe, auch nicht, weil ich weniger unverschämt verlogen bin als sie, sondern weil es mir schlicht an der tschechischen Sprache mangelt. Ohne Tschechisch ist es unmöglich, Zutritt zum Studentenheim zu erlangen: Die Hausmeister sprechen nichts anderes, und wenn sie keine Antwort auf ihre Fragen bekommen, kann der Besucher nicht damit rechnen, eingelassen zu werden. Nicht einmal jene, die dort wohnen. Es ist paradox – allein das Tschechische öffnet das Tor zu diesem surrenden Bienenstock der Sprachverwirrung, in dem beinahe alle anderen Sprachen gesprochen werden außer dieser einen, die der Schlüssel zu dessen Schloss ist.

Mit den anderen ausländischen Studenten halte ich mich ans Englische oder Französische. Ist das nicht möglich, kann ich jene einigermaßen verstehen, die eine Art Spanisch, Portugiesisch oder Italienisch sprechen, mitunter nicht sehr viel besser, als ich zu verstehen glaube.

Einige der Afrikaner besitzen einen Pass, der ihnen ein Visum für Westeuropa ermöglicht, und waren während der Sommerferien in Westdeutschland, wo sie ordentlich verdienten, Rohre in Westberlin oder Hamburg ein- oder ausgruben, Zisternen oder Öltanks reinigten. Mit ihnen kann ich sogar eine Art Deutsch sprechen. Die Afrikaner können über Stammes- und Landesgrenzen hinweg Swahili oder Arabisch verwenden. Nur die Vietnamesen beharren auf ihrer Geheimsprache und ihrem unverständlichen Tschechisch, wenn sie selten genug mit anderen in Kontakt treten wollen. Darüber hinaus ist das Tschechische aus dem Studentenheim in der Strojnická getilgt. Es kommt höchstens in gedruckter Form vor, etwa wenn das Parteiorgan *Rudé právo* im Abfalleimer landet, der im Toilettenraum auf jeder Etage steht. Toilettenpapier gibt es nicht und wird durch Zeitungspapier ersetzt, durch Zeitungen, die wir nicht lesen. Aber auch wenn sie eine ganz andere Verwendung finden, sind *Ghanaian Times* oder *Peking Review* irgendwie gebräuchlicher als die tschechischen Zeitungen.

Das Lesenswerte in den tschechischen Zeitungen zeichnet sich dadurch aus, dass es mit dem geringstmöglichen Platz auskommen muss. Ich überfliege sie normalerweise im Café Slavia, gegenüber dem Nationaltheater, oder im Café Arco auf der Dlážděná, und unter dem Kleingedruckten in der *Lidová demokracie* finde ich eine Anzeige für einen schwedischen Film, der am darauffolgenden Sonntag in einem der Außenbezirke Prags gezeigt wird.

Das ist die Gelegenheit, nach der ich gesucht habe. Mithilfe von Bildern und Filmmusik statt Wörtern könnten Ela und ich etwas gemeinsam erleben. Zugleich wollte ich etwas Schwedisches in Prag finden, das zeigen konnte, wie ich bin und woher ich komme, am besten etwas, mit dem es sich beeindrucken und prahlen lässt. Ich habe das bereits versucht. In der Mitte der Karlsbrücke zeigte ich Ela fast auf den Pflasterstein genau, wie weit die schwedischen Truppen im Dreißigjährigen Krieg gekommen waren, bevor es den Prager Studenten und Bürgern gelang, sie zurückzuschlagen. Mehr als dreihundert Jahre später wacht Johannes Nepomuk über den Ort; da auf der Brückenmitte steht seine Statue, sein Bischofsmantel aus Stein und

Gips flattert steif im ewigen Wind, auch an Tagen ohne eine Brise. Es hat sie nicht beeindruckt. Auch die geheimnisvolle Inschrift – »Ericsson« – in großen Buchstaben auf einer Hausmauer nahe des Altstädter Rathauses nicht, die die Zwischenkriegszeit überdauert haben muss, obwohl die schwedische Telefonaktiengesellschaft Prag seit langem verlassen hat. Unnötigerweise pfiff ich eine Melodie, die ich als den Parademarsch Karls XII. ausgab. Ebenso wenig Erfolg habe ich mit einigen wehmütigen schwedischen Volksliedern gehabt, die ich in ihr Ohr summte.

Am Sonntag nehmen wir die Straßenbahn hinaus bis zur Endhaltestelle. Von dort fahren wir mit dem Bus weiter. Mit diesem Ausflug ist auch die Idee verbunden, die Geografie zu Hilfe zu nehmen, unser Stillsitzen durch eine Reise zu ersetzen und nach Mund und Händen den Augen die Führung zu überlassen. Wir würden etwas Neues sehen, statt an die Sprache erinnert zu werden, die wir nicht haben, und befänden uns auf dem Weg zu einem unbekannten Ort an der Grenze zwischen Stadt und Land. Nach wenigen Haltestellen sind wir allein im Bus. Die Häuser Prags verschwinden, die Natur drängt von allen Seiten heran; Bäume und Felder umringen graue Lager- und Fabrikgebäude, bevor die Stadt abrupt zu Ende ist. Nach einigen Feldern sind wir an unserem Ziel, das mehr einem Dorf gleicht als einem Teil der Stadt.

Der Chauffeur stellt den Motor ab, der Bus ruckt und bleibt mit einem langen Seufzer stehen. Es geht gegen Mittag. Ein frischer Wind ist im Lauf des Vormittags aufgezogen und hat die Wolken vom Himmel gefegt, sich dann gelegt und nur mehr die Kraft, dünne Rauchschwaden zurück in die Schornsteine der Häuser zu drücken. Auf einer Bank an der Haltestelle sitzt eine alte Frau mit Kopftuch, einer lebenden Gans in einem Korb, und wartet darauf, dass der Bus nach Fahrplan in die Stadt zurückkehrt.

Es wird noch eine Weile dauern, der Chauffeur scheint hinter dem Steuer eingeschlafen zu sein.

Den schwedischen Film, der hier gezeigt werden soll, kenne ich bereits. Er handelt davon, wie ein junger Leutnant sich in eine Seiltänzerin verliebt, wie er aus seinem Regiment desertiert, sie aus ihrem Zirkus flieht und sie sich dann eine kurze Zeit lang ausschließlich ihrer Liebe widmen. Das kann nur in einer Katastrophe enden, was die beiden Liebenden ahnen. Einen Weg zurück gibt es jedoch nicht: In der Schlussszene erschießt der Leutnant zuerst seine Geliebte und dann sich selbst. Ich hoffe, dass die Liebe des Paares Elas Herz berührt, dass der Film ihre Bewunderung für mich weckt, schließlich stamme ich ja aus demselben Land wie dieser romantische Leutnant. Und ich hoffe, dass dieser Film sie überzeugt, dass ich, wenn auch ohne Uniform, zur gleichen Leidenschaft imstande sei.

Ehe der Film beginnt, haben wir eine halbe Stunde Zeit. Das Kino finden wir aber nicht, und niemand ist da, um nach dem Weg zu fragen. Bald wird es Zeit für das große Sonntagsessen, und vermutlich halten sich alle zu Hause auf, die Männer auf dem Sofa oder immer noch im Bett, die Frauen damit beschäftigt, in der Küche das Essen zuzubereiten. Das letzte Stück der Strecke, trocken und grau, läuft schlängelnd auf einen Platz mit Kopfsteinpflaster zu, von dem einige Steine fehlen, was auch mich dazu bringt, mich provisorisch zu fühlen. Auf dem Platz steht eine Kirche, die einen so fest verschlossenen Eindruck macht, dass sie an diesem Sonntag wohl nicht offen gewesen ist und auch später am Tag nicht mehr geöffnet werden wird. Neben der Kirche befindet sich eines jener unansehnlichen zweistöckigen Gebäude, die auf dem Land für Parteisitzungen und öffentliche Vorträge Verwendung finden. Es ist ebenfalls geschlossen – vermutlich dient das Gebäude auch als Kino. Davor gibt es eine Schautafel, auf die man Plakate neben- und übereinandergeklebt hat. Von den meisten sind nur unlesbare Reste übrig geblieben. Ein halb verdecktes Plakat macht Werbung für einen unbekannten polnischen Film. Dahinter ist undeutlich ein Aufruf zu einem Treffen der lokalen Taubenzüchter zu erkennen.

»Hier muss es sein.«

Ein anderes Gebäude, entscheidet Ela, ist als Kino nicht vorstellbar. Wir bleiben draußen stehen, um zu warten, dass geöffnet wird.

Es ist bereits nach ein Uhr, als eine dieser älteren Damen, die im ganzen Land die Aufgabe haben, auf- und zuzuschließen, plötzlich ein Fenster im Erdgeschoss öffnet, um uns in Augenschein zu nehmen, feindselig und misstrauisch, wie es ihrer Aufgabe entspricht. Neben ihr im Fenster steht ein riesiges Einmachglas mit etwas, das aussieht wie Sauerkraut. Ela wechselt einige Worte mit ihr. »Ja. Das hier ist das Kino.« »Ist es offen?« Ja, hier sei geöffnet. »Wann wird aufgemacht?« »Der, der für den Projektor zuständig ist, ist nicht hier.« Wo er sei? Achselzucken. »Soll um eins nicht die Vorführung beginnen?« Die Dame im Fenster schüttelt den Kopf. »Der, der für den Projektor zuständig ist, ist nicht hier.« Wann er komme? »Woher soll ich das wissen?« Das Gespräch läuft Gefahr, eine unglückliche Wendung zu nehmen, und die Dame erweckt den Eindruck, als überlege sie, überhaupt nicht zu öffnen und ihr Fenster zu schließen.

Wir sind gekommen, um den schwedischen Film zu sehen, sage ich.

Die Dame betrachtet mich von oben bis unten. »Der ist deutsch«, sagt die Dame. Ich protestiere. »Der Film ist deutsch«, sagt die Dame. Ich bin sprachlos vor so viel Verstocktheit. Mein Freund ist Schwede, und in der Zeitung hat er gelesen, dass der Film, der hier um eins gezeigt werden soll, schwedisch sei. Aber es ist möglich, dass er sich geirrt hat. Sein Tschechisch ist nicht so gut, verdeutlicht Ela, aber freundlich, um die Dame nicht noch mehr zu reizen. »Der Film ist deutsch.« Ela widerspricht nicht. Das mag die Dame versöhnlich gestimmt haben. »Jedenfalls ist er nichts, was man gesehen haben muss.« Ich bin gekränkt. Ela schweigt. Die Dame sieht wieder mich an. Jetzt ist sie richtig wütend. »Sie hören ja, was ich sage.«

Währenddessen hat Ela aus ihrer Tasche einen Geldschein genommen, den sie der Dame gibt, die flink eine Hand aus dem Fenster streckt und mit unveränderter Miene den Schein unter den Bund ihrer Bluse steckt. »Es ist nicht sicher, dass der Projektor funktioniert«, sagt sie. »Das ist früher schon vorgekommen.« Wir fassen das als Warnung auf. Es ist völlig klar, dass sie für den Projektor ebenso wenig Verantwortung zu übernehmen gedenkt wie dafür, ob der, der für ihn zuständig ist, kommt oder nicht. Wie zur Bestätigung macht sie sich wieder über mich her.

»Hier werden sonst nur unsere Filme gezeigt. Dann kommt das Publikum.«

Plötzlich verschwindet sie aus dem Fenster und schließt es, um erst einige Minuten später die Tür zum Kino zu öffnen. Mit einem Mal steht sie da vor uns auf der Treppe, einen großen Schlüsselbund in der Hand.

»Heute gibt es keine Vorführung.«

Ela lächelt sie freundlich an und tritt ein. Zu meiner Überraschung hängt drinnen ein Plakat, das den Leutnant in dunkelblauer Uniform mit vergoldeten Revers und der Seiltänzerin in seinen Armen darstellt, so in Beschlag genommen von seiner eigenen Verliebtheit, dass die Welt rundherum nicht länger existiert. Das Licht im Foyer ist körnig grau, fast schmutzig, und ohne Eintrittskarten zu lösen lässt uns die Dame in den Zuschauerraum und auf die knarrenden Holzbänke setzen. Ela will weit hinten Platz nehmen. Eine Weile sitzen wir dort im Halbdunkel, ohne dass etwas geschieht, bis sich die beiden Hälften des Vorhangs mit einem metallischen Quietschen langsam zur

Seite bewegen und eine leere Kinoleinwand freigeben. Die Dame ist verschwunden. Im halbdunklen Zuschauerraum hebt und senkt sich Staub unendlich langsam durch die Luft, als würde alles, was hier eingeschlossen ist und ebenso unendlich langsam schwebt, zugleich atmen. Plötzlich wird das Licht ausgemacht wie zu Beginn jeder anderen Filmvorführung auch. Ein wackliges Rechteck erscheint auf der Leinwand. Mit einem Ruck läuft der Film an, eine unscharfe Kopie (oder vielleicht ist es der Projektor) und mit dem Ton aus einem Lautsprecher irgendwo hinter der Filmleinwand.

Mozart ist für die Musik verantwortlich; das Andante des zweiten Satzes aus seinem Klavierkonzert Nr. 21 in C-Dur lässt sich erkennen. Ein ums andere Mal wird es als Leitmotiv während der Vorführung zurückkehren. Aber der Ton knistert, kommt und geht, sodass Mozart klingt, wie er in der Provinz vielleicht stets klingen muss.

Das macht nichts. Eigentlich ist kein Schaden entstanden. Ela kann ohnehin nicht verstehen, was gesagt wird, sie kann nicht viel mehr tun, als zu versuchen, die tschechischen Untertitel zum Film zu lesen, ein Tschechisch, von dem sich rasch herausstellt, dass es aus brutalsten Verkürzungen oder vollkommen willkürlichen Zusammenfassungen dessen besteht, was auf der Leinwand gesagt wird. Sogar ich bin aufgebracht. Anfangs versuche ich eine verbesserte Übersetzung in Elas Ohr zu flüstern, ein hoffnungsloses Vorhaben, wenn man bedenkt, dass mein Tschechisch mir nicht mehr erlaubt, als hier und dort einzelne Bruchstücke zu übersetzen, aber nichts von dem, was sie sich bereits zusammenreimen kann, vervollständigt oder begreiflicher macht, und ich lasse es bald sein.

Auch hier sind die Wörter nicht auf unserer Seite, und streng genommen gilt das sogar für das, was auf der Filmleinwand vor uns zu sehen ist: Die Kopie ist voller Kratzer, die Farben, die in großen Teilen aus Schattierungen von Gelb und Grün bestehen, sind ausgeblichen. Hin und wieder fällt ein Schauer schwarzer Striche von der oberen linken oder rechten Ecke die Leinwand hinab, bevor sie so unerwartet verschwinden, wie sie aufgetaucht sind.

Nach nicht einmal einer halben Stunde hat Ela ein Taschentuch hervorgeholt, um ihre Tränen damit zu trocknen. Immer wieder drückt sie es in ihrer Hand zusammen. Bald ist das Taschentuch von schwarzer Wimperntusche verschmiert und voller feuchter Flecken. Läuft alles, wie ich es mir erhofft habe? Es lässt sich nicht eindeutig sagen, ob das Taschentuch aufgrund der aussichtslosen Lage verschmiert ist, in die sich die beiden Liebenden selbst brachten, ohne jemand anderem die Schuld dafür geben zu können. Oder ob Ela uns beide im Sinn hat. Hat sie wie in einem Spiegel sich und mich dort auf der Leinwand gesehen? Im Kinosaal ist sie vielleicht dazu angeregt worden, sich ein ganz anderes Schicksal auszumalen, ein weniger romantisches, eine vielleicht noch schlechtere Kopie dessen, was im Fall des Leutnants und der Seiltänzerin so übel endete; aber eines, das real ist und von ihr selbst handelt.

Als wir den Kinosaal verlassen, habe ich den Eindruck, dass dieser Ausflug von Anfang bis Ende ein Fehler gewesen ist, eine einzige große Niederlage, dass wir einen Film gesehen haben, der, anstatt ihre Gefühle für mich wachsen zu lassen, ihren Zweifel weckte, ob es für uns überhaupt eine gemeinsame Zukunft geben könne. Schweigsam stehen wir an der Haltestelle und warten auf den Bus in die Stadt. Da ist dieses Schweigen wieder. Es scheint uns zu verfolgen, und ich klammere mich an die Hoffnung – dass das Taschentuch Mozart galt und nicht mir, dass es ausschließlich mit diesem wunderschönen und unaufhörlich wiederkehrenden, fast unerträglich knisternden Andante aus seinem 21. Klavierkonzert zu tun hat.

Mit Jarka kann ich zumindest Englisch sprechen.

Das macht alles leicht, was zusammen mit Ela schwierig und unpraktisch ist, selbst dann, wenn es uns in einer anderen Art von Provisorium festhält, ein bequemes zwar, jedoch oberflächliches, sodass es schon von Beginn an eine Vertiefung unserer Beziehung kaum ermöglicht. Gleichzeitig ist diese Bequemlichkeit verführerisch. Jarka ist klein und kompakt, die Proportionen ihres Körpers fein aufeinander abgestimmt, sie hat ein scharfes Auge und behauptet, mich in der Menge unmittelbar entdeckt zu haben.

»Ich habe sofort gesehen, dass du nicht von hier bist.«

Das hat sie einen Monat später triumphierend gesagt, als sei sie damals auf der Jagd gewesen und es ihr gelungen, eine Beute zu erlegen. Ich nehme das, was sie sagt, als Kompliment. Jarkas Körper ist muskulös und durchtrainiert, ohne Anstrengung kann sie beide Beine in den Nacken legen, sich nach hinten beugen und mit den Handflächen auf den Boden stützen. Ihre Brücke ist hoch gewölbt und stabil. Sie ist die zweitbeste Wasserspringerin des Landes, so gut, dass sie ihr Land im Wettbewerb der weltbesten Turmspringerinnen im Ausland repräsentieren darf, wenngleich sie das Dreimeterbrett vorzieht und darin fast genauso gut ist. In der Tschechoslowakei ist ihre Position als Nummer zwei ungefährdet, der Abstand zu Nummer drei ist so deutlich, dass die beiden Landesbesten in einer Klasse für sich wetteifern. Ihre Konkurrentin ist jedoch auf niederschmetternde Weise überlegen, gleichaltrig und olympische Goldmedaillengewinnerin.

Jarka bleibt, was sie ist. Nicht die kleinste Kleinigkeit kann hinzugefügt oder abgezogen werden, es würde nicht helfen, wie sehr sie sich auch anstrengt. Sie erträgt es mit einem Gleichmut, der, sobald sie nicht auf dem Sprungturm oder auf dem Sprungbrett steht, zu ihrem Vorteil ist.

Jarka ist von Natur aus blond und schneidet sich selbst die

Haare. Ihre Brüste sind klein und fest wie zwei Spiegeleier in einer zu heißen Pfanne; unter dem Badetrikot verschwinden sie fast. Vom Sprungturm am Schwimmbecken des Hallenbades, in dem sie üblicherweise trainiert, zeigt sie mir einfachere Sprünge, die sie so oft ausgeführt hat, dass sie diese auch im Schlaf hätte abrufen können. Mit ausgestreckten Armen und Beinen gleitet sie durch die Wasseroberfläche, die sich kaum kräuselt. Als Einziger sitze ich auf der Tribüne und bewundere sie. Wo ist ihr Trainer? Er ist nirgends zu sehen. Jarkas Körper ist geformt, um im Sprung mit möglichst kleinem Widerstand die Grenze zwischen zwei Elementen zu überwinden. Sobald sie das Wasser teilt, ist die Sache vorüber. Alles, was geschieht, ereignet sich in der Luft. Dennoch spielt das Wasser die entscheidende Rolle.

Außerhalb des Schwimmbeckens wird sie nervös, ihre Bewegungen werden ruckartig und eckig, als fühle sie sich auf trockenem Boden nicht zu Hause. Wenn ich Bier bestelle, bestellt sie Tee oder, am liebsten, ein Glas Wasser, Leitungswasser, wie sie dem Kellner gegenüber hervorhebt. Über Wasser weiß sie alles und besser Bescheid als andere. Sobald wir aufs Wasser zu sprechen kommen, ist klar, dass es um etwas Wichtiges geht.

Anschließend helfe ich Jarka, sich mit einem großen Frotteehandtuch abzutrocknen. Das Wasser im Becken ist kalt. Es scheint nicht ganz sauber zu sein, und ihre Haare riechen danach immer schwach nach Chlor.

Das erste Mal haben wir uns im Vltava Club auf der Revoluční třída getroffen, dem einzigen Studentenklub, der im Herbst 1970 nicht geschlossen wurde. Dort kommen tschechische Studenten für gewöhnlich mit ausländischen zusammen, bis die Behörden, die den Klub später dichtmachen werden, wohl herausgefunden haben, dass unsere Treffen für ihre sogenannte Normalisierung nicht von Vorteil sind, stattdessen als Ort für illegalen Geldwechsel und mitunter Schlägereien zwischen afrikanischen und tschechischen Studenten dienen, noch öfter aber als eine Art Börse, an der sich die Tschechen Schallplatten und Bücher aus dem Westen besorgen können. Insgeheim beneiden uns die Prager Studenten um unsere modische Kleidung, bewundern unsere Gitanes oder Marlboros und verachten uns, wenn die tschechischen Studentinnen in ihrer Bewunderung noch darüber hinausgehen. Schon an meinem allerersten Abend im Vltava Club lerne ich Jarka kennen; gemeinsam mit einer Freundin steht sie nahe an der Tanzfläche. An dem, was dort vor sich geht, scheint sie nicht interessiert. Sie nimmt nicht teil. Nur ihre Augen nehmen auf, sortieren, wählen. Ihr Kleid ist viel zu eng, sitzt genau genommen schlecht, jedoch auf eine herausfordernde Weise, indem es ihre Brust und die kräftigen Schenkel betont.

Später an jenem Abend erzählt Jarka, dass sie dieses Kleid ausschließlich im Klub trägt und einen Verlobten in Karlsruhe hat. »Einen westdeutschen Verlobten.« Sie haben sich im August verlobt, nachdem sie sich erst im Mai kennengelernt hatten; bei seinem ersten Besuch war der Westdeutsche als Tourist mit einem Reisebus hier, der ihn zunächst in die berühmten böhmischen Kurorte gebracht hat, bevor als Höhepunkt der Reise Prag besucht wurde. Dort sind sie einander zufällig in einem Gastgarten begegnet, und bald kommt der künftige Verlobte erneut nach Prag. Während des Sommers haben sie einander besser kennengelernt, immer ist er es gewesen, der sie besucht hat. Etwas anderes wäre auch nicht möglich gewesen.

Ich überschlage kurz: Alles in allem haben sie vielleicht gut zwei Wochen miteinander verbracht.

Dass sie in Prag auch nach der Verlobung mit anderen Männern ins Bett geht, scheint nichts, worüber sie ausführlicher nachdenkt. Lediglich ich bin darüber verwundert. Ihre Verlobung schließt ihren Körper anscheinend nicht mit ein; das eine hat mit dem anderen nichts zu tun. Was in Prag geschieht, ist das eine, der Verlobte auf der anderen Seite der Grenze ist das andere – sie hält das getrennt, als sei es die natürlichste und einfachste Sache der Welt. Schlechtes Gewissen kennt sie nicht: Jarka wirkt vollkommen unschuldig in ihrer Überzeugung, dass sie ihren Verlobten wirklich liebt, dass sie diesem Westdeutschen treu ist, auch wenn sie ihn in Prag betrügt. Anscheinend hat sie der Gedanke nicht einmal gestreift, ihr Begehren zu zähmen, wenn der Verlobte abwesend ist. Sie liest weiter Liebhaber auf, die das erfüllen, was sie ihre Forderungen nach Benehmen und Anstand nennt, während sie zugleich zu Hause sitzt und Servietten mit ihren und ihres Verlobten Initialen bestickt, in einer Umarmung zärtlich ineinandergeschlungen für den Rest des Lebens.

Es wird eine Weile dauern, ehe ich begreife, dass die unvollendete Liebe in Prag beinahe immer eine fleischliche Vollendung findet. Keine Zeit ist hier zu verlieren. Was da ist oder man zufällig findet, muss sofort konsumiert werden, alles andere wäre ein Luxus gewesen, den man sich nicht leisten kann. Jarka ist da keine Ausnahme. Das Studium und vor allem das Wasserspringen nehmen dem Sticken und dem Nachtleben ohnehin die meiste Zeit.

Schon an jenem ersten Abend macht sie mir einen verblüffenden Vorschlag. Einen naiv offenherzigen, ebenso durchtrieben wie schroff: Sie werde mir Prag zeigen und meine Geliebte werden, wenn der westdeutsche Verlobte nicht zu Besuch ist. Von mir sei nur ein gewisses Maß an Zärtlichkeit verlangt und etwas, das sie »nicht zu weit gehen« nennt; trotz allem sei sie ja verlobt, und es sei nicht ausgeschlossen, dass sie bereits im Frühjahr heiraten werde. Ich muss erstaunt ausgesehen haben, und sie drückt es sofort deutlicher aus. Eigentlich sei sie nicht so, wie man vielleicht denken könnte, überhaupt nicht, sondern ganz anders und werde deshalb oft missverstanden, bekomme aber leider selten Gelegenheit, es zu zeigen.

Das macht die Angelegenheit kaum besser. Und im Frühjahr heiraten? Wie es mit dem Verlobten in Karlsruhe dazu kommen soll, kann ich mir nicht recht vorstellen. Diese so praktisch veranlagte Frau scheint im Konjunktiv zu leben, in der Hoffnung auf eine Heirat, an die ich erst glauben will, wenn ich sehe, dass sie zustande kommt. Dass man sie bereits den Eltern des Verlobten vorgestellt hat, ist keine Garantie für eine Ehe. Zwar sind jene bis ins fremde Prag gereist, um sie zu treffen, und schon vom ersten Moment an hat Jarka für sie die allergrößte Sympathie empfunden, den Hund der westdeutschen Familie eingeschlossen (ein Dobermannpinscher), aber nichts davon würde die Polizei und andere Behörden in Prag dazu bewegen, ihr die Erlaubnis für eine solche Ehe zu erteilen. Noch weniger, ihr einen Pass auszustellen, damit sie das Land verlassen kann. Und dass der Verlobte nach Prag ziehen würde, um sich hier niederzulassen, halte ich für Wunschdenken.

Meine Geliebte werden?

Jankas Vorschlag mag großzügig klingen. Aber sie ist ehrlich genug, mich gleichzeitig zu warnen. Ich solle mir keine Hoffnungen machen. »Sei nicht so dumm, dich in mich zu verlieben.« Meine Rolle ist im Voraus festgelegt. Ich bin der Liebhaber, nicht mehr. Vermutlich einer von vielen – das erfahre ich aber nicht. Die Oberhand, die ich über den Verlobten trotz allem habe, scheint sie nicht zu beunruhigen. Das verletzt mich. Solange sie gewillt ist und wann immer ich Lust habe, können wir ja zusammen sein, während er weit weg ist. Das beinhaltet doch wohl ein Risiko? Hat sie daran nicht gedacht? Aus dem Liebhaber könnte ein ernstzunehmender Konkurrent werden.

Jarka beißt sich auf die Unterlippe und sieht einen Augenblick lang nachdenklich drein. Es ist nicht mehr als ein kurzer Moment, der sie davon überzeugt haben muss, dass das Risiko ohnehin nicht größer sei, als dass man es der Zukunft überlassen könnte, sich darum zu kümmern.

Was ihr Vorschlag beinhaltet, ist nicht ganz klar. Mir Prag zu zeigen kann wie eine Aufopferung ihrerseits aussehen, wie ein Dienst, den sie mir erweist, ohne dass daraus etwas hervorgeht, was einer Gegenleistung meinerseits gleicht. Liebhaber hat sie offenbar oder zumindest genügend gehabt, sie sind nichts, was sie sich nur verschaffen kann, indem sie mehr bietet als sich selbst. Als Einsatz ist ihr Körper mehr als genug: Auch ich bin mit ihm allein völlig zufrieden und brauche auch niemanden, der mir ein Prag zeigt, das ich schon vom ersten Tag an auf eigene Faust zu erforschen begonnen habe.

Außerdem wundert es mich, dass uns der Verlobte sozusagen als dritte Person im Bett Gesellschaft leisten soll. Warum hat sie ihn da überhaupt mit hineingezogen? Was hat er mit der Sache zu tun, wenn sie ohnehin bereits entschieden hat, dass das, was wir, sie und ich, vorhaben, hinter seinem Rücken geschehen wird. Warum muss ich von seiner Existenz wissen? Glaubt sie, dass er ihren Vorschlag attraktiver macht? Dass der Betrug meine Leidenschaft steigert? Von Beginn an hat sie auf ihre nüchterne Art entschieden, dass wir heftigen Gefühlen oder Eifersucht nicht erlauben würden, uns zu beeinflussen. Ihre Aufrichtigkeit wirkt daher verdächtig überflüssig, eigentlich unerklärlich, sofern ihr Vorschlag nicht Teil eines weit größeren Plans ist, den sie mir nicht verraten will.

Aber in jenem Augenblick, in dem sie mir ihren Vorschlag unterbreitet, bin ich nicht bereit herauszufinden, was er im Detail mit sich bringt. Stattdessen bin ich ebenso geschmeichelt wie verblüfft darüber, was sie gesagt hat. Ich habe keine Einwände. Vielmehr passt mir ihr Vorschlag ausgezeichnet, da er mich zu nicht mehr verpflichtet, als mich nicht blicken zu lassen, wenn der Verlobte Prag besucht. Es ist zu schön, um wahr zu sein.

Der letzte Besuch fand vor fast zwei Monaten statt.

Wann ist der nächste geplant? »Vielleicht zu Weihnachten.«

Es klingt unsicher. An dem Punkt bleibt sie vage. Mein Eindruck ist, dass nichts richtig festgelegt scheint. Sie protestiert: »Mit einem Besuch ist bald zu rechnen. Sehr bald.«

Daran glaube ich nicht so recht. Selbst wenn er wollte, kann er nicht so häufig auf Besuch kommen. Ein Automechaniker in Karlsruhe hat sicher einen langen Arbeitstag, verdient nicht besonders viel und benötigt ein Visum. Ein Besuch ihrerseits scheint geradezu unmöglich. Zwei Mal ist sie in Westdeutschland gewesen, um an einem Wettkampf teilzunehmen. Das war zu einer Zeit, bevor sie den Verlobten kennengelernt hat. Möglicherweise könnte sie ihn mithilfe einer Einladung des westdeutschen Schwimmverbands besuchen – vielleicht kann ihr eine der westdeutschen Schwimmerinnen, die sie kennt, mit einer Scheineinladung helfen, eine reine Formalität, bei der jemand eine Bürgschaft für sie übernimmt. Aber sicher ist das nicht, und allein durch die Bitte um Hilfe würde sie sich dem Risiko aussetzen, ins Blickfeld der Prager Behörden zu geraten.

Wie lange könnten die beiden sich davonstehlen, um auf eigene Faust zusammen zu sein? Eine Scheineinladung wäre mit gewissen offiziellen Verpflichtungen und Auftritten verbunden und, bei ihrer Rückkehr, mit einem schriftlichen Bericht an die Polizei, in dem sie über ihre Zeit im Westen Rechenschaft ablegen müsste. Wen hat sie getroffen? Wann? Und warum? Alle diese Umstände sind zu meinem Vorteil. Jarka hat nicht so viel Auswahl, auch wenn sie der Auffassung ist, die Wahl ihres Lebens bereits getroffen zu haben. Jedes Mal würde ich derjenige sein, nicht der Verlobte, der mit ihr zusammen im Bett ist; jedes Mal wäre es der Liebhaber, der ohne um ein Visum ansuchen zu müssen an Ort und Stelle ist, sobald sie ihr Begehren stillen möchte.

Jarka wohnt in Vinohrady zusammen mit ihrer gelähmten Mutter. Mein Studentenzimmer in der Strojnická 7 ist die einzige Bühne, über die wir in Prag verfügen, auf der sie sich in der Rolle meiner Liebhaberin der zweiten Hälfte ihres Vorschlags aus dem Vltava Club widmen kann. Mit der ersten – den Sehenswürdigkeiten Prags – bin ich bereits vertraut. Jedes Mal, wenn sie mich in Holešovice besucht, hole ich sie an der Haltestelle der Linie 3 unterhalb des Hotels Intercontinental ab. Wenn ich sie auf die Wange küsse, riecht sie leicht nach Schwimmbecken. Im Zimmer, an ihrer nackten Haut, sticht mir der unangenehme Geruch nach Chlor in die Nase.

Mein Zimmer liegt ganz oben, unter dem Dach. Nicht mehr als eine Abstellkammer mit Platz für Bett, Handwaschbecken, einem kleinen Schreibtisch mit Stuhl und einem Schrank, in dem ich meine Kleider und Reisetasche verstauen kann. Über dem Schrank ist ein Radio an der Wand befestigt, das sich nicht abschalten lässt. Lediglich die Lautstärke kann man bis auf ein knapp hörbares Minimum zurückdrehen, sodass ich in aller Früh geweckt werde, wenn die Sendungen des staatlichen Radios mit den ersten Akkorden aus Bedřich Smetanas »Má vlast« beginnen. Es dauerte Wochen, bis ich herausgefunden habe, dass die Töne aus dem Radio kommen, dass es sich nicht um Musik aus meinen Träumen handelt. Die Dachschräge endet an einem kleinen Fenster, das fast immer geschlossen bleibt, entweder gegen die Winterkälte oder gegen die Sommerhitze. Prag hält strikt an den Jahreszeiten fest, aufgeteilt in ein Winter- und ein Sommerhalbjahr. Nur während der heißesten Sommernächte lasse ich das Fenster einen Spalt offen.

Eines Morgens am Schreibtisch werde ich von einem Geräusch gestört, das ich zuerst nicht lokalisieren kann. Ein gedämpftes, regelmäßiges Scharren, das nach kurzer Pause von neuem beginnt, und als ich vom Buch aufsehe, entdecke ich einen Falter vor dem Fenster. Während der Nacht muss er durch den Spalt ins Zimmer gelangt sein und findet nun nicht ins Freie. Mit kaum hörbaren Flügelschlägen fliegt er wieder und wieder gegen die Scheibe, in Richtung Morgen und Licht, ohne von der Stelle zu kommen. Ein Nachtfalter. Unansehnlich, fein gezeichnet in grauweißen Nuancen. Ich öffne das Fenster, forme die Hände vorsichtig um den Falter und lasse ihn hinaus. Auf meinen Handflächen sind Reste dessen, was aussieht wie feiner, beinahe farbloser Staub.

In der Nacht ziehen Güterzüge an Holešovice vorüber. Trotz des geschlossenen Fensters dringt schwarzer oder brauner Ruß ins Zimmer, von der Dampflokomotive auf der internationalen Bahnstrecke, die am Prager Hauptbahnhof ihren Ausgang nimmt, hier bei mir in Holešovice eine sanfte Kurve beschreibt, ehe der Zug Prag verlässt, um über Dresden in nördlicher Richtung bis Ostberlin zu fahren. Ich muss mich nur ein oder zwei Tage lang etwas anderem als meinen Studien widmen, und eine dünne Schicht Ruß bleibt auf den Büchern und Papieren auf meinen Schreibtisch liegen. Jarka hat es sich während ihrer Besuche in meinem Zimmer zur Gewohnheit gemacht, mit ihrem Zeigefinger über den Schreibtisch zu fahren, bevor sie sich auskleidet. Ob als stumme Kritik oder um etwas zu kontrollieren – falls ja, was? –, wird mir nicht klar.

Nur wenige Wochen später wird sie aus meinem Bett steigen und vor dem kleinen Spiegel an der Wand neben dem Kleiderschrank ihre nach Chlor riechenden blonden Haare mit einem Gummiband zusammenbinden, sich dann zu mir, der im Bett geblieben ist, umdrehen, um zu sagen, dass wir uns nun eine Woche lang nicht sehen werden. Das ist ein Befehl, keine Information. Mit einem Touristenvisum für drei Tage wird der Verlobte zu Besuch kommen.

»Drei Tage«, sagt sie bitter. »Was ist das eigentlich für ein Land, in dem wir leben?«

Jarka hat sich auf die Bettkante gesetzt, eine Zigarette angezündet, und während ich mich im Handbecken zu waschen begonnen habe, muss ich zuhören, wie sie sich an die Verbesserung Europas macht, ihren Klagen über all diese Grenzen, die Menschen voneinander trennen, die nichts Böses getan haben, und wie sie ohne Schuld auf die falsche Seite der Grenze geraten ist. Ihr Vater habe vor seinem Tod immer gesagt, dass man von hier fortmüsse, fort aus Prag, wo niemand jemals in Ruhe gelassen werde, wo nur Hunde ein normales Leben in Ruhe und Frieden verbringen. »Aber wie soll das mit Mama im Rollstuhl gehen«, sagt Jarka, »wie hat er sich das gedacht?« Der Vater machte zwischen Kommunisten und Faschisten keinen Unterschied, auch zwischen Deutschen und Russen nicht, für ihren Vater waren das allesamt barbarische Menschen, die über Prag nichts als Tod und Unglück gebracht haben, obwohl der Vater fand, dass die Deutschen sich besser auf Hunde verstehen, die den Russen eher gleichgültig sind, Tiere ohne Seele, und auch so behandelt werden, mit der allergrößten Grausamkeit, mehr noch, als gäbe es sie überhaupt nicht. »Aber was kümmert es mich, was deutsche Faschisten hier in Böhmen während des Krieges anstellten«, sagt Jarka, was habe sie damit zu tun, wenn sie doch einen von ihnen tatsächlich liebe, einen Automechaniker aus einer Stadt, in die sie nie ihren Fuß gesetzt habe und sich noch nicht einmal sicher sei, sie auf der Landkarte finden zu können. »Karlsruhe«, sagt Jarka, »für mich könnte das genauso gut Köln oder Kassel sein, was spielt das schon für eine Rolle?«

Jarka zündet sich eine neue Zigarette an und versichert, dass, wenn sie zu einer Karte des gesamten europäischen Kontinents etwas zu sagen hätte, sie die Karte zerschneiden würde, aus Protest gegen alle dicken schwarzen oder roten Ränder, die darauf festhalten, wo ein Land zu Ende ist und ein anderes anfängt, und wie ich sie kenne, glaube ich, dass sie dazu problemlos in der Lage wäre. »Und dann?« Dann würde sie zwei Teile mit Prag und Karlsruhe aufbewahren, um diese beiden Städte, ihre eigene Heimatstadt und die unbekannte deutsche, dicht nebeneinander, auf einen ganz weißen und leeren Bogen Papier zu kleben. Ein solches Stück Papier mit nichts als den beiden Städten würde als Landkarte für sie reichen, mehr Europa als das brauche sie nicht, und in einem solchen Europa könnten der Verlobte und sie einander nahe sein, ohne irgendwelche Formulare ausfüllen oder auf andere Weise ihre Liebe beweisen zu müssen. Jarka versichert, dass sie lange darüber nachgedacht habe, und das Einzige, was sie zurückhalte, sei der Gedanke an ihre alte Mutter mit ihren gelähmten Beinen und ihrem schwachen Herzen, die, solange Jarka denken konnte, immer zutiefst davon überzeugt war, dass Europa ist, wie es ist, unbelehrbar und unveränderlich, dass es eben einfach so ist, und immer so bleiben wird, wie oft man auch versuche, es ein für alle Mal in Brand zu stecken oder in Blut zu ertränken.

Was sie sagt, ist völlig wirr. Betäubend unbedarft und übertrieben zugleich, eine Sturzflut fusseliger und leerer Worte. Ich habe begonnen, mich anzukleiden, während ich ihretwegen versuche, alles, was sie sagt, schweigend zu begraben. Das Beste wäre, es so schnell wie möglich zu vergessen, aber mit einem Mal ist ihr Gesichtsausdruck so ernst und gleichzeitig so besorgniserregend abwesend, dass ich mit ihr mitleide; alles, was sie gesagt hat, ist schließlich von einer tiefen und reinen Sorge getragen, die gemeinsam mit all diesen kindlichen Dummheiten aus ihrem Inneren quillt, sie ganz einfach übermannt und ihren Worten Bedeutung verliehen hat, die sie andernfalls nicht gehabt hätten.

In meinen Tagträumen genieße ich meine Überlegenheit über den Rivalen in Karlsruhe. Allein im Wirtshaus bei einigen Krügen Bier oder an Abenden in meinem Zimmer vor dem Einschlafen feiere ich meine Siege im Voraus, leichte Triumphe, die von meiner Phantasie vergrößert und noch leichter gemacht werden. In den Tagträumen rücke ich es zurecht. Vielleicht nicht so sehr zurecht als vielmehr nach meinem Geschmack: Meine Tagträume machen die Welt schöner statt gerechter. Also muss der Deutsche hässlicher, unbeholfener und einfältiger sein, als er vermutlich ist. Sadistisch lasse ich ihn sich mit seiner tiefen Unwissenheit über Prag, wo er sich nun für drei Tage befindet, vor Jarka blamieren; lasse ihn immer wieder bei den berühmtesten Gebäuden falschliegen, ihn noch nie von der Karlsbrücke gehört haben, lasse ihn wissen wollen, wo das Haus liegt, in dem Chopin geboren wurde, ihn Fragen stellen, die jedes Kind weiß, während ich im selben Tagtraum schadenfroh die richtigen Antworten in Jarkas inneres Ohr flüstere, damit ihr Herz mit steigendem Unbehagen den Unterschied zwischen ihrem deutschen Verlobten und ihrem Liebhaber bemerkt, den sie während dieser Tage verbannt hat, ein Vergleich, der – auch ohne Tagtraum – nur zu meinem Vorteil ausfallen kann. Das Einzige, das diesen Traum stört, ist, dass ich darin auch gegen Jarka angehen muss, sie besser informiert und an Prag vor allem mehr interessiert erscheinen lassen muss, als sie eigentlich ist. Aber ich kann der Versuchung nicht widerstehen: Im Tagtraum fällt ihre Liebe zu Prag grenzenlos aus, während die Unwissenheit des Deutschen am Ende die letzten Gefühle zerstört, die sie für ihn hat.

Erst dann bin ich zufrieden, bereit, in jene Wirklichkeit zurückzukehren, die nach den drei Tagen von neuem beginnt.

Gegen Weihnachten spricht Jarka immer seltener von ihrem Verlobten und von der Hochzeit überhaupt nicht. Zugleich scheint ihr Begehren zu wachsen. Jarka ist rastlos. Sie versäumt das Training; kommt sie zu Besuch, ist der Badeanzug in ihrer Tasche trocken, sie macht einen nervösen und abgelenkten Eindruck, auch in meinen Armen. Und dennoch wächst ihr Begehren: Ihre Gefühle liegen auf schmerzliche Weise offen, immer häufiger bin ich eher Belastungen als Versuchungen ausgesetzt. Die Konzentration von früher – die geballte Entschlossenheit, mit der sie in der Schwimmhalle ganz oben auf dem Sprungturm steht – ist verschwunden. In den Punktetabellen beginnt ihr Name nach unten zu rutschen. In der Zeitung lese ich, dass sie bei den Landesmeisterschaften in Brünn letzte Woche nur als Fünfte abgeschlossen hat. Was ist geschehen? Jarka denkt, dass sie ungerecht bewertet wurde. Keiner der Schiedsrichter stammte aus Prag. Aber auch, dass die Form hätte besser sein können.

Die Form? Ich vermute, dass es mehr mit dem trockenen Badeanzug zu tun hat.

Immer öfter bleiben wir im Bett meines Studentenzimmers liegen. Sie ist es, die mich dort zurückhält. Rastlos suchen ihre Hände nach etwas oder jemandem, woran sie sich festhalten kann. Hier bin ich das. Als die Rede auf ihren Deutschen kommt, äußert sie sich zum ersten Mal kritisch, beinahe gehässig über seine Unzulänglichkeiten; sehr nüchtern spricht sie über ihren Verlobten, als unterzöge man ein Rennpferd oder Automodell einem sachlichen Urteil. Damit bin ich zufrieden. Vermisst sie ihn? Natürlich. Genauso wie früher. Aber es wirkt jetzt anders, vielleicht vermisst sie nur seine rein physische Anwesenheit. Ich glaube, Jarka hätte ihrem Deutschen alles verzeihen können, sogar seine Bedeutungslosigkeit, nur dieses eine nicht: dass er nicht da ist. Dass er nicht wie ein treuer Hund in Prag ist. Und als Protest gegen seine Abwesenheit hat sie keine andere Wahl, als ihm untreu zu sein, Jarka benutzt das Wort zum ersten Mal, um auf verzweifelte Weise sich immer ungehemmter, so kommt es mir vor, mir zu widmen, der schließlich da ist. Letzteres sagt sie nicht. Aber das ist auch nicht nötig. Ich habe meine Schlüsse bereits gezogen, und das macht mich nachdenklich.

Ist sie im Begriff, ihren Deutschen durch mich zu ersetzen?

Anscheinend ist genau das passiert, wovor sie mich gewarnt hat – mit dem einzigen Unterscheid, dass sie es ist und nicht ich, die sich verliebt hat. Gierig und kopflos. Keiner ihrer nüchternen Vorsätze hat geholfen. Das schmeichelt meiner Eitelkeit, ist aber gleichzeitig peinlich. Unaufhörlich habe ich Jarkas Hände auf meinem Körper, ihre Kleider und Röcke sind mittlerweile ständig zu kurz und zu eng. Sie klammert und drückt, saugt sich an meinen Ohren und meinem Mund fest, beißt und reißt, zieht mich in dunkle Winkel, wo wir allein seien und keiner uns sehen könne.

»Komm, mein schwedischer Dummkopf, komm zu mir.«

Auch im Freien hat sie begonnen, nach einem Ort für ihr Verlangen zu suchen. Ein Park, ein finsterer Torbogen, in dem es nach Urin stinkt, alles scheint sich zu eignen. Auf der Jagd nach einem Platz, den wir nur für uns hätten, nimmt sie mich auf lange Streifzüge durch die Stadt mit, Plätze, die wir nur selten finden. Das Verlangen scheint sie ganz eingenommen zu haben. Sie ist davon wie besessen, und alles, was sie will und sich wünscht, lasse ich geschehen, ich habe mich damit abgefunden. Wir versuchen, uns in einer Restaurantgarderobe in Nusle zu lieben, zwischen den Autos auf einem Parkplatz unterhalb des Klosters in Strahov, auf der Toilette des Nationalmuseums, zwischen Mänteln und Jacken auf dem Bett ihrer Freundin, während Musik durch die geschlossene Tür dröhnt und auf der anderen Seite die übrigen Partygäste tanzen, trinken und grölen.

Jarkas hysterische Lust steigert anfänglich auch mein Begehren. Aber diese Hysterie ist praktisch und zielstrebig zugleich, wirkt beinahe berechnend. Sie hat begonnen, ein hohes Risiko einzugehen. Kann sie sich das leisten? Es ist kein Spiel mehr. Unter der Zügellosigkeit ahne ich eine Verzweiflung, die zuvor nicht da war, eine neue desparate Entschlossenheit, die das Letzte, das man ihr nicht nehmen kann und das nur scheinbar mit ihrem Körper zu tun hat, verteidigen soll, einen Körper, den sie hingeben kann, wem sie will, wann auch immer und wo auch immer, diese einzige Freiheit, die jenseits von Stempeln und offiziellen Akten ganz und gar ihre ist.

Eine andere Freiheit kennt sie nicht. Und jene, von der sie trotz allem einen flüchtigen Schimmer mitbekommen haben muss, wenn sie an Wettkämpfen im Ausland teilnimmt? Doch das ist eine kalte und abweisende Freiheit gewesen, die sie gezwungen hat zu wählen, etwas, wozu ihr jede Erfahrung fehlt. Sie hat sie nicht erlöst, sondern gelähmt, hat sie genötigt, für ihre wenigen D-Mark im Warenhaus Neckermann unter fünf verschiedenen Farben ein und desselben Baumwollpullis zu wählen, und dieser Überfluss an Farben verwirrt sie. Eine solche Wahlfreiheit hat sie überwältigt, ihre Freiheit schließlich schrumpfen lassen, bis sie aus nichts anderem mehr bestand, als von ihr abzulassen und auf sie zu verzichten. Es ist ihre erste Erfahrung mit der Kälte und dem Zwang der Freiheit, und das trifft sie unvorbereitet, da sie ja nur an das Stickige und Gleichgültige der Unfreiheit gewöhnt ist. An so einer Freiheit aber hat sie keinen Bedarf; davon wäre sie am liebsten entbunden worden. Damals ist Jarka von München (wo sie Platz sechs im Turmspringen belegte) mit nach wie vor fast allen bescheidenen Ersparnissen in der Tasche nach Hause gekommen.

Ohne Baumwollpulli. Die Freiheit reichte für eine Fliegenklatsche aus Plastik. In Prag gibt es Fliegen. Solche Fliegenklatschen aber nicht.

Was soll man mit einer derartigen Freiheit anfangen?

In Prag lebt sie nun die Freiheit auf eigene Weise aus, ohne Einschränkungen und ohne wählen zu müssen, und dieses rücksichtslose Begehren bereitet mir Gewissensbisse. Zu viel Verzweiflung und Ernst hat sich in unsere Beziehung geschlichen, und mein Interesse für Jarka ist ja keinesfalls ernsthaft, sondern verantwortungslos und ohne an mehr als den Moment zu denken. Bin ich aufrichtig zu mir selbst, so nutze ich Jarka aus, ohne die Absicht, irgendetwas anderes zu geben oder zu teilen als das, was wir hier und da in dunklen Zimmern oder Ecken treiben. Aber eben dort in der Dunkelheit ist mein Gewissen geweckt worden. Und in eben dieser Dunkelheit muss ich ein weiteres Mal feststellen, dass es scheint, als habe sie sich entgegen ihrer ursprünglichen Absicht in mich verliebt.

»Ich liebe dich.«

Sie überrumpelt mich. Alle Wörter sind da, an Ort und Stelle. Aber leiert sie sie nicht herunter? Als wollte sie es hinter sich haben, etwas, das man sagt, ohne es zu meinen. Vielleicht ohne überhaupt daran zu denken, was man sagt? Was mich betrifft, so versuche ich, diese Wörter zu meiden, da ich nichts mit ihnen meine, doch meine Eitelkeit will sie von ihr hören, will, dass sie dann aufrichtig und wahr sind. Aber bald habe ich den Verdacht, dass sie sowohl frecher als auch verlogener vorgeht als ich und es der Tonfall ist, der sie verrät: der Unterton von Lustlosigkeit in ihrer Stimme, eine Stimme aus einem vielleicht unbefriedigten Körper.

Sind da nicht allzu viele »Ich liebe dich«, ist da nicht zu viel wollüstiges Stöhnen? Findet sie nicht zu rasch, zu freigebig und oft zum Höhepunkt? Ist diese plötzliche Liebe nicht zu durchschnittlich und geschönt, nicht eher Absicht als Leidenschaft? Ich bin dabei, mein Selbstvertrauen buchstäblich über Nacht zu verlieren. Ihr verschwitztes, leicht gerötetes Gesicht da in der Dunkelheit: die Maske einer Heuchlerin.

»Ich liebe dich.«

So falsch. Aber die Lüge lockt, sie wärmt mit lodernden Flammen, und Jarkas Hoffnung ist ein einziger großer Blasebalg, der sie mit Leben füllt. Die Lüge befreit. Wovon? Von Langeweile und Einsicht. Die Wahrheit dagegen ist bitter, und Einsicht hinterlässt ein Brennen in den Augen, mitunter Tränen, mehr aus Zorn als aus Leid. So gut es eben geht, halten wir uns beide an die Lüge, aber zumindest ich weiß, dass uns, das heißt Jarka, die Wahrheit einholen und ihren Traum von einem schwedischen Verlobten als Tagtraum entlarven wird. Aber noch sind wir nicht an diesem Punkt. Noch facht der Blasebalg der Hoffnung ihre Liebe glühend heiß an, wir lieben uns und lieben einander, und mitten in der Umarmung öffne ich meine Augen, um mich zu vergewissern, dass ihre vor Ekstase geschlossen sind.

Ihre Augen sind geschlossen. Aber vielleicht nur deshalb, weil Jarka sie einen Augenblick davor kurz geöffnet hat, um zu kontrollieren, ob meine es sind.

»Du liebst mich nicht.«

Ist das eine Behauptung oder eine Frage? Ich bin auf der Hut. Und ich kenne die einzig richtige Antwort: »Ich liebe dich«, doch das ist nicht wahr. Aber die Lüge, die allzu oft wiederholt wird, verwandelt sich in Wahrheit, sieht jedenfalls aus wie Wahrheit. Sie wird etwas, das sie nicht ist, und das, was nicht ist, aber wird, ist Jarkas Werk, etwas, dem sie, so gut sie kann, dazu verhelfen will, auf eigenen Beinen zu stehen. Und ich tue, was ich kann, um dem, was sie mir da in den Weg gestellt hat, die Beine wegzuschlagen.

»Wie kannst du daran zweifeln?«

Mehr listig als aufrichtig versuche ich mich zu wehren.

Doch Jarka ist zu klug, um sich auf eine Diskussion mit Argumenten und Beweisführung einzulassen, zu klug, um den schwankenden Boden der Gefühle und Phrasen zu verlassen, auf dem sie sich so graziös bewegt und ich ihr nicht folgen will oder kann. Also schweigt sie. Die Lüge, als Wahrheit und Frage formuliert, hat das letzte Wort.

Rasch kleidet sie sich an wie jemand, der es eilig und schon vergessen hat, was diese Eile verursachte.

Aber ich bin ja nicht in sie verliebt, und schließlich fühle ich mich bemüßigt, das zu sagen.

Den Mut dazu fasse ich in einer Bierschenke in Žižkov, einem Arbeiterstadtteil, dem selten jemand einen Besuch abstattet, der hier nichts zu erledigen hat. Wie sind wir hier gelandet? Nichts von dem, was ich sagen will, ist vorbereitet. Nach einer

Weile hat Jarka die Hand auf meinen Schenkel gelegt, mich unter dem Tisch zu streicheln begonnen, während im Lokal um uns herum Arbeiter lautstark trinken. Keiner nimmt auch nur im Mindesten Notiz von uns. In schwach gelbem, stechendem Licht liegen Rauchschwaden von Zigaretten überall im Raum, und unter dem Tisch nehme ich ihre Hand und ziehe sie weg. Sie lässt es geschehen, sieht nicht einmal gekränkt aus.

»Willst du nicht?«

»Doch«, sage ich zu Jarka. »Ich will. Aber nicht auf diese Weise.«

»Auf welche Weise willst du dann?«

»Nicht hier«, sage ich.

»Wir können woanders hingehen.«

Mit einem Mal wäre alles beinahe schiefgegangen, ich muss das Gespräch wieder in die richtigen Bahnen lenken und sagen, was ich zu sagen habe.

»Auch ich habe es genossen«, sage ich.

Ich bereue nichts und werde das auch sicher künftig nicht tun. Sie dürfe nicht glauben, dass ich nicht an ihr hänge. Aber sie sei zu weit gegangen, wenn sie sich mehr erwarte als das, was wir zusammen in halbdunklen Ecken trieben. Viel zu weit. Und mein Gewissen verlange von mir, dass sie das wisse.

»Zu weit gegangen?«

»Ja«, sage ich. »Du bist zu weit gegangen. Ich will, dass du das weißt. Damit zwischen uns keine Missverständnisse entstehen.«

Jarka bewegt die Lippen, als wolle sie etwas sagen, aber es wird nichts gesagt. Über ihren Schenkeln hat sie sich den Rock zurechtgezogen und betrachtet mich mit weit aufgerissenen, verwunderten Augen. Ernst sieht sie mich an, während sie sich mit beiden Händen an dem Bierkrug vor sich auf dem Tisch festklammert. Ich begreife, dass ich es noch deutlicher sagen muss.

Am Tisch nebenan wird über Fußball diskutiert. Plötzlich brechen alle in der Runde in schallendes Gelächter aus.

»Ich hoffe, du kannst mir verzeihen«, sage ich.

»Dir verzeihen?«

Ich wollte mit offenen Karten spielen, nun gibt es keinen Weg mehr zurück.

»Ich hoffe, du kannst mir verzeihen, dass ich dir nicht die Liebe geben kann, die du mir gegeben hast«, sage ich. »Ich liebe dich nicht.«

Welche Erleichterung, dass ich endlich gewagt habe, ihr zu sagen, was ich schon so lange auf dem Herzen habe! Während ich mein Gewissen erleichtere, knöpfe ich meinen Hosenschlitz, den sie unter dem Tisch zur Hälfte geöffnet hat, wieder zu. Ich warte darauf, dass das, was ich gesagt habe, einsickert; ein solcher Schlag trifft uns nicht täglich. Jarka hält sich weiterhin mit beiden Händen an ihrem Bierkrug fest. Sie sieht aus wie jemand, der im Begriff ist zu ertrinken, plötzlich aber lacht sie mir geradewegs ins Gesicht, als habe sie etwas unbeschreiblich Komisches gehört, das mich mit einem Mal statt aufrichtig und mutig sehr lächerlich macht.

»Mein schwedischer Dummkopf, mein kleiner schwedischer Dummkopf.«

Sie beugt sich über den Tisch und streicht mir über den Kopf, zärtlich, aber als tätschelte sie ein Kind oder einen kleinen Hund. Gleich darauf lehnt sie sich zurück, schüttelt den Kopf und betrachtet mich mit ernsten Augen, schüttelt erneut den Kopf, so mitleidig, dass es mich zu irritieren beginnt, ehe sie wieder in Gelächter ausbricht.

Am Tisch nebenan wird Spartas jüngstes Spiel diskutiert, die Heimmannschaft hat gewonnen, doch Jarkas Lachen bringt einen der Männer dazu, sich einen Augenblick lang unserem Tisch zuzuwenden, ehe er wieder zum Fußball zurückkehrt. Ich bin verwirrt und noch mehr verletzt. Jarka lacht einfach weiter und nimmt einen Lippenstift aus ihrer Handtasche, um ihre Lippen nachzuziehen, doch ohne Taschenspiegel klappt das nicht so recht, etwas Rot landet außerhalb, und sie bekommt fast keine Luft mehr vor lauter Lachen, von dem ich mir nicht mehr sicher bin, ob es mir gilt oder dem, was ihr eben missglückt ist; die Lippen nachzuziehen, während man damit beschäftigt ist, seinen Liebhaber auszulachen, ist vielleicht viel schwieriger, als man glauben könnte.

Der Kellner hat sich mit einer neuen Runde Bier dem Nebentisch genähert, und ich nutze die Gelegenheit, um zu bezahlen.

Wir nehmen die letzte Straßenbahn in die Stadt, die Waggons bewegen sich quietschend durch die Dämmerung auf das Zentrum Prags zu. Draußen fällt der erste Schnee in diesem Winter. Ich habe mich auf den Platz vor Jarka gesetzt, immer noch beleidigt, zunehmend überzeugt, dass ich es bin, der ausgelacht wurde, und jedes Mal, wenn ich mich umdrehe, beginnt sie von neuem zu lachen, hier in der Straßenbahn jedoch still für sich. Nur ihr Lächeln und das leichte Zucken ihrer Schultern verraten, was in ihrem Inneren vor sich geht.

Im Dezember beginnt es in Prag heftig zu schneien, und kurz vor Weihnachten fragt Jarka, ob ich nicht einige Tage mit ihr verreisen wolle. Ihre Familie hat ein Haus in Nordböhmen, in einer entvölkerten Gegend nahe der Grenze zu Westdeutschland. Früher war es ein sudetendeutsches Dorf. Nach dem Krieg jagte man die Einwohner des Dorfes aus ihren Häusern und hinüber auf die andere Seite der Grenze. Von dort kam niemand zurück. Seither wohnen Tschechen und einige Slowaken im Dorf, die mit Genehmigung der Behörden, eher unter Anordnung, Häuser und Grund von den vertriebenen Deutschen übernommen haben. In einigen wenigen Häusern wohnen Sommergäste. Alle aus Prag.

Will ich mit ihr dorthin fahren?

Hinter dem Angebot steht vermutlich die Absicht, unser Verhältnis zu retten. Ich habe nicht vergessen, wie sie mich auslachte, und vielleicht bereut sie das nun. Aber trotzdem habe ich meine Zweifel; der Gedanke an einige Tage allein mit Jarka in einem abgelegenen Dorf weit weg von Prag, vielleicht eingeschneit, gefällt mir nicht. Zugleich bin ich neugierig auf das Sudetenland, ein Landstrich, der wie kein anderer Teil Mitteleuropas ethnisch gesäubert wurde, und eine Woche vor dem Heiligen Abend reisen wir nach Heckendorf, der Regionalbus kommt auf den gewundenen und matschigen Landstraßen durch den dunklen Nadelwald nur langsam voran, und als wir uns unserem Ziel nähern, hat es wieder zu schneien begonnen. Es ist später Nachmittag und die Dämmerung bereits eingefallen, im winterlichen Dunkel zeichnet der Schnee weiße Kreidestriche in die Lichtkegel der Scheinwerfer.

Als wir eintreffen, ist es kohlrabenschwarz. Das Dorf macht einen deprimierenden Eindruck. Im Dunkeln kann ich lediglich die Konturen verfallener Häuser sehen, ein Teil davon scheint völlig verlassen. In der spärlichen Beleuchtung entlang der Dorfstraße entdecke ich mehrere Masten mit Lautsprechern, von denen sich einige in verschiedene Richtungen neigen und aussehen, als könnten sie jederzeit umfallen. Ich frage mich, ob die Lautsprecher immer noch funktionieren. Das tun sie: Früh am nächsten Morgen wecken sie mich mit einem dröhnenden Marsch.

Das Haus der Familie ist der alte Pfarrhof. In der Dunkelheit gleicht er einem gestrandeten Wal, der begonnen hat zu verfaulen. Drinnen ist es beinahe so frostig wie draußen, in jedem Zimmer gibt es einen Kachelofen, die jedoch leer und kalt sind. Auch die Zimmer sind leer, es fehlt fast überall an Möbeln, nur hier und da gibt es einen Hocker, einen einzelnen Stuhl oder einige zurückgebliebene Sommermöbel, die hier zu überwintern scheinen. Ein Badmintonnetz und einige Federbälle liegen in einem der Zimmer auf dem Boden und träumen vom letzten Sommer. Ich sehe mich um, kann aber keine Schläger entdecken. Unter all den Räumen befindet sich nur in einem ein Bett, mit hoch aufragenden Bettenden. Vielleicht ist es das Bett des letzten Pfarrers. Kein deutscher Pfarrer – und auch sonst kein Deutscher – hat seither darin geschlafen. In der Küche ist das Wasser in den großen Steinbecken beim Herd zu einer dünnen Eisschicht gefroren; es ist dort so kalt, dass es vor Mitternacht nicht möglich wäre, das Essen zuzubereiten, das Jarka aus Prag mitgebracht hat.

Sollen wir etwas Salami und Zwiebel auf Zeitungspapier aufschneiden?

Aber Jarka ändert ihre Meinung. Unser Zeitungspapier würden wir morgen brauchen, um die Kachelöfen anzuzünden.

Durch Dunkelheit und Schneematsch gehen wir zum Dorfwirtshaus, halb in der Erde versunken, erhellt nur vom schummrigen Licht der Laterne über dem Eingang. Eine Treppe führt einen Halbstock tiefer in einen Schankraum mit stickiger, angenehmer Wärme. Um einige Tische sitzen Männer, die Jarka freundlich grüßt, ohne dass diese ihren Gruß erwidern. Die Männer an den Tischen trinken Bier. Einige haben ihre Jacken drinnen anbehalten. Der Wirt kommt an unseren Tisch und grüßt Jarka, nicht gerade überschwänglich, aber auch nicht, als wäre er überrascht, sie hier zu sehen.

Draußen fällt weiterhin Schnee, und von den Tischen starren uns die Männer an, den Sommergast, den sie wohl schon als kleines Mädchen hier sahen, und ihren unbekannten Begleiter. Wir essen etwas, das uns satt macht, und wie die Männer um uns herum trinke ich einige Biere. Jarka und ich sprechen Englisch miteinander, auf leise Art, die niemanden stören möchte. Hinter der Schank schlägt eine Uhr: das Gerassel eines Gewichts, ein starrer Kuckuck fährt aus seinem Haus heraus.

»Warum sind alle so unfreundlich?«

Jarka beugt sich über den Tisch nach vorne und flüstert fast: »Sie haben Angst. Davor, dass sie zurückkommen könnten.«

»Welche sie?«

»Die von der anderen Seite der Grenze.«

Nach mehr als 25 Jahren – ein ungeheurer Gedanke. Aber ich habe die heimliche Scham der Einheimischen unterschätzt. Worüber? Dass sie auch nach einer Generation noch nicht bei sich zu Hause sind, sondern in einem Haus, das jemand anderem gehört. Ich bin doch viel zu jung, um einer dieser alten Eigentümer zu sein. Und auch Deutsch habe ich im Wirtshaus nicht gesprochen.

»Aber du könntest einer ihrer Söhne sein. Jemand, der vorausgeschickt wurde, um sich umzuschauen. Die Älteren folgen dann nach.«

Jarka steht auf und geht gemeinsam mit dem Wirt in die Küche hinaus, um, wie ich annehme, zu bezahlen. In der Bettkammer des Pfarrhofs helfe ich ihr, das Bett zu beziehen. Das Leintuch ist steif vor Kälte, als ich es mit der Hand glattstreiche. Zwei gewaltige Daunendecken werden über das Bett gebreitet, und in Unterwäsche kriechen wir darunter; unbeweglich liegen wir dort nebeneinander, aber erst sehr allmählich beginnen sie etwas anderes als Kälte abzugeben, gerade so viel, dass ich in zusammengekauerter Stellung und in Unterhemd und Unterhose bleibe, Jarka in Nachthemd und Slip hat sogar dicke Socken angezogen. Unendlich langsam breitet sich eine halblaue Wärme im Körper aus, die die geringste Bewegung vertreiben könnte, und sobald auch die Zehen und Finger lau geworden sind, muss ich eingeschlafen sein, einigermaßen aufgetaut und vollkommen erschöpft.

Früh am nächsten Morgen stehe ich auf, während Jarka noch schläft, kleide mich auf dem eiskalten Boden rasch an und begebe mich ins Freie, um das Dorf zu erkunden. Ich möchte die Kirche sehen. Der Himmel steht hoch, blau und kalt. Eine bleiche Sonne, die nicht wärmt, ist eben am Horizont aufgegangen, es können nicht mehr als einige Minusgrade sein. Der Neuschnee von gestern knirscht unter meinen Schritten. Die Kirche ist eine große Enttäuschung, der Turm eingestürzt und große Teile des Daches aufgerissen. Ganz unnötigerweise ist das Tor mit breiten Planken zugenagelt. Ich gehe eine Weile zwischen den Gräbern des Friedhofs umher; hier und da starren mich seit langem verstorbene Dorfbewohner von kleinen ovalen Medaillons aus Porzellan oder Keramik auf den Grabsteinen an. *Hier ruhet in Gott unser Vatter Heinrich Oberhofer.* Ein kleines Kind, das weniger als drei Jahre lebte, ist seit mehr als hundert Jahren tot. Die allerletzten Sudetendeutschen wurden hier während des Krieges bestattet; gerade ihre Gräber sind am häufigsten zerschlagen oder umgestürzt, hier scheinen nicht einmal die Toten in Frieden ruhen zu dürfen. Und ebenso wenig wie der Tod bittet die Natur hier um Erlaubnis – ein Baum, der sich selbst ausgesät haben muss, wächst mitten auf einem der schmalen Gänge zwischen den Grabsteinen. Die Natur ist in Heckendorf gerade dabei, die Kultur zum Einsturz zu bringen, um wieder einzunehmen, was ihr einst gehörte.

Zurück im Pfarrhof, ist Jarka bereits wach und zeigt mir im Garten hinter dem Haus einen Holzschuppen voller in Stücke gesägter Äste. Meine Aufgabe besteht darin, sie zu zerkleinern und zu Holzscheiten aufzuspalten, um die Kachelöfen damit zu heizen; eine kräftige Axt und einen Hackstock gibt es im Schuppen. Wer hat das Holz für den letzten Pfarrer gehackt? Für Jarka und ihre Mutter? Brennholz braucht man immer. Der Pfarrhof muss geheizt werden, ob hier nun ein Priester wohnt oder nicht, Gläubiger oder Atheist, Sudetendeutscher, Tscheche, Slowake oder Schwede. Den Kachelöfen ist das gleichgültig; die Wärme ist auf niemandes Seite, und alle haben sie nötig.

So schnell wie möglich müssen wir das Haus warm bekommen, die meterdicken Mauern, Wände, Kaminstöcke und schließlich die eiskalten Böden. Wir dürfen keine Zeit verlieren, und das Holz, das nicht schon in den Kachelöfen brennt, soll in einer Vorratskammer neben der Küche geschlichtet werden. Jarka sagt, sie müsse etwas im Wirtshaus erledigen, während ich beginne, Holz zu hacken, es hineinzutragen und die Öfen einzuheizen, wo in allen bald knisternde Feuer prasseln. Es kracht darin wie von Büchsenschüssen, und nachdem ich sie mit noch mehr Holz befüllt habe, stelle ich mich mit dem Rücken zum größten Kachelofen in jenem Zimmer, das das Esszimmer des Pfarrers gewesen sein muss, die Wärme aus dem Inneren des Ofens geht direkt in Rücken und Beine und tut mir gut, und aufgetaut bin ich bald wieder bereit, draußen noch mehr Holz zu hacken. Die Kachelöfen sind unersättlich, sie verschlingen alles, womit ich sie versehe.

Nach einer Stunde kommt Jarka mit einem gehäuteten und steif gefrorenen Kaninchen in einem Plastiksack zurück, unserem Abendessen. Den ganzen Vormittag hacke ich Holz und schiebe Holzscheit um Holzscheit in die Kachelöfen, sieben an der Zahl, einer für jedes größere Zimmer des Pfarrhofs, und nach einigen Stunden haben hier und da einige der großen Feuchtigkeitsflecken an den Wänden zu trocknen und auszubleichen begonnen. Die Wärme der Öfen lässt mich schwitzen. In Tropfen rinnt rußiger Schweiß über Stirn und Wangen, trocknet aber sofort auf, sobald ich wieder beim Hackstock im Garten bin. Gegen Mittag sind einige der Zimmer feuchtwarm geworden, haben aber noch keine Temperatur, bei der man die Jacke drinnen ablegen kann, und kurz nach zwölf Uhr bleibt ein Auto auf dem Platz vor dem Pfarrhof stehen, und ein Mann steigt aus. In Halbschuhen beginnt er sich mit einer Schirmmütze unter dem Arm auf dem ausgetretenen Pfad durch den Schnee sehr vorsichtig auf das Tor zuzubewegen, vielleicht hat er sie des Gleichgewichts wegen abgenommen.

Ein Polizist. Ich kenne die olivgrüne Uniform mit den roten Schulterklappen und den matt glänzenden Metallsternen aus Prag, auch das weiße Koppel, das die Verkehrspolizisten tragen, und sehr höflich erklärt er Jarka und mir sein Anliegen: Er müsse meine Identität überprüfen. Der Polizist ist ein älterer Mann, der nur an wenigen Stellen Haare auf dem Kopf hat, ein kleiner Kopf ohne Hals, der aussieht, als wachse er direkt aus der Uniform heraus. Sein Anliegen scheint ihn verlegen gemacht zu haben. Er entschuldigt sich mehrere Male – eine anonyme Anzeige (wobei er durchblicken lässt, dass er wisse, von wem). Er sei gezwungen, das zu kontrollieren, sonst sei mit Konsequenzen zu rechnen. »So etwas kann sehr unangenehm werden«, seufzt er, als er mir meine Personalpapiere zurückgibt, nachdem er sie nicht einmal angesehen hat, »ich sage das aus Erfahrung.« Es ist klar, dass diese Unannehmlichkeiten etwas sind, was ihn, nicht mich treffen kann.

Jarka hat einen Stuhl herangezogen, auf den er sich gesetzt, die Schirmmütze auf den Schoß gelegt und sein weißes Koppel gelockert hat, aber nun erhebt er sich mühevoll, seufzt und sieht sich scheinbar zum ersten Mal im Zimmer um. »Warm ist es hier wahrlich nicht.« Jarka reicht ihm ein Glas Slibowitz aus einer Flasche ohne Etikett, er leert es in einem Zug, dankt und kratzt sich am Kopf, ehe er die Schirmmütze wieder aufsetzt. Es ist Zeit, aufs Revier im größeren benachbarten Dorf elf Kilometer von Heckendorf zurückzukehren. Von weiteren Maßnahmen könne natürlich nicht die Rede sein. Noch einmal entschuldigt er sich: Hierher nach Heckendorf zu kommen gibt es für die Polizei selten Anlass, allenfalls eine Schlägerei im Wirtshaus. Aber auch das nicht sehr oft. In Heckendorf geschieht überhaupt nichts.

»Hier wohnt heutzutage hauptsächlich Gesindel«, sagt der Schutzmann. »Keine anständigen Leute wie vor dem Krieg.«

Nachdem er gegangen ist, frage ich Jarka, wer uns angezeigt

haben könnte. »Der Schankwirt natürlich.« Sie ist nicht im Mindesten verwundert. »Aber ich dachte, er wäre ein Freund von dir?« »Ja, sicher, er ist der Einzige, dem ich hier im Dorf vertrauen kann.«

Auch den ganzen Nachmittag hindurch hacke ich Holz und halte das Feuer in den Kachelöfen in Gang, aber nicht einmal gegen Abend habe ich im Haus etwas zuwege gebracht, das man als richtige Wärme bezeichnen kann. Jarkas Kanincheneintopf essen wir vor dem größten Kachelofen, und der gesamte folgende Tag gleicht dem vorigen. Ich hacke Holz, trage es herein und heize, während Jarka Kästen öffnet und wieder schließt, Bettlaken und Handtücher darin umschichtet, manchmal eine tote Maus in den Ofen wirft, der als Krematorium dienen muss. Die Mäuse brennen mit einem zischenden Geräusch, das laut Jarka mit Flüssigkeiten und Wasser zu tun hat. Merkwürdig, finde ich, da die toten Mäuse ganz steif und vertrocknet sind.

An diesem wie auch am folgenden Abend falle ich ins Bett, unter die Federbetten, ohne den geringsten Gedanken an anderes als Schlaf, schlummere sofort ein und schlafe ohne Träume. Als ich am dritten Morgen im Bett des Pfarrers erwache, habe ich mich zwei ganze Tage lang nichts anderem gewidmet, als Holz zu hacken und Kachelöfen zu heizen.

Und nun ist es an der Zeit, nach Prag zurückzureisen. Der Regionalbus soll kurz nach zwei Uhr vor dem Wirtshaus abfahren. Das Wetter ist weiterhin kalt, aber sonnig und mit nach wie vor kreideweißen Schneewehen. Wir sind spät dran. Es scheint, als wolle Jarka mehr mit zurück nach Prag nehmen, als wir hierhergebracht haben. Zudem hat sie Schwierigkeiten, das Tor zum Pfarrhof zu versperren, das Schloss klemmt, während sie den großen gusseisernen Schlüssel hin und her dreht, wir müssen uns beeilen, sage ich, und als wir uns dem Wirtshaus nähern, fährt der Bus gerade los, ich renne hinterher und bringe den Chauffeur dazu, anzuhalten und auf uns zu warten. Wir verlassen das Dorf bei Tageslicht, in dem es noch verfallener aussieht als in der Dunkelheit.

Bald werden wir wieder zurück in Prag sein, und ich bin überzeugt, dass ich sowohl Heckendorf als auch Jarka zum letzten Mal gesehen habe.

Ela und Jarka sind nicht die einzigen Frauen, die sich in Prag mehr an mir interessiert zeigen als ich an ihnen.

Einzigartige Frauen: die ohne Gemüse von Knödeln leben, ohne an Gewicht zuzulegen. Die alle rauchen, ohne zu wissen, wie man das macht. Die nicht der Unterschicht angehören, ohne deshalb Angehörige der Oberschicht oder irgendeiner anderen Schicht zu sein. Eine Masche läuft im Strumpf, eine Katastrophe in einem Land, in dem die Zeitungen nicht über richtige Katastrophen berichten. Trotzdem kommt sie nicht in die Zeitung. Einzigartige Frauen, deren Welt klein und provisorisch ist, verträumt und gleichwohl sicher, voller kleiner Freuden, an denen sich auch die Seele noch wärmen kann.

Für sie bin ich interessant. Verwöhnt und eingebildet wie ich bin, ist es nichts, worüber ich näher nachdenke. Aber bald erweist sich deren Interesse als so groß und anspruchsvoll, dass es sich mit nichts vergleichen lässt, was ich von früher gewohnt bin. Das macht mich unsicher. In Prag bin ich ja kein anderer geworden als der, der ich in Stockholm war: Auch hier habe ich nicht vor, mich zu binden, sondern, im Gegenteil, meine Unreife zu verteidigen und meine Jugend noch eine Weile zu verlängern, rücksichtslos und primitiv zu bleiben, so lange wie möglich. Geben und Teilen will ich vermeiden. Ich will mich bedienen. Was ich als meine Freiheit ansehe, setzt von Beginn an meiner Bereitschaft, mich einzulassen, sehr enge Grenzen, auch mit Frauen, die sich wie Jarka selbst feilzubieten scheinen.

Ich wehre mich, lasse zugleich meine Missbilligung deutlich

werden, wie es nur einer kann, der die Wahl hat. Ich halte sie mir vom Leib, mache mich rar, entziehe mich ihnen auch, aber kokett und ohne richtige Überzeugung, und nur bis zu jenem Punkt, an dem ihre Hoffnungen noch am Leben gehalten werden. Das lässt sie nur noch eifriger werden und steigert ihre Bemühungen. Es geht daneben. Anstatt sie zurückzuweisen, scheine ich sie zu ermuntern, sodass es am Ende so aussieht, als seien sie es, die versuchen, mich zu verführen und zu erobern; ohne dass es sie zu stören scheint, haben wir in dem klassischen Rollenspiel, bei dem auch in Prag die Tradition die Bedingungen diktiert, die Seiten gewechselt.

Trotzdem wirkt ihr Interesse bald wenig ernsthaft. Zu mechanisch, zu kitschig; als nähmen wir an einer Operettenaufführung teil, bei der alle falsch singen, und auch ich trällere mit in dieser himmlischen Einfalt. Alles ist schlechter Geschmack, und ich beginne zu ahnen, dass das, was mir widerfährt, mehr mit Prag als mit meiner Person zu tun hat. Nach einigen bitteren Erfahrungen bin ich davon überzeugt, dass ihr Interesse an mir oft genug geheuchelt ist, dass diese Frauen nicht sehr viel anders sind als ich. Keiner von uns ist aufrichtig. Was wir eigentlich im Sinn haben, zeigt sich nicht darin, was wir sagen oder tun. Stattdessen tun wir, was wir können, um es zu verbergen. Aufrichtigkeit? Wahrheit? Weder das eine noch das andere ist hier besonders üblich oder brauchbar. In Prag versucht man, die Wahrheit von sich fernzuhalten, zu vermeiden oder ihr aus dem Weg zu gehen, und die einfachste Weise, das zu tun, ist zu lügen.

Die Lüge ist in Prag populärer und kommt häufiger vor als die Wahrheit. Die Verlogenheit hat sich im Alltag eingerichtet. Man gibt dem den Vorzug, was nicht der Wahrheit entspricht, und schweigt über das, was es tut. Fast alle lügen mich an und sich selbst beinahe ebenso oft. Zu mir sagen sie das, wovon sie denken, ich will es hören, und manchmal sind es gerade solche mit der Zeit offensichtliche Lügen, die mich unerwartet die Wahrheit erkennen lassen: dieses plötzlich aufflammende, schonungslose Licht, das enthüllt, was davor so schonend oder berechnend im Dunkeln gehalten wurde.

Nicht nur mit Ela ist es manchmal unumgänglich, von der Möglichkeit einer gemeinsamen Zukunft zu sprechen, obwohl ich mich mit großer Vorsicht und Erfindungsreichtum bemühe, meine Freiheit auch mit Wörtern nicht aufs Spiel zu setzen. Mehr als einmal vergeblich. Buchstäblich aus der Lust des Herzens heraus müssen wir dann damit anfangen, einander ernsthaft zu belügen, schön und ohne Scham, während wir einzig um der Glaubwürdigkeit willen versuchen, eine gewisse Zurückhaltung an den Tag zu legen. Prag macht mich zu einem durchtriebeneren Lügner als je zuvor; auch die allerkleinsten Lügen lerne ich zu beherrschen, auch auf eine Lüge mit einer Lüge zu antworten, selbst wenn ich die Wahrheit kenne. Aber jedes Mal weiß ich, dass ich lüge, überzeugt, dass auch die Frauen wissen, dass sie lügen, sogar frecher und leichtsinniger als ich. Trotz allem ist ja die Lüge mehr in ihrem als in meinem Interesse. Nur wenn die Lüge allzu offenkundig oder ungeheuer wird, geraten wir in Schwierigkeiten: etwa wenn wir in einer Weise lügen, dass nicht einmal das genaue Gegenteil dessen, was wir sagen, wahr gewesen wäre.

Unsere Lügen haben auch Auswirkungen darauf, was sie hartnäckig als Liebe bezeichnen. Sie kennen keine Scham angesichts dieses Wortes. Aber von welcher Art Liebe ist hier eigentlich die Rede? Kaum eine, die man echt hätte nennen können, und mit einem Wort wie »Liebe« betrügen sie sich selbst weit mehr als mich. Ein Automechaniker aus Karlsruhe oder ein Student aus Stockholm? Es scheint auf ein und dasselbe hinauszulaufen, überhaupt keinen Unterschied zu machen, obwohl mir nichts einfällt, was uns gemeinsam ist, außer dass wir aus dem Westen kommen. Ist das ausreichend? Vielleicht schon alles?

Ich komme auf keinen anderen Grund. Personen aus dem Westen sind große Raritäten, eine Art Trophäe. Und wenn jemand wie ich für längere Zeit in Prag bleibt, stürzen sich die Frauen darauf. Auf das, was es – viel eher als wen – hier so unerwartet gibt.

In diesem verlogenen Spiel legen sie ihre Rollen mit melodramatischer Einfühlung an, ich meine mit Distanz und melancholischer Zerstreutheit. Dennoch lässt es sich anders nicht sagen: Beide Seiten geben ihr Bestes. Mit großer Verstellungskunst. Die eine oder andere von ihnen macht es so überzeugend, dass sie tatsächlich begonnen haben zu glauben, sie würde mich wirklich lieben, vermischt Gefühl mit Person, sodass sie sich nicht länger auseinanderhalten lassen. Besonders erfolgreich ist Kateřina, eine Kellnerin in der Bar des Hotels Alcron, von ihrer aufrichtigen Liebe zu mir so überzeugt, dass sie mir die längste Zeit verweigert, was ich im Sinn habe. Sie verwandelt ihren Körper in ein Liebespfand. Unter fadenscheinigen Vorwänden, die ich widerwillig bewundere, vermeidet sie das Bett in meinem Studentenzimmer. Sie hält sich zurück. Die Keuschheit wird zu ihrem größten Trumpf in ihrem Kampf, etwas ganz anderes zu erreichen.

»Erst wenn wir verheiratet sind, kann ich mich dir hingeben.«

Dieses Spiel scheint in ein anderes Jahrhundert zu gehören. Sogar in Prag wirkt es theatralisch und verschlissen. Gleichzeitig muss ich einen so unverschämten Übermut bewundern, bei dem es sich eigentlich um ein gerissenes, gefühlloses Feilschen handelt. Mehr als eine dieser Frauen spielt mit hohem Einsatz, jederzeit bereit, alles auf eine Karte zu setzen, oft weniger mit mir befasst als damit, ihre weiblichen Konkurrenten auf Abstand zu halten. Manchmal wird das peinlich. Es kommt zu Szenen: in einem ruhigen Café, im Studentenklub, vor dem Lesesaal des Klementinums oder in der Mensa der Universität. Ich weiche zurück. Nägel, die kratzen, Zigaretten, die sich irgendwo einbrennen können. Diese Gemeinheit, mit der jede andere Frau in ihrer Nähe bekämpft werden kann, auch die ahnungslosen und jene, die überhaupt keine mir geltenden Absichten haben. Das ist die hässlichste Seite ihrer sogenannten Liebe – diese plötzlich aufflammende Aggressivität, die die Frage aufwirft, ob sie nicht auch einen Schimmer ihrer wahren Natur zeigt.

Und dennoch – ich bin eben verwöhnt und fühle mich wohl in ihrer Gesellschaft. Worum sich alles eigentlich dreht, kommt nicht zur Sprache; ich weigere mich die längste Zeit, darüber zu sprechen, und sie sprechen nicht über das, was ich nicht hören möchte. Zwischen uns kann die Wahrheit nicht beim Namen genannt werden, obwohl mit der Zeit auch mir klar wird, was los ist.

Worin sie sich verliebt haben, ist mein Pass. Sie sind nicht hinter mir her, sondern hinter ihm.

Der Pass ist ihnen wichtiger als ich, dessen erotische Ausstrahlung größer als meine. Worauf sie aus sind, ist nicht ein Herz, sondern ein Dokument. Und um an meinen Pass zu kommen, müssen sie sich der Liebe bedienen. Die Liebe ist auf der Seite des Passes, während ich nicht zu heucheln brauche, nicht vorgeben muss, dass ich an etwas anderem interessiert bin als an dem, was mit Erotik und sexueller Lust zu tun hat, und in solchen Augenblicken sehe ich mich als den Anständigeren von uns.

Als mir die Wahrheit aber klar wird, untergräbt das sofort mein Selbstvertrauen. Mit Verschlagenheit bekennen sie weiter ihre Liebe, flüstern mit geschlossenen Augen ihr »ich liebe dich«, diese Phrase, die ich vermeide, aus Aufrichtigkeit und moralischer Integrität, wie ich mir einbilde, ohne meinen Pass einen Augenblick lang aus dem Blick zu verlieren, im Klaren darüber, dass die Liebe, die sie vor meinen Augen baumeln lassen, die einzige Möglichkeit ist, um ihrerseits an einen Pass wie meinen zu kommen. Ein harter Schlag für meine Eitelkeit. Hier bin ich nicht mehr als eine Fußnote zu einem offiziellen Schriftstück, ein papierener Mensch, geschaffen von der schwedischen Bürokratie. Gewiss würde ein solcher Pass nicht ohne mich existieren, etwa so wie der Mond seinen kalten Schein der Sonne entlehnt, aber in Prag ist Schein wichtiger als Wirklichkeit, Lüge wichtiger als Wahrheit, und hartherzig arbeiten die Frauen weiter an ihrem Liebesprojekt.

Mein Pass ist jedenfalls weit begehrlicher als alles, was ich als Person aus Fleisch und Blut bieten kann.

Mein eigener Pass hat mich gekränkt. Mich verkleinert. Mein Foto darin: etwas Austauschbares. Und der Pass hat mich verhöhnt. Bin ich überhaupt ein passabler Liebhaber? Was ich bisher als leidenschaftliche Umarmungen verbuchte, ist vielleicht nicht mehr als ihre Aufopferung auf der harten Rosshaarmatratze präzisen Kalkulierens. Haben es nicht einige von ihnen merkwürdig eilig, sich danach anzuziehen und wieder wegzukommen? Im besten Fall bin ich nicht viel mehr als die Suppenknochen, die man üblicherweise beim Fleischer als Zuwaage bekommt. Und ohne meinen Pass wäre ich wie jeder andere; in Prag auf das Niveau eines jeden tschechischen Mannes gesunken.

Dennoch habe ich in Prag für meinen Pass keine größere Verwendung. Es ist meine tschechische Identitätskarte, die die Polizei sehen will, wenn ich mich bei Routinekontrollen legitimieren muss. Ohne meinen Studentenausweis gehe ich niemals aus. Den Pass verwahre ich in der Reisetasche eingeschlossen in meinem Zimmer, ohne ihn jemandem zu zeigen. Warum sollte ich das tun? Niemand fragt danach, obwohl der Pass in der sogenannten Liebe, die mir vorgegaukelt wird, wie ein unsichtbares Wasserzeichen die ganze Zeit vorhanden ist: ein *richtiger* Pass, der seinen Inhaber jederzeit über welche Grenze auch immer bringen kann, hin und auch wieder zurück, ein ums andere

Mal, ein Pass, der nicht wie ein tschechischer sogenannter Pass zurückgegeben werden muss, nachdem er für eine Reise verwendet wurde, die entweder dienstlich war oder erst angesucht werden musste, um dann selten bewilligt zu werden. Und sehr viel weiter als bis Budapest kommt man nie. Nein. Mein Pass ist ein *richtiger* Pass, der, wenn er nicht zur Anwendung kommt, zu Hause in einer Schublade (oder einer Reisetasche) liegen bleibt, ein so alltägliches Dokument, dass man sogar vergessen kann, wo man es hingelegt hat, dennoch unauflöslich verbunden mit jener Art von Inhaber, die es nur im Westen gibt, und das jeden, der es dort in der Tasche (oder in der Schublade) hat, als einen freieren und glücklicheren Menschen erscheinen lässt als den, der ohne ein solches ist.

Und hier sind alle ohne.

Mein eigener Pass hat eine Mauer zwischen uns errichtet, und ihr Weg dahin ist lang und schwierig genug. Aufgrund politischer Umstände, auf die wir nicht den geringsten Einfluss haben, führt der Weg ausschließlich über eine formelle Ehe, also genau darüber, was ich in Stockholm unter so großen Anstrengungen vermieden habe. Aber in Prag ist die Ehe mit einem Ausländer keine Selbstverständlichkeit, noch weniger ein Recht. Nicht mehr als ein erster Schritt für jenen tschechoslowakischen Staatsbürger, der darauf hofft, das Land mit der Zeit verlassen zu können. Jede Strategie, die auf einen fremden Pass zielt, ist notwendigerweise äußerst mühevoll, ein langfristiges Projekt, das Geduld und sehr gute Verbindungen verlangt, außerdem Geld für diverse Gebühren, die richtigen Stempel und schließlich einen großen Teil Glück, um es verwirklichen zu können.

Und alles hat seinen Anfang damit zu nehmen, was sie Liebe nennen.

Es kommt hin und wieder vor, dass es uns gelingt, einander davon zu überzeugen, dass das, was Lüge ist, für eine Weile wahr wird. Aber nicht besonders lange. Die Lüge ist zurück, sobald wir unsere Kleidung im Dunkeln zu suchen beginnen und uns anziehen. Nur selten geschieht es, dass ein solches Treffen ohne die geringste Verstellung stattfindet. Alle Berechnung muss sich der rohen Lust des Fleisches beugen, keuchend und schwitzend vereinigen sich zwei Körper in wilder Umarmung. Danach bleiben wir auf dem Rücken im Bett liegen, das überall hätte stehen können. Nur eine solche Umarmung ist ohne Ort, hat nichts mit Prag zu tun. Auch wir hätten jeder andere sein können, und bald sind die Namen, die in der Dunkelheit geflüstert werden, selbst aus dem Gedächtnis, wie getilgt: Nichts bleibt übrig, als habe das, was geschehen ist, nie stattgefunden.

Einmal bittet mich Ela darum, meinen Pass sehen zu dürfen. Ob ich ihr den nicht zeigen könne? Die Frage ist intim und lästig wie alle, die etwas betreffen, das ich habe und sie nicht. Solche Fragen versuche ich zu vermeiden. Weshalb möchte sie meinen Pass sehen? »Aus reiner Neugier.« Aus Neugier worauf? »Wie du auf dem Foto aussiehst, bevor wir uns getroffen haben. Lange bevor wir voneinander wussten.« Ich muss skeptisch gewirkt haben. »Das ist doch Grund genug, oder?« Ich glaube ihr nicht. Ich vermute, sie interessiere sich weniger für die schwarzweiße Fotografie, die sie doch ziemlich mühelos wiedererkennen würde, als vielmehr für die Seiten mit den exotischen Stempeln und Sichtvermerken, die für sie außer Reichweite sind. Es macht mich betreten, so privilegiert zu sein. Bin ich wirklich in Italien gewesen? Wie sieht ein dänischer oder holländischer Stempel aus? Sogar ein jugoslawischer könnte sie interessieren. Wenn man in meinem Pass vor- und zurückblättert, bekommt man gewiss nicht mehr als ein sehr unvollständiges Bild von der Welt; aber zumindest ein Bild einer Welt, die so viel größer als ihre ist.

Ich sehe ein, dass ich keine Wahl habe. Mit einem Gefühl der Scham, so brutal demonstrieren zu müssen, was wir beide wissen, dass wir in zwei Welten leben, die nichts miteinander zu tun haben, ziehe ich den Pass aus der Reisetasche im Kleiderschrank hervor.

Wir setzen uns an den kleinen Schreibtisch unter der Dachschräge meines Studentenzimmers. Wie an allen anderen Tagen fahren die Züge vom Prager Hauptbahnhof draußen vorüber, der Rauch der Lokomotiven bedeckt als klebrige, graubraune Schmiere große Teile des Fensters. Würde ich es öffnen und mich hinauslehnen, so würde ich ganz links die Züge sehen, wie sie am Julius-Fučík-Park vorbeirattern, von dem die Juden Prags während des Kriegs nach Theresienstadt deportiert wurden. Aber wie an allen Tagen im Winter bleibt das Fenster auch an diesem gegen die Kälte geschlossen.

Nur einmal täglich ist der Zug da draußen auf dem Weg in ein anderes Land. Seine Endstation ist Ostberlin, auf der anderen Seite der Staatsgrenze. Mir fällt ein, dass Ela vermutlich nicht einmal dort gewesen ist.

Um meinen Pass zu untersuchen, sitzen wir nebeneinander am Schreibtisch. Eine verstohlene, beinahe verbotene, eher pornografische als bürokratische Untersuchung. Langsam blättert Ela die Seiten vor und zurück. So viele Länder auf so kleinem Raum! So viele leere Seiten mit dem Versprechen auf weitere! Und kein einziger griechischer Stempel. Ihre Finger zittern leicht, als habe sie ein äußerst seltenes, beinahe heiliges Schriftstück vor sich, nicht ein massenhaft produziertes Dokument, ausgestellt von einem anonymen Beamten der Stockholmer Regionalverwaltung.

Von draußen ist das Pfeifen eines Zuges zu hören. Es ist früher Nachmittag und wird die Zeit für den Zug nach Ostberlin an jenem Tag gewesen sein. Das Zimmerfenster klirrt, der Zug muss sich irgendwo in der langen Kurve beim Julius-Fučík-Park dort hinter den Dächern und den traurigen Hausfassaden befinden.

Für kurze Weile haben wir andere und Ela völlig fremde Länder besucht. Aber wann immer wir von den Seiten mit den Stempeln aufsehen, sind wir zurück in Prag: auf der Strojnická 7 im Stadtteil Holešovice.

Es genügt, aus dem schmutzigen Fenster zu blicken.

Wo liegt denn Prag?

In Mitteleuropa. Mitten in Europa. Im Herzen Europas, hätte jemand gesagt. Das klingt schön und überzeugend. Als Bild ist es irreführend: als ob das Blut, das den Rest Europas in Gang hält, aus dieser halb vergessenen und gezeichneten Stadt gepumpt worden wäre. Prag ist jedoch arm an Blut und schafft es nur unter großer Mühe, sich selbst einigermaßen am Leben zu halten. Und von Europa ist die Stadt abgeschnitten, mit dem Rest des Kontinents nur durch seine Sehnsucht dorthin verbunden, ein Phantomschmerz wie in einem amputierten Glied.

Auch an Ort und Stelle ist es schwierig, die Stadt zu entdecken, Prag zu sehen, wie es ist, statt wie es sein will oder soll. Prag scheint sich unter einer dicken Schicht aus Metaphern zu verstecken. Manchmal zeigt sich die Stadt als das goldene Prag (in Wirklichkeit abgeblättert und schmutzig grau), das Prag der hundert Türme (schlecht gerechnet), das jüdische Prag (ohne Juden, fast alle ermordet), als Franz Kafkas Prag (von dem die Stadt keine Notiz genommen hat, solange er lebte) oder als das magische Prag (Guillaume Apollinaire hat im alten Getto eine Uhr entdeckt, die rückwärts ging). Bild für Bild, das eine irreführender als das andere. Das Einzige, was diesen Metaphern gemeinsam scheint, ist, dass sie mit dem real existierenden Prag nichts zu tun haben.

Auch ich muss mich gegen jenen Überfluss an Metaphern wehren, die Prag für fast alles bereithält, was hier vorhanden ist oder geschieht.

Der Engel mit seinem Flammenschwert bewacht das Tor zum

Paradies, denke ich, als ich eine der Verkäuferinnen auf ihrem Posten dort drinnen sehe. Ein weiteres irreführendes Bild – und ich versuche, es loszuwerden. Zwar sind auch die Verkäuferinnen weiß gekleidet, genau wie Engel, doch in einem weltlichen und nicht besonders paradiesischen Gewand. Himmlisch kann man diese Wesen nicht nennen. Es wäre auch nichts als zynisch – oder lästerlich –, einen Laden wie diesen mit dem Paradies aus der Bibel zu vergleichen. Und das Flammenschwert? Hier müssen sich die Verkäuferinnen mit einem Schlüsselbund begnügen, an der Hüfte baumelnd, mit einem Schwert nur vergleichbar, weil er verwendet wird, um uns draußen zu halten.

Und wieder ist da ein Bild: uns ebenso draußen und ausgesperrt zu halten wie den unwillkommenen Landvermesser K. vor Kafkas böhmischem Schloss.

In der Menschenschlange vor dem Geschäft verstehe ich, dass die Wirklichkeit weit weniger lügt als die Bilder, zu denen sie Anlass gibt. Selten lässt sie sich in das Eindeutige und Endgültige pressen, obwohl wir es unaufhörlich versuchen, und zunehmend sind mir alle Prager Metaphern zuwider. Sie sind zu hochgestimmt, zu phantasievoll, geradezu unwirklich, viel zu sehr Literatur, auch wenn meine Lage dort draußen auf der Straße absolut nichts Literarisches an sich hat.

So viel Schaden kann die Literatur anrichten, dass Menschen, die niemals ein Buch aufschlagen, vermutlich recht darin tun. All diese Bilder tragen nicht dazu bei, meine Situation zu beschreiben. Die Vergleiche, mit denen sie locken, verwirren mich eher; jedenfalls sind sie mir bei meinem Versuch, Zugang zu finden oder zumindest einen Fuß in die Tür zu bekommen, keinerlei Hilfe. Mit der Zeit beschleicht mich der Verdacht, dass sie vielmehr dazu beitragen, mich draußen auf der Straße festzuhalten. In Prag wird mein tiefes Misstrauen gegen alle Arten von Bildern geweckt. Die Grenzen der poetischen Metaphorik sind allzu offensichtlich: Wie leicht ist es nicht für die Lüge, sich in den Beschreibungen der Wirklichkeit einzurichten, wie leicht wird sie nicht von einem Bild überdeckt, das eine verborgene und schlummernde, eine »wirklichere« Wirklichkeit suggeriert, die es zu entdecken gilt.

Aber mein Prag trotzt allen Metaphern. So leicht lässt es sich seine Geheimnisse nicht entlocken.

Oft sind wir regelrecht ausgeschlossen. Buchstäblich ausgesperrt. Am schlimmsten ist es im Winter. Früh am Morgen warten wir vor der Tür, die auf der Innenseite mit mehreren schweren Schlössern versehen ist (da ist er wieder, Kafkas Landvermesser, auch er gezwungen zu warten, ohne zu wissen, ob er je eingelassen wird). In zwei Einkaufsnetzen habe ich leere Bierflaschen und in der Tasche genug Geld für neue Flaschen, Brot und einige Dosen Sardinen. Durch die großen Schaufenster können wir die Verkäuferinnen drinnen in der Wärme sehen, wie sie rauchen und miteinander reden. An der Innenseite der Tür haben sie dicke Decken mit Lederverstärkungen aufgehängt, um die Kälte draußen zu halten – die Kälte gemeinsam mit uns. Ihre warme Verkäuferinnenwelt kommt mit unserer nicht in Berührung. Draußen ist es kalt. Eine Mütze trage ich selten, und um mich warm zu halten, trete ich im Schnee auf der Stelle, die ganze Zeit wachsam, damit mich niemand von meinem Platz in der Schlange verdrängen kann.

Mitunter kommt es vor, dass sich eine Verkäuferin der von innen versperrten Tür nähert. Einen kurzen Moment lang betrachtet sie uns da draußen auf der Straße, nur um unmittelbar davor auf dem Absatz wieder kehrtzumachen. Ist sie neugierig auf uns? Hat sie Mitleid? Oder genießt sie einfach ihre Macht? Ihr Gesicht ist vollkommen ausdruckslos; das Einzige, was sich über so ein Verkäuferinnengesicht sagen lässt, ist, dass es nicht ihr richtiges sein kann, nicht ihr eigenes Gesicht, nur eines zum Vorzeigen vor Kunden. Ihre Macht ist vielleicht nicht beeindruckend, aber dennoch ausreichend, um im Laden eine große

Sache daraus zu machen und ihr dieses andere Gesicht zu verleihen. So ein Gesicht ist Ersatz dafür, was die Verkäuferinnen hier nicht zeigen wollen, da es bedeutet hätte, ihre privaten Ressourcen zu vergeuden. Zu welchem Zweck? Niemandem wäre eingefallen, sein eigenes Gesicht unnötigerweise abzunutzen, und hier wird es am allerwenigsten gebraucht: In meinem Laden unterhalb des Strossmayerplatzes ist es durch eine Maske ersetzt worden.

Ein zufälliger Besucher hätte sich rasch davon überzeugt, alles gesehen zu haben, was es hier zu sehen gibt. Aber welcher Pragbesucher hätte sich schon bis nach Holešovice verirrt? Was hätte so eine Person hier tun sollen? Bei uns gibt es schlicht nichts zu sehen: ein Park mit einem Messegelände, Züge, die dicken Rauch über alle Häuser entlang der Bahnstrecke speien, um dann unter einem Viadukt hindurch in nördliche Richtung zu fahren, eine Kirche aus roten Ziegeln, die meist geschlossen ist, ein vegetarisches Restaurant ohne Gäste und Gemüse, ein dunkles Gebäude, das der mächtigen Planungskommission gehört und nicht weit weg davon ein Platz oder eher eine Kreuzung, benannt nach dem kroatischen Bischof Josip Strossmayer, an der mehrere wichtige Verkehrsverbindungen einander ächzend und quietschend überschneiden, eine Kreuzung, an der Busse und Straßenbahnen im Winter in den Schneewehen stecken bleiben, die der Wind zusammentreibt. Holešovice ist ein Arbeiterstadtteil. Das in diesem Stadtteil neu errichtete Hotel Intercontinental scheint nicht hierherzugehören, und auch die Hotelgäste sehen aus, als fragten sie sich, was sie hier machen. Und hätte sich jemand von ihnen in jene Gegend verirrt, in der mein Laden ist, hätte er bald genug gesehen – in Erinnerung bleibt wohl nicht viel mehr als diese Schlange vor dem Geschäft in einer Stadt, die vom Mangel regiert scheint und nicht länger zu Europa gehört.

Schließlich werden wir eingelassen. Es ist nur eine Frage der

Zeit, und gerade sie, die Zeit, haben wir im Überfluss. Eine der Verkäuferinnen muss zufällig einen Blick aus einem der Schaufenster geworfen und uns da draußen entdeckt haben, geht dann vor zur Tür und beginnt umständlich, die Vorhängeschlösser mit ihren Schlüsseln aufzusperren. Die Tür wird geöffnet. Widerwillig betrachtet uns die Verkäuferin. Die Schlange beginnt sich langsam vorwärtszubewegen, jemand stößt mich von hinten an, ich drehe mich nicht um, die leeren Bierflaschen in meinen Netzen klirren aneinander, und hinter der Tür nimmt jeder von uns einen Plastikkorb, solange der Vorrat reicht.

Nachdem sich die Verkäuferinnen entschlossen haben, uns einzulassen, ist es mit einem Mal, als hätten sie keine Zeit, ohne dass klar wird, warum sie es jetzt so eilig haben. Die halb gerauchten Zigaretten legen sie an den Kanten der Ladentische ab; in die Holzleisten hat die Glut schwarze Flecken gebrannt. Ihre Stimmen sind schrill, sie schreien einander an und uns noch lauter. Ihre Bewegungen sind nicht länger träge, eher eckig und gehässig, sie nehmen uns mit einer aufflammenden Gereiztheit in Empfang, die sie selbst zu überraschen scheint. Trotz des Ladentisches zwischen uns stören wir sie. Streng genommen haben wir hier nichts zu suchen: Wir haben uns aufgedrängt, und sie lassen es uns merken, wie wenig willkommen wir sind, behandeln uns herablassend, und da wir es nicht wagen, das mit gleicher Münze zurückzuzahlen, werden sie nervös. Unsere servile Fügsamkeit muss sie unfreiwillig daran erinnert haben, dass sich ihre eigene Situation trotz des Ladentisches nicht nennenswert von unserer unterscheidet. Aber nur für einen kurzen Augenblick: Bald schreien sie wieder, nun nicht mehr miteinander, sondern einzig und allein mit uns.

Mein Laden unweit des Strossmayerplatzes enthält die merkwürdigsten Dinge, nicht so sehr märchenhafte als vielmehr unwahrscheinliche, und viele davon riechen schwach und unbestimmt nach Desinfektionsmittel oder Chlor. Es ist eine düstere und dürftige Warenwelt, und dennoch kann man den Eindruck gewinnen, als gäbe es hier ein pralles Angebot: Regale und Tische sind vollgeräumt mit diesem und jenem. Erst aus der Nähe entdeckt man, dass man es fast immer mit ein und derselben Ware zu tun hat und dass sie deshalb in so großer Anzahl übrig geblieben ist, weil sich keiner dafür interessiert. Trotzdem treffen die Lieferungen solcher Waren weiterhin im Laden ein, und wenn das wenige, für das wir uns mehr aus Not als aus Verlangen entscheiden, verkauft ist, bleibt der Rest in den Regalen liegen.

Auch die Verkäuferinnen haben kein Interesse an diesem Überfluss der Waren ohne Käufer. Wir müssen uns oftmals langsam herantasten. Vielleicht gibt es dort doch etwas Brauchbares? Leicht ist es nicht zu entdecken. Fast nichts darf näher untersucht, berührt oder gedrückt, an fast nichts darf gerochen werden. Oft findet man erst zu Hause heraus, was man eigentlich gekauft hat. Es gibt Milch mit einem scharfen Geschmack nach Chemie; Limonaden, deren Farbe rasch ausbleicht und in der Flasche zu Boden sinkt, Salatköpfe, die schon welk gewesen sein müssen, ehe sie den Gemüsetisch (Erdäpfel, Karotten, Kraut und gelbe Zwiebeln) erreichen; hier im Geschäft haben sie zu faulen begonnen. Es gibt sogar Leberpastete, die zu essen ich mich gründlich vorsehe, mit der ich im Winter aber meine Stiefel einfette.

Fast die gesamte Warenwelt ist verpackt. Dicker Karton, Pappe, Plastik und dünnes Blech, wohin man auch blickt. Nur Fleischteile hängen mitunter nackt und rot von einem der Schlachthaken auf der weiß gefliesten Wand ganz hinten im Geschäft. Wenn es vereinzelt Fische zu kaufen gibt, sind sie einander zum Verwechseln ähnlich, sodass man den Verdacht haben kann, es gäbe hier nur eine einzige Sorte, die aber unter verschiedenen Namen verkauft wird. Die Brachse unterscheidet sich nicht von der Forelle, die sich ihrerseits nicht von der Brachse unterscheidet. Magere Sardinen ohne Köpfe liegen dicht an dicht in der Büchse. Nur der Karpfen ist in seiner antediluvianischen Eigenart unverkennbar. Er bleibt sich treu. Und mit Fisch ist fast immer Karpfen gemeint. Weit mehr als der Löwe des Stadtwappens ist dieser Fisch das heraldische Tier Prags.

Der Karpfen in Prag ist der einzige Fisch, den ich kenne, der jedes Jahr buchstäblich geerntet wird. Das geschieht im Herbst in den großen Fischteichen auf dem Land, die meisten davon in Südböhmen. Gegen Weihnachten verkauft man Karpfen in Prag direkt auf der Straße. Er wird in großen Blechtanks unter Kastanienbäumen aufbewahrt, und wir stehen Schlange, um einen davon zu erwerben. Der Karpfen wird in einer Bleischale gewogen, und wer nicht aufpasst, muss auch für das Wasser bezahlen. Die Prager tragen ihren Fisch in mit Wasser gefüllten Plastiktüten oder in Einkaufsnetzen nach Hause, in deren Maschen sich die Karpfen verfangen haben und nicht länger zappeln wie gewöhnliche Fische, sondern mit ihren bärtigen Mäulern kraftlos nach Luft schnappen. Der Weihnachtskarpfen wird in den Prager Badewannen gehalten, wo er in der Woche vor den Weihnachtsfeiertagen langsam und ohne Ziel hin und her schwimmt. Mit seinen klugen, weit aufgesperrten Augen verbringt er, fett und träge, seine allerletzte Zeit an einem Ort, der kein Teich mehr ist. Ein trauriger Fisch mit rauen, verfärbten Schuppen, der im Badezimmer darauf wartet, im Ofen gebraten oder paniert beim großen Familienessen am ersten Weihnachtsfeiertag serviert zu werden.

Ich esse ungern Karpfen. Nicht einmal zu Weihnachten, nicht einmal, wenn er in kleinen Stücken aufgetischt wird, die in Aspik eingelegt sind.

Beinahe alles andere ist hier verpackt, fast immer in Konservendosen. Man kann sich über den Inhalt niemals sicher sein. Ich kaufe Pilze und komme mit Pflaumen nach Hause. Oder es gibt plötzlich Krabben aus Vietnam (Marke Song Lo). Es scheint zu gut, um wahr zu sein – und als ich den Beutel öffne, enthält er eingetrocknete Scheren und Pulver aus Schalen, einen rasselnden rosa Sand aus der Tiefe des warmen Ozeans. Nicht einmal die durchsichtigen Glasverpackungen helfen weiter – nehme ich davon eine aus dem Regal, kann ich nicht sagen, was sie enthält. Was drinnen ist, sieht nach Beeren aus, die aber sowohl Farbe als auch Form verloren haben. Auf meinem Teller liegt dann etwas schmutzig Graues und Verschrumpeltes ohne geringste Ähnlichkeit mit jenen Beeren, die einst in der Natur gepflückt worden sein müssen. Nicht einmal das Etikett ist hilfreich; die Etiketten sind oft so schlecht gedruckt, dass die Buchstaben ineinanderfließen und den Text unleserlich machen.

Halte ich eine der Dosen in der Hand, scheint darin etwas über den auf dem Etikett angegebenen Inhalt hinaus eingeschlossen, etwas Abstraktes und Symbolisches, das aber trotzdem wirklicher ist als diese trockenen Sardinen. Ich drehe sie hin und her, während ich mich frage, ob eine solche Dose mit dem Zustand in Prag nicht wesentlich mehr zu tun hat, als wenn ich in der Zeitung von der verdienstvollen Arbeit der Schlachthöfe lese, die Berichte von der Erntefront oder über den neuen Erlass, der die Kalorienmenge festlegt, die künftig als Norm für den Staatsbürger gelten soll. Das alles ist Literatur, schlechte Literatur obendrein, und scheint in einer der großen Bild- und Metaphernfabriken Prags hergestellt. Meine Konservendose ist aber wirklicher als das, was in den Zeitungen steht. Sie enthält mehr Wahrheit über diese Gesellschaft als das, was dort geschrieben wird, und ich tue gut daran, mich an die beinahe mumifizierten, geschmacklosen Sardinen zu halten, um den Kontakt mit der Wirklichkeit hier nicht ganz zu verlieren.

Am faszinierendsten sind jene Gläser, Dosen und Flaschen, die sich nicht öffnen lassen. Es ist unmöglich, den Verschluss oder Deckel aufzuschrauben. Oder die Metalllasche an der Sardinendose reißt plötzlich ab. Der schlechte Kleber, gelbbraun und zu einer dicken Masse ausgehärtet, hat zur Folge, dass die Konservendosen und Blechbehälter ihre Etiketten verlieren; sie blättern ab, es lässt sich nicht mehr sagen, was die Dose enthält. Vielleicht ist wirklich etwas drin, auch wenn man sie nicht öffnen kann.

Die eine oder andere Verkäuferin kann den Inhalt solcher Dosen mit hoher Sicherheit bestimmen. Vielleicht beflügelt es ihre Phantasie. Jedenfalls machen sie sich mit großem Einfühlungsvermögen, nahezu mit Begeisterung, an die Sache, und wenn sie richtig gut gelaunt sind, teilen sie uns ihr Wissen auch mit. Sie versichern uns, dass die Dose, die man eben in der Hand hält, exakt das enthalte, wonach man gesucht hat, dass es sinnlos wäre, eine andere als genau diese zu nehmen. Wir gehorchen. Wenn man dann die Dose zu Hause schließlich geöffnet hat, weiß man nicht mehr, ob die Verkäuferin recht hat oder nicht. Auch Überraschungen dieser Art tragen zum Geheimnisvollen bei, das über solchen Läden liegt. Wir lernen damit zu leben, uns nicht zu wundern, wenn eine geöffnete Dose etwas ganz anderes enthält, als auf dem Etikett angegeben ist; nicht einmal eine leere Dose bringt uns aus der Fassung.

Stapelware bleibt in den Geschäften in großen Mengen übrig. Wenn alles andere verkauft ist, scheint es, als bemächtigten sich diese Waren des gesamten Geschäftslokals und drohten nun, sich über alle Regalböden zu breiten. Niemand kann sagen, wozu und von wem sie benutzt werden sollen. Im Kaufhaus Weißer Schwan ebenso wie im Kiosk um die Ecke, der Bleistifte und Lose verkauft; die Lose gehen weg, aber die Bleistifte und Radiergummis bleiben übrig. Der Mangel ist das, was fehlt, was nicht da ist, ebenso aber das, was im Überfluss da ist, von niemandem nachgefragt. Hier wird ein Plan erfüllt, dessen Ziel wie auch der Ort, an dem all das hergestellt wird, uns unbekannt ist. Ein Überfluss, der zu einer Wirtschaft ohne Konsumenten gehört, die ohne Unterlass die unmöglichsten Waren weiterproduziert.

Schuhgrößen für Zwerge oder Riesen? Schwache Nachfrage. Auch nach Töpfen, deren Griffe sich lösen, Löffeln, die sich biegen lassen, als wären sie aus Gummi, ganz zu schweigen von Ballons, die sich nicht aufblasen lassen. Oder diesen Bergen von Dingen, Reisetaschen aus fester Pappe, Schuhe ohne Leder, Bürsten ohne Borsten.

Was aussieht wie Überfluss, ist eine einzige Anhäufung von Ramsch.

Und dieser ganze Ramsch ist uns im Weg. Es ist wichtig, sich nicht verwirren zu lassen, und mit der Zeit sehe ich ihn nicht mehr. Ich lerne mit ein oder zwei Blicken zu kontrollieren, ob seit dem letzten Mal etwas vorgefallen ist, ob plötzlich etwas geliefert worden ist, das sich verwenden lässt. Meist genügt es, unmittelbar nach der Tür stehen zu bleiben und dieses Gerümpel schnell zu überblicken. Die Aufgabe besteht darin, mit den Augen auszuschalten, einzuschränken, zu reduzieren, zu sehen, was es zwischen den Dingen, die aussahen, als gäbe es sie, wirklich gibt; die kleinste Veränderung dessen, was vorhanden ist, verrät, dass hier seit dem letzten Mal etwas Neues und Brauchbares eingelangt ist.

Es kommt selten vor, dass ich etwas finde. Stattdessen stören wir die Verkäuferinnen beim Plaudern und Rauchen. Unsere Anwesenheit ist eine Art unverschämter Provokation, und sie bräuchten eine Methode, uns loszuwerden. Wie? Am besten wäre wohl, wenn die Waren, für die es sich anzustellen lohnt, in so kleinen Mengen in den Laden geliefert würden, dass sie gerade reichten.

Ein paar Mal im Jahr wird eine Auswahl an Konservendosen als Dekoration in den Schaufenstern arrangiert. Die Verkäuferinnen stecken viel Mühe in diese Aufgabe. Zuerst wird aufgrund einer sogenannten Inventur geschlossen; bald kann ich von der Straße aus ihre gebeugten weißen Nacken sehen, wenn sie drinnen ohne Schuhe umherkriechen, damit beschäftigt, die Schaufenster neu zu dekorieren. Jedes Mal werden die Dosen zu kunstvollen Pyramiden oder Türmen gefügt, die von der Architektur der Stadt inspiriert scheinen, von Hradschin oder der Teynkirche, aber in dem Augenblick, in dem die Dosen zu Teilen einer solchen Konstruktion werden, stehen sie nicht mehr zum Verkauf, unzugänglich für jene, für die sie produziert wurden.

In den Schaufenstern können sie ein oder zwei Monate zubringen und sind, wie das meiste in Prag, bald mit einer dünnen, kaum sichtbaren Schicht rußigen Staubs überzogen. Von der Straße aus betrachten wir, was die Verkäuferinnen geschaffen haben. Wenn die Sonne scheint, leuchtet das Blech der Dosen fettig matt durch die Glasscheiben der Schaufenster. Es kann vorkommen, dass die Dosen in den Fenstern eine Seltenheit wie russischen Stör enthalten. Den würde ich gerne meinerseits in Beschlag nehmen, und wenn ich in Ausnahmefällen an eine Dose mit Stör herankomme, esse ich ihn gemeinsam mit rohem, gehacktem Zwiebel und tunke das Öl in der Dose sorgfältig mit einem Stück Brot auf.

Als Teil des Schaufensterschmucks aber sind die Stördosen außerhalb unserer Reichweite. Es ist nicht einmal sicher, dass sie je geöffnet werden. Jedenfalls nicht von uns. Vielleicht erst von den besonderen Kunden der Verkäuferinnen: jenen, die niemals draußen Schlange stehen müssen wie wir. Es handelt sich um ihre besten Kunden. Wir gehören nicht dazu, und die Verkäuferinnen machen uns das mehr als deutlich. Für ihre besten Kunden legen sie das Seltene und Gefragteste unter dem Ladentisch zur Seite, und sie wissen, dass sie es nicht vergebens tun.

Ich weiß nicht, ob es Vorschriften gibt, nach denen die Schaufenster Prags regelmäßig neu dekoriert werden müssen, ob sich die Verkäuferinnen also einfach etwas widmen, das ihnen befohlen wurde. Aber ihr Eifer dort in der Hocke im Schaufenster spricht dafür, dass es ihr eigener Einfall ist, dass sie der Versuchung erlegen sind, ihre Schaufenster eigenhändig zu verschönern. Diese plötzliche Sehnsucht nach Schönheit! Als hätten sie mit einem Mal vergessen, dass es nicht in ihrem Interesse liegt, mehr Kunden zu bekommen – sie wollen ja nichts lieber, als uns loszuwerden, uns keinesfalls mit etwas anlocken, das es drinnen nicht mehr zu kaufen gibt. Das würde nur zu Unannehmlichkeiten führen. Aber vielleicht ist das Schaufenster der Verkäuferinnen denselben Gesetzen unterworfen, die für die gesamte Wirtschaft in Prag gelten, wo es an allem mangelt, von Streichhölzern bis hin zu Moral und normaler Anständigkeit: Sie spiegeln etwas vor, was es nicht gibt, was nicht existiert, und präsentieren es mit derselben verlogenen Ästhetik, in der uns die Propaganda ausmalt, wie der Plan für das, was es geben soll (aber nicht gibt), immer im Voraus übertroffen wird.

So viele Dosen mit Stör, Pilzen oder Pastete zu keinem Nutzen!

Mir fällt auf, dass die von den Verkäuferinnen aufeinandergestapelten Dosen dort im Fenster auf jene Art schön sind wie andere Bilder aus dem Prager Vorrat, eine kalte und abweisende Schönheit. Und schlimmer noch – eine Schönheit, gänzlich basierend auf dem, was keine Verwendung findet, was uns Konsumenten unverschämterweise vorenthalten wird, in einer Stadt, in der es notwendig ist, wirklich alles zu verwenden. Dass die Dosen nicht einmal leer sind, bringt uns noch mehr auf. Der ganze Schmuck dieser Stadt scheint freilich zu unterstreichen, womit wir nicht rechnen können, was es nicht gibt. Aber uns in einem Schaufenster so unbarmherzig daran zu erinnern, was es trotz allem dennoch gibt – wenn auch nicht für uns –, heißt nicht nur, uns höhnisch mitten ins Gesicht zu lügen, sondern hat auch mit schlechtem Geschmack zu tun.

Die Kunst der Verkäuferinnen lässt mich unberührt. Zu symmetrisch, zu steif und leblos, eine Formensprache, bei der die Schönheit in jenem Streben auf eine Steigerung oder eine Krone hin besteht, eine Fürsorge für alles, was nach oben strebt und zugleich das Hässliche weit unter sich lässt. Was sie jedoch für schön halten, ist in Wirklichkeit hässlich, zumindest banal. Die Schaufenster, auf die sie so stolz sind, werfen für mich die Frage auf, ob sie nicht eigentlich nur das nachäffen, was in Prag die vorherrschende und verordnete Schönheit ist. Aber sie ist ja nicht einmal schön. Man braucht sich nur umzusehen. Ihre Pyramiden und Türme besitzen vielleicht eine Art monumentaler Schönheit, trotzdem handelt es sich um eine Ästhetik der Verlegenheit und der nicht eingelösten Versprechen: Sie verspricht uns mehr, als sie halten kann, und ist bestrebt, mit Übermaß ihre eigene Unzulänglichkeit zu verbergen. Das Monumentale zerstört zugleich jede Nuance und jeden Einwand; das, was als schön erscheinen soll, als Augenfreude gemeint ist, ist zu einer eigenen Grimasse der Dinge erstarrt, im Schaufenster umgeben von Kartonpapier und toten Fliegen. An einem solch exponierten Platz wirkt es direkt herausfordernd.

Es ist sicher nicht beabsichtigt, aber diese Schönheit ist enthüllend. Das dekorierte Schaufenster unterscheidet sich kaum davon, was sich im Inneren des Geschäfts nicht dekorieren oder arrangieren lässt, wo mein Blick von den glänzenden Fleischerhaken hinter den Rücken der Verkäuferinnen angezogen wird, die auf den weißen Fliesen zusammen mit den leicht schmutzigen Mänteln einen melancholischen, ja, obszönen Eindruck auf mich machen. Hier herrscht jener Mangel, den man in Prag hinter roten Fahnen zu verstecken versucht, die zum Himmel gehoben werden, mit fettem, schwarzem Rauch, der senkrecht aus den schlanken Fabrikschloten steigt, oder hinter all diesen Kurven, die ständig nach oben zeigen in einer ewigen Manifestation aus Sieg und Fortschritt.

Nichts davon scheint den Verkäuferinnen bewusst. Unbekümmert stapeln sie weiter Dose auf Dose, bis daraus Türme und Pyramiden werden, die aussehen, als könnten sie jederzeit einstürzen. Dennoch kommt es nie vor. Und auch um ihren schlechten Geschmack wissen die Verkäuferinnen nicht, wenn sie dort im Schaufenster umherkriechen, weder von den toten Fliegen gestört, die um sie herum auf dem Rücken liegen, noch von uns draußen auf der Straße, ganz beschäftigt damit, der Stadt Prag ein weiteres Monument zu errichten.

Sind sie gutgläubig?

Fast alle Verkäuferinnen sind sehr jung. Sie sind es, die jungen, die in den Schaufenstern umherkriechen, während sich die älteren im Hintergrund halten, als ginge sie, was dort geschieht, nichts an. Aber die jungen altern oft vor ihrer Zeit. Scheinbar von einem Tag auf den anderen sind sie plötzlich alt und korpulent, und bald sehen sie aus, als seien sie wie schon die Konservendosen in den Fenstern von einer schmierigen Schicht aus feinem Staub überzogen. Dieses Altern ist auf unserer Seite. War es früher schwierig, ihnen ein Lächeln zu entlocken, so ist das nun nicht mehr unmöglich. Solange sie noch jung sind, treten sie arrogant und überheblich auf; es ist ohnehin ein Privileg, hier einkaufen zu dürfen, eine Gunst, an kalten Wintermorgen eingelassen zu werden, zu viel verlangt, eine Frage zu stellen oder um Auskunft zu bitten, eine Unverschämtheit, einen Wunsch zu äußern.

Aber das Alter scheint sie milder werden zu lassen. Je älter die Verkäuferinnen sind, umso mehr haben sie anscheinend vergessen, was sie hier tun, und um so weniger forsch treten sie auf. Ihr Blick ist erloschen. Die Bewegungen sind träge oder verlieren sich auf halbem Weg. Vielleicht nicht so sehr aufgrund des Alters als vielmehr, weil so eine Verkäuferin sich auf ein verborgenes Ich zurückgezogen hat, auf eine Art innerer Existenz, in der sie für das, was sich zufällig in ihrer Umgebung befindet, kein Interesse mehr aufbringt. Das Alter scheint sie mit dem Laden und seinen Regalen versöhnt zu haben, sie vor allem mit uns versöhnt zu haben, und es kommt nicht selten vor, dass eine der älteren Verkäuferinnen tatsächlich Auskunft gibt, wo man das Sauerkraut oder die Seife finden kann. Weiter nach rechts! Fast schon beim Maismehl! Nicht einmal ihr bescheidenes Privileg als Verwalterin dieses Warenmangels verteidigt sie weiter. Jedenfalls nicht besonders aggressiv: Sie hat scheinbar aufgegeben, akzeptiert, dass ihr Leben in Schicksal verwandelt wurde. Manchmal ist es daher möglich, an ihre Lebenserfahrung zu appellieren, und es kann dann vorkommen, dass sie sich sogar bereiterklärt, etwas aus dem Lager zu holen, ohne eine Gegenleistung zu verlangen.

Eine ältere Dame an der Kasse vergisst üblicherweise darauf, für einen Teil dessen, was ich gekauft habe, Geld zu verlangen. Ich glaube, dass sie das mit Absicht macht, und jedes Mal, wenn ich sie darauf hinweise, seufzt sie. »Na gut, wie Sie wollen.« Aber das Wichtige ist, dass sie zeigen kann, wie vollkommen gleichgültig ihr alles ist, was sich im Laden zuträgt, dass nicht einmal Geld ihre Meinung darüber ändern könnte.

Geld?

Eigentlich interessiert sich keine der Verkäuferinnen für unser Geld. Es erschwert lediglich ihre Arbeit. An der Kasse zu bezahlen heißt, an einem Ritus teilzunehmen, dessen ursprüngliche Bedeutung verlorengegangen ist, und an dem man nur teilnimmt, weil alle anderen es ebenfalls tun. Auch die Verkäuferinnen sehen das so. Auf Geld verstehen sie sich nicht. Ihr kollektiver Verkäuferinnentraum gilt jenem Tag, an dem der Mangel so umfassend wäre, dass man das Sortiment in ihrem Laden auf das Allernotwendigste reduzierte: an dem sie sich nur mit Mehl, Milch, Brot, Eiern, Paprika, Zucker, Saft, Tee, Marmelade und einigen schlichten Würsten befassen müssten. Mit einem Dutzend Positionen, und ein Wort wie »Positionen« haben sie in der Zeitung gelesen. Ein solches Standardsortiment, am besten nur jenen zugänglich, die Rationierungsmarken vorzeigen können, würde ihre Arbeit erheblich erleichtern. Ohne Rücksicht auf Preis und Bezahlung könnten sie dann das, was im Laden gerade vorhanden ist, an uns Kunden verteilen. Bei den jüngeren Verkäuferinnen würde ein solches System der Rationierung nicht einmal unangenehme Erinnerungen an früher wecken.

Niemand, den ich in Prag kenne, bemüht sich, mehr Geld zu verdienen, für das er ohnehin nichts kaufen kann. Geld in einer Brieftasche aufzubewahren, dem Wert nach in unterschiedlichen Fächern sortiert, fällt kaum jemandem ein. Es würde bedeuten, Geld einen Wert zuzumessen, den es nicht hat. Stattdessen versuchen wir, es so schnell wie möglich loszuwerden. Das Geld, das wir zufällig bei uns haben, steckt zusammengeknüllt in der Tasche. Die Scheine, mit denen wir im Geschäft bezahlen, sind daher zerknittert; die Verkäuferinnen sind gezwungen, sie erst mit der Hand glattzustreichen, bevor sie sie zählen können. Das verärgert sie: Einer nach dem anderen müssen weinrote, rostbraune und grüne Scheine an der Tischkante glattgestrichen werden.

Im Laden meines Viertels gibt es eine ältere Verkäuferin mit blonder Perücke, die sich hartnäckig weigert, Geld von mir anzunehmen, vielleicht weil ich Ausländer bin. Meine Scheine sind nicht mehr unbenutzt, hier und da ist eine Ecke abgerissen. Und sie sind schmutzig. Was das denn soll? Ich verteidige mich: Es ist nicht meine Schuld. Ich habe sie so bekommen. Aber sie bleibt hartnäckig und beschuldigt mich, dass ich zerstört habe, was nicht mein, sondern Eigentum ihres Staates sei. Mit dem, was ich zerstört habe, dürfe ich nicht bezahlen, nicht an ihrer Kasse. Stattdessen droht sie damit, mich anzuzeigen. Das ist eine merkwürdige Drohung, und sofern es möglich ist, versuche ich die Dame mit Perücke zu meiden. Niemanden sonst in Prag kümmert es, was dem Staat gehört oder nicht. Also geht es dabei anscheinend um ihre eigene Bequemlichkeit oder die Lust, mich an eine andere Kasse beordern zu können.

Bei wem könnte sie mich anzeigen?

Alles hier ist durch Verordnungen geregelt, aber von einer, die Aussehen und Zustand der Geldscheine reguliert, habe ich noch nichts gehört. Dennoch ist es ratsam, kein Risiko einzugehen, nicht für etwas so Unwichtiges wie Geld, und ich ziehe zur Kasse nebenan weiter, an der die Verkäuferin auch zerknitterte und misshandelte Scheine entgegennimmt. Ob sie vielleicht Wechselgeld habe? Die Verkäuferin zuckt nur mit den Schultern. Bereits die Frage ist eine Unverschämtheit. Die Bestimmungen und Verordnungen sind kompliziert genug, und wer trotzdem fragt, muss frech oder dumm sein oder, schlimmer noch, sie für dumm halten.

Wenn uns die Verkäuferinnen bestrafen und unsere Fragen nicht beantworten, sehen sie weg oder an uns vorbei. Niemals in die Augen – es nehme den meisten Verordnungen und Bestimmungen, die sich nicht an den Einzelnen richten können, sondern überall und für alle gleich gelten müssen, die Kraft. Mir in die Augen zu sehen würde bedeuten, mich zu einem Gleichberechtigten zu machen. Wir könnten einander wahrnehmen, uns in den Augen des anderen finden.

Aber wie sollte das möglich sein? Sie hat sich hier doch mit allem, was aufwärtsstrebt, was höher steht als ich, verbündet, während sie den Mangel verwaltet, der mich nach unten zieht, jeden Tag weiter hinab, sodass ich sie nicht anders sehe als die, die sie nicht ist, und sie mich überhaupt nicht.

Dennoch wäre es ungerecht, diese Verkäuferinnen unsympathisch zu nennen. Dort aber, wo wir einander treffen, haben sie Macht und wie alle Menschen mit Macht zwei Gesichter. Was wir täglich sehen, ist ihr Machtgesicht, einer Maske gleich, und dementsprechend werden wir behandelt. Es gibt da jedoch auch das andere Gesicht, ein offenes und helles, das sofort Sympathie weckte, bekämen wir es je zu sehen. Denn obwohl die Verkäuferinnen im Laden den Mangel täglich zu verteidigen haben, sind sie für ihn nicht verantwortlich – sobald sie den Laden verlassen und ihre Maske gegen ihr eigenes Gesicht tauschen, sind sie genau wie alle anderen in Prag.

Zufällig treffe ich eines Vormittags eine unserer Verkäuferinnen in der Straßenbahnlinie 3 auf dem Weg von Holešovice in die Stadt. Es muss ihr freier Tag sein, und zuerst erkenne ich sie nicht. Es gibt ja nichts wiederzuerkennen. Sie trägt einen dunkelblauen, weiten Mantel, ihr eigenes Gesicht, hat roten Lippenstift aufgetragen und lächelt mich mit dem Ausdruck des Wiedererkennens an. Das Machtgesicht ist wie ausgelöscht, und sie ist es, die mich erkennt.

Was mich betrifft, macht eine Straßenbahn oder ein Laden keinen Unterschied, sie ist es ja, die eine Metamorphose durchlaufen hat, eine so radikale Verwandlung, dass die Verkäuferin aus dem Laden meines Viertels mit der jungen Frau mir gegenüber scheinbar nichts zu tun hat. Ich bin erstaunt, ratlos wie nur am Beginn eines Abenteuers, mit dem man nicht gerechnet hat. Die ganze Strecke zum Wenzelsplatz unterhalten wir uns lebhaft, so viele Sätze auf einmal vermochte ich ihr zuvor nie abzuringen. Die anderen Fahrgäste müssen uns für ein Paar halten, ein junger Mann, der ein klein wenig schüchtern einer ebenso jungen Frau den Hof macht, die ihn mit ihrem Lächeln verstehen lässt, dass sie nichts dagegen hat.

Die Verwandlung ist verblüffend. Ist sie wirklich so attraktiv, wie sie nun scheint? Oder ist es diese Verwandlung, die einen solchen Eindruck auf mich macht? Ist es der Unterschied zwischen ihrer Verkäuferinnenmaske und dem lächelnden Mädchengesicht, das ich vor mir sehe, der eine Schönheit suggeriert, die es vielleicht gar nicht gibt?

Es ist einer der ersten Frühlingstage. In meinem Teil der Stadt haben die Menschen bereits begonnen, Pflanzen auf die hofseitigen Balkons zu stellen, und auf dem Wenzelsplatz angekommen fällt mir ein, ihr einen kleinen Strauß Schneeglöckchen zu kaufen. Aber noch bevor ihn die alte Marktbäuerin aus dem Blecheimer fischen kann, ist die Verkäuferin im Gedränge an der Haltestelle verschwunden. Ich sehe mich um. Doch sie ist bereits weg.

Unseren gemeinsamen Erfahrungen aus ihrem und meinem Laden haben wir diese Nähe während einer vergleichsweise kurzen Straßenbahnfahrt zu verdanken, und gleichzeitig erwähnen weder sie noch ich den Mangel, der uns zusammengeführt hat. In allem will sie zum Ausdruck bringen, dass sie mit dem Mangel im Laden weder in Verbindung gebracht werden noch sich ihm fügen will, und ich, dass ich nicht im Traum daran denke, sie dafür mitverantwortlich zu machen.

Es muss nicht einmal gesagt werden – wir beide stehen auf derselben Seite. Das versteht sich ebenso von selbst, wie dass sich der Mangel auf der anderen befindet. Vielleicht ist es die eigentümliche Ordnung dieses Mangels, die sogenannte Normalisierung, die uns die Freiheit genommen hat, offen zu sagen, was für uns beide so selbstverständlich ist. Daran, was diese Normalisierung enthält, werden wir ja jeden Tag erinnert. Deren Wesen ist Unfreiheit, und in Prag macht sich niemand darüber Illusionen. Das Einzige, das uns verwundert, ist deren seltsam zähe Lebensfähigkeit. Ich bin mir sicher, dass auch sie in ihrem Inneren davon überzeugt ist, dass der Mangel für alle Zukunft bestehen bleibt, zumindest für den Rest ihres Lebens. Auch das brauchen wir einander nicht zu sagen. Warum sich Sorgen machen über etwas, wogegen man nichts anderes tun kann als vorzugeben, es ginge uns nichts an, als hätte zumindest diese Ordnung keine Macht über uns, als würde es sie schlicht nicht geben.

Und trotzdem gibt es sie.

Sie ist da und diktiert unsere Leben, obwohl sie während der kurzen Straßenbahnfahrt dennoch diese starke Gemeinschaft zwischen uns geschaffen hat – nicht Solidarität, keine Gemeinschaft in Freiheit, aber dieses süße, fast berauschende Gefühl einer Schicksalsgemeinschaft, das in einer demokratischen Gesellschaft unbekannt ist.

Kurz darauf treffen wir während ihrer Vormittagsschicht im Laden meines Viertels aufeinander. Anstelle des dunkelblauen Mantels trägt sie den weißen Kittel und verrät mit keiner Miene, ob sie sich an unsere Begegnung in der Straßenbahn erinnert. Sie ist verärgert. Warum ich erst jetzt mit den leeren Flaschen käme? Wisse ich nicht, dass Leergut vormittags bis zehn Uhr angenommen werde? Um diese Zeit sei es dafür zu spät. Hätte ich keine Uhr?

Es ist das erste Mal, dass ich von solch einer Bestimmung höre. Auch begreife ich nicht, warum sie keine Ausnahme machen kann, es ist ja erst Viertel nach zehn. Aber ich weiß, es wäre sinnlos gewesen zu fragen.

Ihr lächelndes Gesicht aus der Straßenbahn ist verschwunden. Sie trägt wieder ihre Maske, ihr alltägliches Machtgesicht, das abweisender scheint als je zuvor, und die beiden Einkaufstaschen mit den leeren Bierflaschen nehme ich wieder mit nach Hause.

Das Einzige, das es in Prag außer Mangel und Zeit im Überfluss gibt, ist das Bier, das man trinkt, um die Zeit totzuschlagen und den Mangel zu vergessen.

Bier ist das Getränk Prags und lässt kaum andere neben sich gelten. Wein und Schnaps trinkt man selten; einzige Ausnahme ist der schlechte Rum, den man im Winter in ebenso schlechten Tee gießt, um sich innerlich warm zu halten. Die Prager sind überzeugt, dass ihr Bier besser ist als überall sonst in Europa, ohne vom einen oder vom anderen besonders viel zu wissen.

Aber sie haben recht. Sie können auf ihr Bier stolz sein: auf Geschmack, Farbe und dass es bei Bedarf ohne weiteres das tägliche Brot ersetzen kann. Und sie sind stolz auf dessen Schaum. Auf ein richtiges Bier müsse man ein Drei-Kronen-Stück legen können, das auf dem festen weißen Schaum liegen bleibt, ohne im Glas auf den Boden zu sinken. Ich sehe es niemanden je versuchen, aber es kommt vor, dass ich mich mit einer meiner Münzen selbst daranmache.

Das Drei-Kronen-Stück bleibt jedes Mal liegen.

Die Kellner eilen durchs Lokal und balancieren dabei mindestens ein halbes Dutzend schäumender Glaskrüge auf einem dünnen Blechtablett. Ohne zu fragen stellen sie einen oder mehrere Krüge auf jeden Tisch, wo ebenso viele halbe Liter ausgetrunken sind, und all diese Virtuosität steht in Kontrast zu der trägen Reglosigkeit, die das Bier normalerweise recht rasch an den Tischen hervorruft. Hier bestellt man kein Bier: Ein randvoller Krug landet sofort vor jedem Gast, der seinen bereits ganz oder fast ganz ausgetrunken hat, während der leere oder fast leere auf das Blechtablett wandert. Bald sind darauf ausschließlich leere Glaskrüge, und mit einem raschen Strich auf dem Bierdeckel hakt der Kellner eine weitere Runde ab, ein ständiger Nachschub in einem unausgesprochenen Einverständnis zwischen Kellner und Gast. Wer der Meinung ist, dass er genug hat, muss ablehnen; andernfalls bekommt er automatisch noch einen halben Liter.

Die leeren Krüge werden hinaus zur Schank getragen, sind aber bald wieder zurück, so gut gefüllt, dass der Schaum über den Rand läuft. Der Zinktresen, an dem das Bier gezapft wird, schwimmt in verschüttetem Bier, das gelegentlich mit einem langen Holzstab ins Spülbecken gestrichen wird. An den Tischen zieht der Kellner mit seinem Kugelschreiber im Vorbeieilen einen weiteren Strich auf dem Bierdeckel, auf den er einen neuen Krug abgestellt hat, Striche von unterschiedlichen Kugelschreibern, abhängig davon, welcher der Kellner es bringt. Der fünfte Krug wird zu einem roten, blauen oder schwarzen Strich schräg über den vier senkrechten, die sich dort bereits befinden.

Die Kellner tragen gestärkte, weiße Hemden, eine schwarze Fliege und einen abgewetzten schwarzen Smoking oder Anzug. Sie sind die Einzigen, die es in Prag eilig haben. Ich bewundere ihre Geschicklichkeit, im Gedränge der Tische über ihren Köpfen und mit nur einer Hand Tabletts mit gefüllten oder leeren Krügen balancieren zu können. Selten scheinen sie irritiert darüber, dass es hier so hektisch ist. Ihre Geduld mit den Gästen, von denen jeder ziemlich bald mehr oder minder betrunken ist, hätte einem Heiligen alle Ehre gemacht.

Ist das Berufsstolz?

Aber was sie hier ausüben, ist kein Beruf. Eher kommt es mir vor, als seien sie Teil von etwas Höherem, etwas Erhabenerem als gewöhnlicher Arbeit, und dass auch sie selbst ihre Aufgabe so sehen. Sie arbeiten nicht. Die Bierschenke ist ein Ort, um sich zu entziehen, und die Aufgabe der Kellner besteht darin, die Gäste hier ungestört und in Frieden zu lassen. Dieser Ort gleicht nicht so sehr einem Arbeitsplatz als vielmehr einem Tempel, in dem sich alle zum großen Vergessen bekennen. Eine Zeremonie oder ein Ritual von beinahe heiliger Art. Das Wort »heilig« hätten die Kellner selbst allerdings nicht benutzt, auch wenn sie gealterten Ministranten oder Chorknaben während eines Gottesdienstes ähneln, wie sie da zwischen ihren durstigen Gästen hin und her eilen.

Das Bier ist billig. Bisweilen heißt es, dass die Prager bereit seien, sich mit allem abzufinden, womit sie sich unter Krieg, Okkupation und totalitären Ideologien schon abgefunden haben. Aber nicht mit einer Erhöhung des Preises für Bier – das brächte sie sofort dazu, sich wie ein Mann gegen jedes Regime zu erheben. Das ist vermutlich eine Übertreibung. Auch die

Biertrinker wissen das und scherzen darüber, freuen sich zugleich aber insgeheim, sich selbst so billig mit einem Heldenmut ausstatten zu können, der wahrscheinlich nur so lange existiert, wie sie hier mit den Krügen vor sich um den Stammtisch sitzen. Ganz ausschließen kann man es nicht, dass der Witz ein Körnchen Wahrheit enthält; jedenfalls bleibt der Preis für Bier ständig gleich niedrig, als wolle das Regime keinerlei Risiko eingehen. In den Bierschenken trinkt man weiter und kümmert sich weder um Bezahlung noch um die ausgebliebene Revolution. Diese Sorglosigkeit – oder Gleichgültigkeit – sagt etwas Wesentliches über die Bedeutung des Biers für die Stabilität der Gesellschaft. Das Bier hat Prag fest und gleichzeitig sicher im Griff.

Jeder Prager hat sein Stammlokal. Als Gast in der Stadt kann ich auf dieses verwurzelte Dasein keinen Anspruch erheben, sondern muss mich damit begnügen zu trinken, wie es gerade kommt, oft willkommen, aber ohne einen festen Platz an einem der Stammtische. Bier zu trinken ist ein Teil meines Tagesablaufs wie Zähneputzen oder das Postfach zu untersuchen, in der Hoffnung, dass dort ein Brief oder zumindest eine Ansichtskarte aus der Außenwelt wäre. Meine Mutter schreibt: »Du isst wohl ordentlich?« Das tue ich nun gerade nicht. Ich trinke. Wie alle anderen trinke ich eher zu viel als zu wenig. Keiner findet das empörend. Am meisten trinke ich in meinem eigenen Viertel in Holešovice, wo die Bierkneipen dicht beieinanderliegen und die Arbeiter nach der Schicht – oder öfter noch während der Schicht – einen Krug nach dem anderen leeren. In jedem Viertel gibt es zumindest eine Bierschenke, und ich bin in mindestens drei oder vier davon regelmäßiger Besucher. Jedes Mal trinke ich vier oder fünf halbe Liter ohne betrunken zu werden, lediglich angenehm warm im Inneren. Ich bin jung und vertrage noch eine ganze Menge. Um ein erfolgreicher Alkoholiker zu werden, muss man eine robuste Konstitution haben, andernfalls riskiert man, dass die Karriere kurz ausfällt. Ich aber bin ohne Talent: Wenn ich einmal zu viel erwische, ist mir am nächsten Tag speiübel; ich bringe nicht einmal das Konterbier hinunter, das mir helfen soll, einer neuen Runde gewachsen zu sein.

Die Trunkenheit, die das Bier hervorruft, macht sich viel später bemerkbar, als wenn ich Schnaps oder Wein getrunken hätte, was der Maßlosigkeit, der sich in Prag so viele widmen, erheblichen Raum lässt. Aber der Bierrausch ist gutmütig, führt nicht zum hysterischen Lärmen des Branntweins oder der stoischen Unzugänglichkeit des Weintrinkers, und nur selten sehe ich, dass einer sein Bier mit einigen Gläsern Schnaps verstärkt, wie ich es aus meinem Teil Europas gewohnt bin.

In Holešovice trinkt man proletarisch verbissen. Hier ist der Stil rauer als in der Prager Innenstadt. Wer sich vor der Sperrstunde betrinken will, hat keine Zeit zu verlieren. Nach der Sperrstunde wird zu Hause getrunken – in der Abenddämmerung kann man sehen, wie die Bewohner des Viertels in zerknitterten Trainingsanzügen und Pantoffeln zu ihrem Stammlokal schlurfen, im Arm ein großes Glasgefäß; gut genug sind nur die allergrößten, jene, die mehrere Liter fassen und sonst zum Einlegen von Kraut oder Gurken für den Winter verwendet werden, die nun, ehe es zu spät ist, damit gefüllt werden sollen, was zu allen Jahreszeiten benötigt wird. Von der Bierschenke trägt man Glasbehälter nach Hause, in denen das Bier an den Rand schwappt. Der Schaum rinnt an der Außenseite herunter und hinterlässt dunkle Flecken auf den Trainingsanzügen. Je nachdem, wie spät es ist, geht mehr oder weniger daneben. Es können leicht drei oder vier Schanktouren pro Abend zusammenkommen.

In der Innenstadt halte ich dem Goldenen Tiger *(U Zlatého tygra)* die Treue, einem Lokal, das von der Straße aus schwer zu entdecken gewesen wäre, hätte man es nicht an dem Relief an der schmutzigen Fassade erkannt, das über dem Eingang einen ebenso schmutzigen Tiger darstellt. Der Goldene Tiger ist eigentlich eine säkulare Kultstätte. Hier wird Bier verehrt, und fast alle, die das tun, sind Stammgäste, die sich nicht vorstellen können, woanders hinzugehen. Auf der Speisekarte findet sich kaum etwas, das man bestellen kann, und niemand hier käme auf die Idee, das zu tun; wer dennoch um einen Teller mit irgendetwas bittet und vom Kellner Messer und Gabel bekommt, entlarvt sich sofort als ein zufälliger Gast, der nicht hierhergehört. In den Goldenen Tiger kommt man, um Bier zu trinken, nicht um zu speisen. Essen bedeutet nicht mehr als einen Imbiss, eine Kleinigkeit, die den Magen füllt, wenn das Bier den Appetit geweckt hat. Das wenige, das angeboten wird, ist lieblos zubereitet und wird mit derselben Gleichgültigkeit serviert, als wäre der Goldene Tiger eine Kantine oder Suppenküche für Arme. Die Knödel des Lokals sind von einer Konsistenz, als beiße man in eine Wolljacke oder einen Stapel mit Oblaten.

Essen auf dem Teller ist nicht einmal als Vorwand nötig: Wie die natürlichste Sache der Welt nehmen die Stammgäste einen Krug nach dem anderen zu sich, ohne das geringste Bedürfnis, es so aussehen zu lassen, als widmeten sie sich etwas anderem, als große Mengen Bier in sich hineinzugießen.

Das Lokal ist schlicht und zweckdienlich, keine Verzierungen lenken hier vom Objekt der Huldigung ab, und dieser beinahe hussitischen Strenge entspricht die konzentrierte Entschlossenheit, mit der die Gäste ans Werk gehen. Allerdings wird hier ohne Kniefall gebetet; es kommt höchstens vor, dass der eine oder andere Gast langsam der Länge nach den Tisch entlanggleitet und mit dem Oberkörper ausgestreckt zwischen den halbvollen oder schon leeren Bierkrügen liegen bleibt. Ist er eingeschlafen? So genau weiß das niemand. Aber keiner stört ihn dabei. Mit dem Kopf auf der Tischplatte erweckt es den Anschein, als sei er eingeschlafen, viel mehr noch, als sei er bewusstlos und scheinbar ohne unruhige Träume. Vor ihm bleibt ein unberührter, randvoller Krug Bier stehen; langsam nur fällt der Schaum in sich zusammen.

Versunken in die spezielle Andacht der Schankstube bleibt er dort liegen, bis ihn jemand recht brüsk weckt, um zu fragen, was am Stammtisch gerade diskutiert werde, wie viele Eier ein Huhn legen könne und ob es wahr sei, dass die mährischen Hennen überwiegend braune Eier legen, ob sich der legendäre Mittelstürmer Kralík bei jenem skandalösen Match im Herbst '58 das Bein gebrochen habe oder ob sich der Skandal erst im Jahr darauf zugetragen habe; schließlich soll vielleicht auch geklärt werden, ob das Bein nicht ein Arm oder eine Hand gewesen sei.

Rauer geht es im Goldenen Tiger nicht zu, während Zum Schnell *(U Schnellů)* auf der anderen Seite des Flusses richtige Tücher auf den Tischen hat, wo sowohl Zahnstocher als auch die Streuer mit Salz und süßem Paprika so angeordnet sind, dass ersichtlich wird, hier solle zum Bier auch etwas zu essen bestellt werden. Das tue ich selten. An Mutter zu Hause schreibe ich: »Das Essen hier ist gut und reichlich.« Im *U Schnellů* geht es weniger philosophisch zu als im Goldenen Tiger. Viele der Gäste sind Partei- oder Staatsbeamte, die in Instituten und Ministerien auf der Prager Kleinseite arbeiten und ihren Arbeitsplatz mitunter bereits verlassen, ehe sie sich dort eingefunden haben. Vielleicht aus schlechtem Gewissen sitzen sie an den Tischen des *U Schnellů*, als seien es Schreibtische, auf denen nur die Stempel und das Diensttelefon fehlen. Aber das Bier ist ausgezeichnet, und auch jene, die hier keine Stammgäste sind, finden, es zähle zu Prags allerbesten, auf einem Niveau mit jenem, das man im *U Supa* (Zum Geier) oder im *U tří pštrosů* (Zu den drei Straußen) serviert.

Das dunkle, leicht süßliche Bier trinke ich nur im *U Fleků* (Zum Fleck). Aber nicht besonders häufig – *U Fleků* ist beinahe die einzige Bierstube in Prag, in der man sicher sein kann, auf

Touristen zu treffen. Als Einwohner Prags meiden wir sie und gehen ausschließlich wegen der berühmten *topinky* ins *U Fleků*, mit Knoblauch eingeriebene geröstete Brotscheiben, die als kleiner Imbiss zum dunklen Bier gegessen werden.

In den Prager Bierkneipen schrumpft die Welt. Oder, wie die Gäste gesagt hätten – sie beschränkt sich ausschließlich auf das Wesentliche. Die Welt der Bierschenke ist klein und privat. Hier wird nichts ausgelebt, sondern hinuntergespült. Aus dem angenehmen Bierrausch tauchen dann die großen und entscheidenden Fragen des Lebens auf, werden gedreht und gewendet, ehe sie verblüffend oft mit endgültigen Antworten und Lösungen versehen werden, die jedenfalls bis zur nächsten Stammtischrunde Gültigkeit beanspruchen. Mindestens einmal täglich betritt man diese kleine Welt, um von der großen draußen Ruhe zu haben: Man muss dazu nur die Tür zum Lokal öffnen, eine dunkel gebeizte, undichte Tür mit einer kleinen Fensterluke, die weder Licht noch einen Blick ins Innere lässt, eine mit Gitter oder gewelltem Stoffvorhang versehene Öffnung.

Dahinter sitzen bereits alle am Stammtisch oder sind auf dem Weg dorthin. Und mit allen sind buchstäblich alle gemeint – nicht nur die Opportunisten, sondern auch jene, die ausgestiegen sind, und die, die in untergeordneten Stellungen die »normale« Ordnung in Prag weiterhin aufrechtzuerhalten haben. Eine biedermeierliche Eintracht, bei der alle formellen Loyalitäten und Rücksichtnahmen abgelegt wurden, ehe man sich rund ums Bier niederlässt. Da sitzt das Parteimitglied neben dem Schweißer und dem pensionierten Lehrer, der nach dem Einmarsch aus der Partei ausgeschlossen wurde, der Werkstattleiter, der gezwungenermaßen Mitglied in der Partei ist, neben dem Apotheker, der sich nie für Politik interessiert hat und der seine private Kasse aufbessert, indem er Medikamente, die er an seinem Arbeitsplatz gestohlen hat – in Prag nennt man das »organisieren« –, auf dem Schwarzmarkt verkauft;

und alle sammeln Briefmarken, tauschen Angelköder und Angelhaken aus und sehen einander sonntags auf der Tribüne, wenn Sparta ein Heimspiel hat. Hier sitzen sie und warten, unklar, worauf, wenn auch meistens auf noch einen Stammgast, während das Bier fließt und sie sich ihr Warten in Gesellschaft der jeweils anderen so gemütlich wie möglich zu machen versuchen.

Der Weg des Biers hin zum Rausch ist lang, aber stetig und ohne größere Hindernisse. Viel mehr als Entschlossenheit und Geduld wird dem Gast, der ihn einschlägt, nicht abverlangt. Aber die große Anzahl der Krüge, die getrunken werden müssen, ehe die Lebensrätsel formuliert und gelöst werden können, verursacht eine beachtliche Menge an praktischen Problemen. Bier stellt immerhin andere Anforderungen an den Trinker als Schnaps oder Wein, da ebenso viel hinaus- wie hineinmuss und die Maßlosigkeit an den Stammtischen der Kneipen es nötig macht, sich unaufhörlich zu entleeren. Das zwingt die Biertrinker ab und zu, den Tisch zu verlassen, um das Pissoir des Lokals aufzusuchen. Das Gedränge dort ist oft groß, einsam ist man selten. Und das Pissoir ist kein risikofreier Ort – wie der Zinktresen des Schankraums ist hier der Fußboden häufig überschwemmt, aber mit dem, was kein Bier mehr ist.

Auf dem Pissoir im Goldenen Tiger finde ich mich eines Abends neben einem wankenden, schwer betrunkenen Kerl und fühle nach einer Weile, wie mein Hosenbein nass wird und eine laue Wärme sich langsam über den linken Schenkel ausbreitet, als er seinen Strahl in die falsche Richtung gelenkt haben muss.

Oft reichen die Pissoirs der Bierkneipen nicht aus. Oder es ist keines in der Nähe, wenn sich der Biertrinker auf dem Heimweg befindet. Ein Tor oder ein Durchgang muss dann genügen. Wände und Straßenecken stinken in Prag nach Urin, und es lässt sich nicht auf die Hunde der Stadt schieben. Der Geruch nach Urin ist Prags eigenes Parfüm und die Stadt damit sorgfältig parfümiert, oft verdünnt in Erbrochenem. Das Bier ist ein Getränk, von dem ich bald glaube, es stehe mit der Unterwelt im Bunde. Manchmal riecht es nach feuchtem Keller, als sei es irgendwo in den Eingeweiden der Welt zu Hause. Allerdings nicht in dem Sinn, in dem Plinius der Ältere vom Wein als dem »Blut der Erde« spricht, hier geht es um einen ganz anderen Saft und um so große Mengen, dass es einer Sintflut gleicht, der keine Dämme etwas entgegensetzen können, wie wenn das Grundwasser langsam in einem Keller steigt und bald das halbe Haus unter Wasser setzt. Der Biertrinker füllt sich mit Bier voll, das bald als Rausch langsam in seinem Inneren aufsteigt, um auf dem Weg über den Körper auch sein Bewusstsein zu übernehmen. Mit dem Bier ist es hier wie mit der Erotik: Genuss und Betäubung zugleich, letztlich Flucht aus der unerträglichen Eintönigkeit des Alltags.

Aber das Bier ist weit mehr als nur ein Getränk, um zu vergessen und sich zu berauschen. In Prag betrachtet man es als eine Art flüssiges Brot, das oft eine Mahlzeit ersetzen muss, selbst ein Frühstück. Leute, die den Tag mit einem Krug Bier und *chlebíčký* beginnen, kleinen belegten Broten – oft mit Mayonnaise, Scheiben hart gekochter Eier, Salzgurken und Schinken –, sind in Prag ein üblicher Anblick. Bier passt zu jeder Tageszeit. Auch zeitig in der Früh und auf leeren Magen wird es der Gesundheit zugerechnet und nicht dem Missbrauch oder Verderben. In den Ärztekolumnen der Zeitungen hat es seinen festen Platz als eine Art Universalmedizin. Berühmte Mediziner empfehlen Bier gegen alle möglichen Leiden, sogar gegen bestimmte Krebserkrankungen und fast immer als Nachbehandlung oder Therapie nach einer größeren Operation. Unter solchen Empfehlungen finden sich die Namen berühmter Mediziner mit all ihren akademischen Titeln, Namen und Titel, die hier nicht gedruckt worden wären, wenn die Zensur nicht befunden hätte, dass das im Interesse der Volksgesundheit liegt.

Auf der Strossmayerstraße gibt es eine Stehkneipe, in der ich üblicherweise frühstücke, bevor ich die Straßenbahnlinie 3 in die Stadt nehme. Frühmorgens versieht dort ein alter deutschsprachiger Kellner seinen Dienst, trotz seines Alters federnden Schrittes und erfreut darüber, dass er in meiner Gegenwart sein singendes Pragerdeutsch verwenden kann. Seine Fürsorge ist bereits nach wenigen Wochen väterlich. Das rührt mich. »Haben Sie ausreichend Geld?« Andernfalls könne ich nächstes Mal bezahlen. Ob ich keine anständigen Rasierklingen habe? Er mustert mich argwöhnisch. Ich würde mich hoffentlich nicht mit einem Apparat rasieren? »Morgen bringe ich einige englische mit, die ich zu Hause habe«, sagt er. »Das Beste ist gerade gut genug.« Schon wenn er mich draußen auf der Straße kommen sieht, bestellt er mir einen Teller *chlebíčký* und ein Bier.

Als kleines Kind hat er mit einer Papierfahne in der Hand miterlebt, wie Kaiser Franz Joseph in Prag willkommen geheißen wurde. Wann? An das Jahr erinnert er sich nicht. Aber ich schlage es in der Bibliothek des Klementinums nach: Franz Joseph besuchte Prag zum letzten Mal 1907, als die nach dem Dichter Svatopluk Čech benannte Brücke eingeweiht werden sollte. Der Kaiser ging zu Fuß über die Brücke. Dass eine so hochgestellte Persönlichkeit wie der Kaiser zu Fuß gegangen war wie alle anderen auch, wussten die Prager besonders zu würdigen. »Ein schlanker und fescher Mann für sein Alter«, wenn es nach dem Kellner geht. Während des Kriegs wurde der Name der Brücke auf Gregor Mendel geändert; der berühmte Genetiker und Mönch stammte aus Mähren, war aber deutschen Ursprungs. Der Kellner ist nun seinerseits bald so alt wie der Kaiser damals.

Dennoch sorgt sich der alte Mann mehr um meine als um seine eigene Gesundheit.

Wie es mir heute gehe? Ich sähe blass und abgezehrt aus. Bekomme ich denn auch ausreichend Vitamine? Er kennt einen

Ort, an dem man mit etwas Glück und den richtigen Verbindungen an Zitronen kommen kann. Echte Zitronen. »Morgen bringe ich welche mit.« An Mutter zu Hause schreibe ich: »Manchmal kommen wir hier sogar an richtige Zitronen heran.« Während der Wintermonate ist er besonders beunruhigt. Ich klage manchmal – dass eine Erkältung sich bemerkbar mache oder ich Halsschmerzen habe, und der alte Kellner blickt so bekümmert drein, dass ich gleich bereue, was ich gesagt habe. Doch dafür ist es nun zu spät, er ist bereits fortgeeilt, nur um bald darauf mit einem Bier wieder zurückzukommen. »Zum Frühstück schon?« Was diese Frage denn solle? Meine Zweifel haben ihn gekränkt. Die Erfahrung zeige doch, dass ein Bier gerade zum Frühstück alle Arten von Bazillen abtöte. Vor allem auf leeren Magen entfalte ein Krug Bier seine allerbeste Wirkung, der ausgetrocknete und ausgehungerte Körper verwandle es sozusagen in reine Medizin. Wenn ich ihm nicht glaube, könne ich jede beliebige Zeitung aufschlagen und mich selbst davon überzeugen, dass die Wissenschaft ihm recht gebe.

»Erst letzte Woche hat ein Herr Doktor Eis von der Universitätsklinik ausführlich darüber geschrieben. Sehr interessant.«

Dann gibt es an den anderen Tischen viel zu tun, und er eilt davon, ist aber einige Minuten später zurück, um nachzusehen, ob ich ausgetrunken habe. Das habe ich – mehr aus Höflichkeit als aus medizinischer Überzeugung. Damit ist er zufrieden und hat sich offenbar entschlossen, einen Beweis seines großen Vertrauens in mich abzulegen:

»Ich habe gelesen, dass Bier auch gut für die Potenz sein soll.« Schnell und eine Spur verlegen schaut er sich um. »Aber, wie soll ich sagen, ich weiß nicht recht, ob ich daran zu glauben wage.« An Mutter zu Hause schreibe ich: »Hier verordnen sogar Professoren Bier gegen alles zwischen Himmel und Erde.«

Ein Lokal wie meine Stehkneipe in der Strossmayerstraße

ist die erste Station jener, die all ihre Zeit dem Bier widmen. Mir scheint, dass sie weniger trinken und seltener das Pissoir aufsuchen müssen als wir anderen. Mit zitternden Händen nippen sie eher an ihrem Krug, als daraus zu trinken, strecken auf diese Weise vorsichtig ihren Kater, bis die Hände allmählich zu zittern aufhören. Am liebsten trinken sie ihr Bier lauwarm und abgestanden. Der alte Kellner streicht für gewöhnlich den Schaum von ihren Krügen, ein Schaum, der ihrer Auffassung nach vor allem im Weg zu sein scheint.

Mir imponiert, dass sie sicher auf den Beinen stehen und nicht auf dem Weg zu irgendeiner Arbeit sind. Sobald die ersten Bierkneipen öffnen, gehen sie vom Trinken im Stehen zum Trinken im Sitzen über, ziehen eine Ecke weiter, um sich in irgendeinem Lokal mit vorgezogenen Vorhängen niederzulassen. Leichtsinnig gehen sie mit ihrem Leben um. Sie verkürzen es und trinken auf eine Schrumpfleber hin, tun das aber im Namen der Freiheit und sind stolz auf das, was sie tun. »Ihr werft euer Leben weg.« Würde man sie darauf aufmerksam machen, hätten sie, fast glücklich, sofort bejaht, was man sagte. Die Sperrstunde ist lediglich eine kurze Pause in dieser ununterbrochenen Zerstörung.

Es sieht aus, als lebten sie für den Moment, als hätten sie weder Zukunft noch Vergangenheit, keine Hoffnung für das Morgen und ein Gestern, das sie bereits vergessen haben. Sie scheinen dahinzuvegetieren, als hätten sie sich statt der Gesellschaft von Menschen jener des Viehs angeschlossen. Die einzige Zeit, die sie interessiert, ist jene, die im Augenblick Raum findet, und sie geben ihr Bestes, um jeden solcher Augenblicke in Bier zu ertränken.

Ihre Mitmenschen behandeln sie, als säßen sie entweder im Gestern oder im Morgen fest. Die, die nichts vergessen haben? Werden als Verlierer angesehen. Beklagenswerte Leute. Bestenfalls harmlose Träumer oder Schwärmer. Und jene mit dem

Blick in die Zukunft? Lügner. Heutzutage schlimmer noch als das: Heuchler, die nicht einmal an ihre eigenen Lügen glauben. Nicht mehr. Sich selbst halten sie für die Einzigen, die trotz Rausch deutlich und klar sehen, nennen sich gerne Realisten, die die Dinge wahrnehmen, wie sie sind, ohne die leiseste Hoffnung darauf, dass es je anders werden könnte.

Der alte Kellner behandelt sie mit dem allergrößten Respekt, als wären sie eine Art verkannter Propheten oder heiliger Narren. »In vino veritas«, pflegt er zu sagen, auch wenn es sich ausschließlich um Bier handelt. »Kinder und Toren sprechen die Wahrheit.« Und manchmal geht er weiter und weist mich diskret auf sie hin, wie sie dastehen und über ihrem Bier lehnen. »Vergessen Sie nicht, dass sie die letzten freien Menschen hier bei uns sind.«

Ich aber finde es merkwürdig, dass ihre Freiheit in etwas bestehen soll, das so offensichtlich eine andere Art der Abhängigkeit ist.

Im Prag der siebziger Jahre gibt es keine Staatsbürger, nur Untertanen. Der Staatsbürger, den es hier lange vor dem Krieg bereits gab (und für mitteleuropäische Verhältnisse waren es ungewöhnlich viele), hat getan, was die Prager immer taten, sobald ein äußerer Feind übermächtig geworden war – er ist zu sich nach Hause gegangen. Hinter der Haustür hat er zusammen mit Handschuhen und Hut auch den Staatsbürger abgelegt, als handle es sich um einen Mantel. Jetzt ist man ausschließlich Untertan.

Bis auf weiteres, auf unbestimmte Dauer, macht der Staatsbürger Pause. Das ist nicht ohne Risiko. Es gibt keine Garantie dafür, dass der Mantel, den man abgelegt hat, noch da hängen wird und sich finden lässt, sobald es wieder Zeit für den Staatsbürger ist. Aber in Prag ist man bereits daran gewöhnt, sich mit Paragrafen, Kleingedrucktem und Parlamentsbeschlüssen zu verteidigen; nicht mehr zu Pferd und mit gezücktem Säbel wie die polnischen und ungarischen Nachbarn, die nach wie vor in Gesellschaften leben, die eher feudal als bürgerlich sind.

Nun sitzt der Untertan also zu Hause in seinem Lieblingsfauteuil und fragt sich, was er zu Mittag essen wird, während er in der Zeitung, in der es nichts mehr zu lesen gibt, die Fußballergebnisse studiert und die Kleinanzeigen zu Kanarienvögeln oder gebrauchten Ventilatoren, die zum Kauf angeboten werden. Eine aufregende und sehr wichtige Tätigkeit. Dort wird er sitzen bleiben, bis ihm das sogenannte politische Klima erneut – wenn auch höchst unsicher, wann – erlaubt, vom Untertan zum Staatsbürger zu werden. Hin und wieder erhebt er sich aus seinem Fauteuil und blickt aus dem Fenster, um sich davon zu überzeugen, dass das Wetter weiterhin rau und kühl ist, oder um nachzusehen, ob es dort draußen etwa Anzeichen von Tauwetter gibt. Seine lange Erfahrung und bürgerliche Vorliebe für Details und die übersehenen Dinge des Daseins haben ihn gelehrt, den geringsten Hinweis auf einen solchen Wetterumschwung zu registrieren. Und sobald er diese Hinweise entdeckt hat, wird er sich aufrichten, Hut und Handschuhe anziehen, um wieder durch die Stadt zu promenieren.

Während der ganzen Zeit, die ich in Prag wohne, lässt das politische Klima keine Spaziergänge zu. Das Regime erlaubt keine Staatsbürger, nur Untertanen. Allerdings nicht mehr in der Rolle von rechtlosen Sklaven, denn das Regime ist mittlerweile schwach und müde und nicht mehr das, was es einmal war; auch die überzeugten Stalinisten von gestern wurden zu desillusionierten Apparatschiks, stärker bedacht darauf, den Schein bereits verlorener Macht aufrechtzuerhalten, als zu versuchen, diese wie früher auszuüben. Aber gerade dieser Schein ist wichtig. Das Regime muss es danach aussehen lassen, als regiere es im Namen des Volkes und dass das Volk auch danach aussieht, als habe es sich dem gefügt. Weder das eine noch das andere ist natürlich wahr, aber jene Politik, die jetzt *normalizace* genannt wird, ist nichts anderes als eine stille Übereinkunft, ebensolche Wahrheiten zu verbergen. Die hierarchische Ordnung von Machthabern und Machtlosen gibt es freilich weiter, aber die strenge Trennung in »wir« und »sie« ist gelockert worden; auf beiden Seiten wurden einst gefestigte Positionen untergraben, korrumpiert oder schlicht und einfach aufgegeben. Wer die übergeordnete und wer die untergeordnete Stellung innehat, ist weiterhin klar, spielt aber keine größere Rolle mehr. Wie ein alter Diener, der vor seinem Herrn kniend ständig dessen Lackschuhe und Seidenstrümpfe in Ordnung zu halten hat, diese jedoch nicht mehr putzt und die Löcher nicht mehr stopft wie früher, der nun gichtgebeugt und auf den Knien vor seinem Herrn entdeckt, dass dieser gemeinsam mit ihm gealtert ist, dass sie einander mit den Jahren immer ähnlicher geworden sind und dass selbst der Herr diesen Umstand entdeckt hat – dass sie jetzt (seit wann eigentlich?) gemeinsam ein Ritual mechanisch ausführen, an dessen ursprüngliche Bedeutung sie sich beide nur mehr dunkel und vage erinnern können.

Das ist die Ordnung, die in Prag gilt und die »Normalisierung« genannt wird.

Nicht, dass das Regime seinen Anspruch aufgegeben hätte, weiterhin zu herrschen – aber weder kann noch will es das wie früher mithilfe von Terror, Gefängniszellen und umfassender Überwachung tun, Methoden, die die Machthaber nur einer geringen Zahl gegenüber für nötig erachten und gegen sie auch einsetzen. Diese stalinistische Repression an den Rändern des Alltags, in Prag von kaum jemandem beachtet, ist eher eine Bestätigung dessen, dass der Gesellschaftsvertrag im Grunde umgeschrieben wurde, und zwar mit der unsichtbaren Tinte der Resignation. Und vor allem ohne dass über die Angelegenheit auch nur ein offenes Wort gesagt oder geschrieben wurde.

Denn die sogenannte Normalisierung bedeutet: Wir, die die Macht haben, versprechen, dass wir euch in Ruhe lassen, wenn ihr versprecht, uns in Ruhe zu lassen. Wir tun so, als regierten wir, und ihr tut so, als ließet ihr euch regieren. Wir befehlen nicht mehr, und ihr tut so, als gehorchtet ihr unseren Befehlen. Ihr braucht nicht mehr als zum Schein zu arbeiten, könnt an euren Arbeitsplätzen stehlen, was ihr braucht, könnt Sommerhäuschen ohne Baugenehmigung errichten, die nötige Bescheinigung oder das bessere Zeugnis für eure Kinder kaufen und müsst nur die rote Fahne aus dem Fenster hängen, zum Schein applaudieren, ohne dass wir nach der Anschauung eurer Herzen fragen werden.

Wir werden euch tun lassen, was ihr wollt, solange es im Stillen geschieht und solange ihr von uns nicht fordert, die Macht mit euch zu teilen.

Das ist ein zynischer Vertrag, eigentlich schlechtes Theater, das wahrscheinlich ohne Bier nicht funktioniert hätte. Aber Bier gibt es im Überfluss, und der Vertrag funktioniert. In Prag treten die Machthaber auf, als teilten sie die Macht mit den Untertanen, und die Untertanen, als seien sie zur Gänze uninteressiert daran, etwas mit der Macht zu tun zu haben. In großen Mengen – und von anderen ist hier nie die Rede – bringt das Bier die Untertanen dazu zu vergessen, dass sie Untertanen sind, und versenkt sie zugleich in jene selige Passivität der Stammtische, die es jenen, die Macht haben, erlaubt, deren Passivität mit Einverständnis zu verwechseln, jedenfalls mit stiller Genügsamkeit. Beide Seiten versuchen einander zu betrügen, können in erster Linie aber nur sich selbst täuschen.

Aber Normalisierung bedeutet auch das: So wie es jetzt ist, wird es immer bleiben. Das ist der kleingedruckte Subtext des Gesellschaftsvertrags. Nichts wird sich hier jemals ändern, weder zum Besseren noch zum Schlechteren. Dieser Subtext ist für alle in Prag offensichtlich, und dessen Bedeutung ist lähmend, eigentlich zutiefst deprimierend, und die einzige Möglichkeit, sich gegen eine so vernichtende Botschaft zu wehren, ist zu versuchen, sie zu verdrängen. Es gilt zu vergessen, und das Bier ist die beste Art, das zu tun. Die vielen Bierkrüge auf dem Blechtablett des Kellners sind die allerwichtigste Voraussetzung der sogenannten Normalisierung, die kollektive Trunkenheit befördert die Verdrängung, derer alle bedürfen, und um die Stammtische sitzen die Untertanen jeden Abend mit den Apparatschiks des Regimes zusammen und widmen sich ebendiesem großen Vergessen; methodisch, aber ohne Leidenschaft.

Am selben Tisch sitzen jene, die die Räder in der Maschinerie der Macht bilden, und jene, die nichts anderes sind als dieser Maschinerie ausgeliefert. Es ist das Bier, das sie zusammenbringt, jene, die Macht haben, und jene, die keine haben, Prager aus allen Klassen und Schichten der Gesellschaft. Denn Prag ist eine egalitäre und gleichberechtigte Stadt. Die allermeisten Unterschiede sind aufgehoben und Rollen oft vertauscht, sodass ein Apparatschik lauter aufs Regime schimpfen kann als der Untertan, der aus rein opportunistischen Gründen ein Parteibuch in der Tasche hat. Niemand ist von irgendeiner anderen Sache besonders überzeugt als der, dass die Dinge sind, wie sie sind. Taucht eine starke Überzeugung einmal auf, so ist sie rasch mit so viel Bier aufgeweicht und übergossen, dass sie all ihre Schärfe und Präzision verliert. In den Bierkneipen der Stadt werden alle Glaubenssätze und das, was aussieht wie Ideologie, auf gleiche Weise behandelt, als Verirrungen in irgendeine Ecke des Bewusstseins gespült, wo sie sich dann als Kopfschmerzen und mitunter als Reue bemerkbar machen, beides Zustände, die sich nur mit weiteren Krügen Bier behandeln lassen.

Glücklich ist, wer vergessen kann: das, was war, aber auch das, was kommen wird.

Allerdings bringt das Bier die Prager auch dazu, zu vergessen, dass die Politik der sogenannten Normalisierung unmittelbar auf den Prager Frühling folgte, dass der gegenwärtige, lähmende Normalzustand mit seinem Bekenntnis zu ewiger Unveränderlichkeit gleichwohl mit einer nahen Vergangenheit zu tun hat, die alle nun so angestrengt zu vergessen suchen, obwohl der Traum des Prager Frühlings – dass Veränderung trotz allem möglich sei – in jener »normalen« Ordnung, die Unveränderlichkeit für alle Zeiten proklamiert hat, in abgewandelter Form in irgendeiner Weise weiterleben muss.

Gibt es da nicht doch eine schwache Hoffnung?

Auch sie wird anscheinend im Bier ertränkt.

In den Bierkneipen verbirgt man sich. Die Zusammenkunft beim Bier ist eine Art passiver und sehr ziviler Widerstand. Ich nehme nicht teil. Ich arbeite nicht. Es kümmert mich nicht. *Non serviam*. Das kann den Anschein einer Art stillen Streiks erwecken, der in nichts anderem besteht, als hin und wieder einen Krug Bier zu heben. Als Protest ist das nicht besonders mutig. Eine kleinbürgerliche Weigerung oder eine Form kindlichen Trotzes, aber dennoch ziemlich wirkungsvoll.

Denn in Prag wird sehr wenig gearbeitet, und sobald Bier in der Nähe ist, überhaupt nicht.

Die einzige Ausnahme, die ich kenne, ist das Café im Hotel Europa auf dem Wenzelsplatz, traditionell eine der vornehmsten Adressen der Stadt. Im Café trifft sich eine kleine Schar von Schwarzmarkthändlern, die hier ihr Bier trinken und sich um ihre Geschäfte kümmern, während die Kellner sie wie große Künstler behandeln und für sie tagtäglich zwei oder drei Tische reserviert halten. Einer der Händler ist Herr Sámek, ein Asthmatiker mit hitzigem Temperament, von dem erzählt wird, dass er sogar mit den Russen Geschäfte macht: Die hochschaftigen Lederstiefel, die die einquartierten Soldaten aus den Vorräten der Roten Armee stehlen, bezahlt er mit billigen Digitaluhren. Herr Sámek sieht aus, als übe er sich in Beherrschung, ohne dass dafür ein Grund vorzuliegen scheint. Hinter seinem stets ausdruckslosen, unbeweglichen Gesicht verbirgt sich eine Art abgestumpfte Brutalität, eine zugleich vergrämte und böswillige Wachsamkeit. An seinem Platz am Stammtisch gleicht er einem Krokodil oder einer großen Echse. Von hier aus geht er jeden Tag seiner Arbeit nach, ohne dass jemand auf die Idee gekommen wäre, ihn zu fragen, worin diese eigentlich besteht.

Herr Sámek ist als Einziger unter den Händlern kein Kettenraucher, zieht stattdessen regelmäßig ein kleines Lederetui mit Nagelfeilen hervor, mit denen er sich der Maniküre widmet. Zwischendurch streckt er seine Hände vor und untersucht sie gründlich. Herr Sámek trinkt Kaffee und erst am späteren Nachmittag ein oder zwei Bier. Alle Händler sind angestrengt mit ihren Kalkulationen beschäftigt. Den ganzen Tag sitzen sie über Papiere mit Tabellen und Ziffern gebeugt, die sie auf ihren Tischen ausgebreitet haben wie hohe Offiziere ihre Karten vor einer Schlacht. Mit den anderen Gästen des Kaffeehauses befassen sie sich nicht, und es erweckt nicht den Eindruck, dass ihre Tätigkeit aus mehr besteht als aus Rechnen, Rauchen und Biertrinken. Bisweilen steht einer von ihnen mit einem Papier in der Hand auf und tritt an den anderen Stammtisch heran, um dort etwas vorzuzeigen; mit einem Stift tippt er auf sein Papier, während die Kellner volle Aschenbecher tauschen und weiteres Bier bringen.

Lediglich Herr Sámek nimmt an der Rechenarbeit nicht teil. Für gewöhnlich sieht er sich übellaunig im Lokal um, als wäre er auf der Jagd nach einem Feind oder zumindest jemandem, den er beleidigen kann. Statt zu rechnen zieht er es vor, uns zu beschimpfen. Hin und wieder betritt einer der Außendienstmitarbeiter der Händler das Café und steuert direkt auf ihre Tische zu, ohne dass die Händler jedoch den Blick von ihren Papieren heben oder sie bitten, Platz zu nehmen; einige von ihnen sind arabische Studenten, die wir flüchtig kennen. Die Besucher bleiben stehen, einer beugt sich schnell hinunter und flüstert etwas ins Künstlerohr, ehe sie verschwinden. Gelegentlich lässt jemand sich an unserem Tisch nieder, um sich dann wieder auf den Weg zu machen.

Im Volksmund wird das Hotel Europa in Prag *arabský dům* genannt, das arabische Haus.

Herr Sámek arbeitet nicht mit Arabern. Sein Revier liegt unmittelbar vor dem Fenster zur Straße, wo er die rot-gelben Straßenbahnen überblicken kann, die vom Ring her quietschend auf den Wenzelsplatz einbiegen, und die Stände der Amateursammler auf dem Gehsteig, die dort an den Wochenenden Abzeichen und Briefmarken miteinander tauschen. Öfter noch aber starrt er mit leerem Blick geradeaus übers Lokal, in Gedanken versunken und ohne dass er etwas zu sehen scheint, bekommt dabei uns in den Blick und ruft mürrisch: »Verpisst euch, Burschen!« Wahrscheinlich braucht er Erholung. Sein Arbeitstag ist gewiss lang und anstrengend, und wir vermuten, dass er mit seinen bellenden Ausfällen seine Nerven auf unsere Kosten und mit Zustimmung der Kellner beruhigt. Sie tun, als sei nichts geschehen.

Wieder wird Bier gebracht und ein Kaffee für Herrn Sámek.

Herr Sámek atmet so schwer und starrt uns so bittergallig an, dass wir das, was er sagt, nicht richtig ernst nehmen können. Wenn er sich an unserem Tisch vorbeidrängt, um zur Toilette zu gehen oder zu telefonieren, schenkt er uns ein süßsaures Lächeln seines kleinen, violetten Karamellmunds, nennt uns »kleine Kameltreiber« und verpasst jenem von uns, der ihm zufällig am nächsten sitzt, mit den Fingerknöcheln eine Abreibung am Kopf. Kann man dagegen etwas tun? Nein, kann man nicht. Angenehm ist es nicht, aber auch nicht besonders bedrohlich.

Wir lassen es geschehen.

An seinem Fenstertisch zählt Herr Sámek sein Geld. Nur Scheine, keine Münzen. Er bewahrt sie in dicken Bündeln auf, durch Gummibänder voneinander getrennt. Herr Sámek flucht laut, wenn er das Gummiband von einem dieser Bündel streifen muss, um seine Barmittel noch einmal durchzuzählen. Die Geldbündel hat er in seiner Mantel- oder Jackentasche verstaut, weshalb er immer, wenn er das Café betritt, wie die Verkörperung einer etwas unförmigen finanziellen Mobilität wirkt.

Auf Herrn Sámeks Geldscheinen sind die Untertanen des Landes als Staatsbürger abgebildet: Rechteckige, kräftige Kiefer, wie Granit oder Zement entsprungen, verunstalten ihre Gesichter und rüsten sie mit einer heroischen Entschlossenheit aus, die ihnen in Wirklichkeit fremd ist. Ihre schmal zusammengepressten Lippen – als hätte man ihre Gesichter mit dem Schnitt eines Rasiermessers geöffnet – erlauben ihnen anscheinend nicht, etwas zu sagen. Stumm starren sie auf irgendein entlegenes Ziel, nicht abgebildet auf dem Geldschein, auf dem sie hinter dem Steuer eines Traktors sitzen, an einer Fräsmaschine stehen oder mit einem gegen das Licht gehaltenen Reagenzglas in der Hand, in Arbeitermontur oder Labormantel, oder mit einer Maschinenpistole an die medaillengeschmückte Brust gedrückt, obwohl die wenigen, die hier eingezogen werden, ihren Militärdienst damit zubringen, Kartoffeln auszugraben und den Kolchosebauern zu helfen, die Ernte einzubringen.

Wie die Kellner sehen wir in diesen Händlern – und vor allem in Herrn Sámek – große Artisten, wenngleich sie eher eine Form von schwarzer Magie praktizieren als echte Kunst. Wir bewundern sie, halten uns aber mehr aus Vorsicht als aus Respekt am Rande. Sie stehen ja trotz allem auf der anderen Seite des Gesetzes; als angemessenen Umgang kann man sie nicht bezeichnen. Die Händler im Café des Hotels Europa leben vom allgegenwärtigen Mangel. Sie nutzen ihn aus, indem sie ihn überwinden, an ihm parasitieren und von dem profitieren, was es nicht gibt, verwandeln ihn einfach in Gewinn, indem sie sich weigern, den Mangel als alleinigen Ausgangspunkt und Endstation anzuerkennen. Alles kann geregelt werden. Alles ist zu bekommen. Alles lässt sich organisieren. Manchmal durch komplizierte Kombinationen oder Ketten von Transaktionen, bei denen die Waren zwischen den Händlern und ihren verschiedenen Abnehmern hin- und hergeschoben werden, bis das, was ursprünglich nachgefragt wurde, bei jenem Kunden landet, der die Sache ins Rollen brachte.

Woher kommen Wörter wie »organisieren« oder »kombinieren?« Das Funktionelle daran gefällt uns. Solche Wörter haben eine glatte und kühle Oberfläche wie die von Metall, und dieser klinische Funktionalismus scheint moralisch belastende Wörter, etwa das Wort »wie«, wegzustoßen. Auch wir übernehmen eine ganze Menge von den Wörtern und Begriffen der Händler, ohne uns darum zu kümmern, wofür sie eigentlich stehen. »Eine Gelegenheit haben« kann bedeuten, einen Extraschlüssel für ein Büro machen zu lassen, von dem aus man abends ungestört ins Ausland telefonieren kann; eine »Kombination« ist, wenn ich beim Fleischer Kalbsschnitzel gegen eine italienische Aktentasche aus Leder tausche, für die ich keine Verwendung habe (»Her damit! Nur her damit!«); und mein Schreibmaschinenpapier habe ich »organisiert«, indem ich mir einfach einen Stoß aus dem Lesesaal des Klementinums mitnahm, wo ihn jemand unbewacht liegen ließ, während er oder sie draußen war, um zu rauchen. Ich weiß, dass man in Prag nicht an Wahlen teilnimmt, sondern sich »arrangiert« hat. Auch an Demonstrationen nimmt man nicht teil, sondern wird zu einer »Kundgebung« beordert.

Diese Wörter sind beschönigende Umschreibungen, die auf moralischer Ebene von Selbstzensur handeln. Sie sollen uns von unserem quälenden Gewissen befreien, uns reinwaschen und in ein besseres Licht rücken, indem sie uns dabei helfen, uns selbst zu belügen. Bei den Händlern sind diese Wörter nichts anderes als reine Lügen, ohne dass sie das weiter kümmert, aber wenn wir ihre Wörter benutzen, gelingt es uns nicht, sie sehr viel wahrer zu machen. Und auch bei uns ist es der Mangel, der sie veranlasst: Es ist der Mangel, der uns zuerst abgefertigt hat, mit Sätzen wie »Das gibt es nicht« oder »Das haben wir nicht«, Sätzen, die in Prag in der Luft liegen, um uns dann zu unseren kleinen Diebstählen und moralischen Bedenken zu nötigen, zu einer Sprache schließlich, mit der wir versuchen, diese verschwinden zu lassen.

Eigentlich ist es nur folgerichtig, dass der Mangel auch die Sprache in Beschlag nimmt, nachdem er bereits so viel anderes in Beschlag genommen hat. Es ist schwierig, sich an diesen Gedanken zu gewöhnen und daran, dass wir es so widerstandslos geschehen lassen. Der Mangel ist wie Metastasen in unsere Alltagssprache gedrungen und hat dort die Wörter angegriffen, Sinn und Wahrheit aus ihrem Inneren geschält, bis sich die Wahrheit anscheinend nur noch durch Schweigen ausdrücken lässt, gewissermaßen ein der Sprache eigenes schwarzes Loch.

Herr Sámek und die anderen Schwarzmarkthändler im Café des Hotels Europa benehmen sich, als wäre das Café ihr Büro. Keinen Augenblick lang scheinen sie darauf bedacht, nicht aufzufallen, sich nicht hervorzutun. Das lässt uns Verdacht schöpfen. Arbeiten Herr Sámek und die anderen Händler für die Polizei? Wir können es nicht ausschließen. Ihre Tätigkeit kann der Aufmerksamkeit der Polizei nicht entgangen sein, so offen und ungeniert, wie sie sich im Kaffeehaus ihren Geschäften widmen und ihre Laufburschen und Handlanger empfangen. Aber wir sind uns über die Formen einer solchen Zusammenarbeit nicht im Klaren. Sind sie der verlängerte Arm der Polizei, wenn auch ohne Uniform? Berichtspflichtig, mit einem Dienstgrad ausgestattet und auf die Gehaltsliste gesetzt? Oder betätigen sie sich sozusagen als freie Mitarbeiter, die von der Polizei toleriert werden, solange sie diese mit Schmiergeldern und kleineren Gefälligkeiten auf Abstand halten können?

Die Polizei in Prag befindet sich auf der Bartolomějská in der Altstadt. Das Hauptquartier erstreckt sich über einen gesamten Block, ein ordentlich verputztes Gebäude mit Eisengittern vor allen Fenstern, das früher ein Karmeliterkloster war. Schon durch seinen düsteren Ruf hebt es sich von den barocken Palais und Kirchen der Umgebung ab. Im Korridor, der als Warteraum für uns ausländische Staatsangehörige dient, werben ausgebleichte Plakate des staatlichen Reisebüros für einen Urlaub in den slowakischen Bergen oder dafür, einfach zu Hause zu bleiben. Dennoch hoffen die allermeisten, die da im Korridor warten, noch viel weiter weg reisen zu dürfen: Auf der Bartolomějská werden jene Stempel und Unterschriften ausgefertigt, die wir Ausländer brauchen, um das Land verlassen zu dürfen und später wieder zurückkehren zu können, in anderen Korridoren, was die eigenen Staatsangehörigen als Grundlage für einen Pass brauchen, der dann, sobald er für die bewilligte Reise verwendet wurde, in die Bartolomějská zurückgebracht werden muss.

Immer gibt es irgendein Dokument oder einen Stempel, der fehlt, und immer ist es die Polizei, die hat, was man braucht. Einen Stempel braucht man, um festzuhalten, dass der Stempel auf der vorhergehenden Seite des Dokuments jener Stempel ist, für den er sich ausgibt. In den meisten Fällen müssen wir zudem wegen verschiedener Formulare hierherkommen, ohne die wir unsere Angelegenheit nicht einmal in die Wege leiten können. Über die ersten Weihnachten in Prag will ich einige Tage nach Stockholm heimreisen, aber bevor ich eine Zugfahrkarte kaufen kann, muss ich Bestätigungen sämtlicher öffentlicher Bibliotheken Prags einholen, dass ich die entlehnten Bücher zurückgebracht habe. Außerdem eine Bescheinigung der Prager Stadtverwaltung, dass ich nicht Vater irgendeines Kindes bin, für das ich Unterhaltspflicht habe. In der Kinderfrage will man mir nicht zu meinen Gunsten anrechnen, dass ich erst einige Herbstmonate hier verbracht habe.

Ich gebe auf und bleibe in Prag.

Im Korridor auf der Bartoloměјská stehen wir entlang der Wände, lehnen uns an oder sitzen auf den Armstützen der klapprigen Metall- oder Plastikfauteuils, die sich hier und da auf dem langen Gang befinden, dessen Fußboden mit Zigarettenstummeln übersät ist, obwohl es hier mehr Aschenbecher als Sitzplätze zu geben scheint. Wir warten vor geschlossenen und versperrten Türen; keine Fenster, um einen Blick in die Räume dahinter zu werfen. Die Türen sind mit einer dicken Polsterung versehen, mit grauem oder rotem Plastik bezogen, das Leder imitieren soll. Jene, die hier die Macht besitzen, haben sich hinter dick wattierten Türen eingeschlossen, während wir still und oft ängstlich im Korridor davor sitzen. An einer solchen Tür kann man nicht klopfen. Auch Türklingeln gibt es nicht. Keine Lautsprecher. Niemand wird aufgerufen. Immer, wenn ein Apparatschik sein Zimmer verlässt, sperrt er erneut sorgfältig ab, nun aber von außen.

Direkt vor unseren Augen: Wir alle können sehen und hören, wie der Schlüssel im Schloss umgedreht wird.

Eine solche Tür macht den Kontakt zwischen jenen, die drinnen, und uns, die draußen sind, unmöglich und lässt mich an die gepolsterten Zellen eines Narrenhauses denken. Nur dann, wenn einer der Apparatschiks sein Dienstzimmer in irgendeiner persönlichen Angelegenheit verlässt, kann man versuchen, Zutritt zu bekommen; die Tür wird plötzlich geöffnet und jemand tritt mit einem Essenstablett oder einer leeren Bierflasche heraus, als wolle er zeigen, dass das Leben – sein Leben – weitergeht, auch wenn wir da draußen auf dem Korridor nach wie vor warten müssen und niemand, auch er nicht, sagen kann, wie lange noch.

Oder dann, wenn ein solcher Apparatschik auf dem Weg zurück in sein Zimmer auf dem Korridor auftaucht, diesmal mit einem Gulasch und einigen Knödeln auf dem Tablett. Das ist unsere Chance. Es ist entscheidend, vor den anderen, die warten, an ihn heranzutreten (ohne dabei ans Tablett zu stoßen), um knapp und verständlich das jeweilige Anliegen vorzubringen, während er mit der rechten Hand in seiner Tasche nach dem Zimmerschlüssel sucht, um die Tür aufzuschließen.

Ein Gefühl der Erleichterung ist die erste Reaktion bei jedem, der es geschafft hat, ein solches Zimmer zu betreten. Und danach Verwunderung. Es stellt sich heraus, dass die Zimmer hinter den gepolsterten Türen der Polizei auf der Bartoloměјská miteinander durch Seitentüren verbunden sind. Ohne wattierte Polsterung. Auf der anderen Seite, unsichtbar für die im Korridor Wartenden, gibt es einen weiteren langen Korridor, der parallel verläuft. Oft stehen die Seitentüren halb offen – aus dem Nebenzimmer rechts oder links kann man hören, wie jemand mit den Zeigefingern auf einer Schreibmaschine tippt, vielleicht einige gedämpfte Worte eines Gesprächs verstehen oder ein plötzliches Lachen, das hier unpassend klingt, fast unheimlich. Diese zur Hälfte geöffneten Türen machen auf den Besucher einen beängstigenden Eindruck. Es ist leicht, sich vorzustellen, wie ähnliche Türen in andere Räume weiterführen und von dort in noch entfernter gelegene Räume, ein verschlungenes System aus Kanzleien und Vorzimmern wie in unterirdischen Katakomben oder in einem Labyrinth, obwohl wir uns hier in einer Institution im Dienste des Volkes befinden.

Die Möbel im Raum sind schlicht, von jener Sorte, die man aus dem Vorrat jeder größeren Verwaltung bestellen kann. Oft sind sie stark abgenutzt. Auch die Böden sind hier abgetreten und verfärbt, mit faulem Holzmehl in den Ecken, und in allen, die ich im Verlauf von zwei Jahren kennenlerne, stehen die gleichen kleinen klapprigen Tische mit einer Vase ohne Blumen, und hinter dem Schreibtisch sitzt der gleiche Apparatschik, alltäglich und wortkarg. Der Ausdruck in seinem Gesicht wechselt zwischen Überdruss und gutmütiger Zerstreutheit, die nichts mit dem Anliegen des Besuchers zu tun haben. Genau wie ihre Zimmer wirken auch die Personen hinter den Schreibtischen identisch und völlig austauschbar. Es kommt vor, dass von einem Apparatschik zum anderen der gleiche Schmalzfleck auf der Krawatte auftaucht, als handle es sich um eine Kaste, von einer uns erst teilweise bekannten Zivilisation hervorgebracht, die sich in diesen Katakomben eingerichtet hat.

Und in jedem einzelnen der Zimmer muss man auf dieselbe Weise auftreten: auf nichts pochen, sich demütig zeigen, sich auf Paragrafen und Bestimmungen nicht zum eigenen Vorteil beziehen, stattdessen mit leiser und unsicherer Stimme sprechen, als hätte man bereits im Vorhinein die Hoffnung aufgegeben, dass sich in eigener Sache etwas machen lässt. Hier darf man nichts erwarten. Ein falsches Wort, und alles kann ins Stocken geraten. Mit Hilfe ist nicht zu rechnen. Alles andere wäre eine Überraschung, die sofort mit der untertänigsten und kriecherischsten Dankbarkeit quittiert werden müsste.

Ich verbringe viel Zeit auf dem Korridor in der Bartolomějská, jedes Mal in irgendeiner wichtigen Angelegenheit, die mir gleichzeitig vollkommen unnötig und absurd vorkommt, darüber hinaus auch als Zeitverschwendung, wenn Zeit nicht das Einzige wäre, das wir zu verschwenden haben. Während ich warte, versuche ich ein Buch zu lesen, muss aber ständig von den Seiten aufblicken, um die geschlossene Tür und jene zu bewachen, die mit mir warten. Das Buch dient weniger dazu, mir das Warten zu vertreiben, als zu demonstrieren, dass ich nicht warte, dass ich nur zufällig vorbeigekommen bin und nun gerne bleiben möchte. Das Beste, was man tun kann, ist, so früh wie möglich da zu sein, bevor sich das Hauptquartier der Polizei gegen Mittag in einen Bienenstock verwandelt. In die große Halle strömen von der Bartolomějská her bald unablässig die Besucher ein und wieder aus, auf dem Weg zu oder von jenem Korridor, auf dem ihre Anliegen bearbeitet werden; und ich bin früh da, über Ostern will ich nach Krakau reisen, brauche dafür aber ein Einreisevisum zurück nach Prag, und als ich durch die Halle in Richtung meines ausländischen Korridors gehe, sehe ich plötzlich Herrn Sámek.

Mitten im Gewimmel steht er da und diskutiert etwas mit einem Polizisten in Uniform, beharrend und aufdringlich. Es sieht aus, als versuche Herr Sámek ihn von etwas zu überzeugen, als höre der Polizist aufmerksam, aber leicht zurückgelehnt zu, abwartend und verhalten misstrauisch gleichermaßen.

O Prag, mit Bierschaum auf den Lippen der Barockengel und Polizeispitzel, mit Pilsner statt Wasser aus deinen ewig plätschernden Springbrunnen!

Was ich gesehen habe, ist vielleicht nicht mehr als das, was ich glaube, gesehen zu haben. Es ist wohl kaum wahrscheinlich, dass Herr Sámek dort in der Halle des Polizeihauptquartiers mitten unter uns Berichte abliefert und Instruktionen entgegennimmt. Trotz seiner Geschäfte im Café des Hotels Europa ist eher anzunehmen, dass er in derselben Angelegenheit in der Bartolomějská ist wie wir anderen – vielleicht ist er aber zum ersten Mal hier und versucht sich zu informieren, welcher Korridor in seinem Fall der richtige ist.

Herr Lustig, nunmehr Lukáš, hatte vor Theresienstadt und Auschwitz sowohl Ärzte, Anwälte und Bankiers in der Familie, genau wie ich. Seinen deutschen Nachnamen hatte er aus überaus verständlichen Gründen nach dem Krieg abgelegt, nachdem die Deutschen während des Krieges versucht hatten, ihn loszuwerden; der Name, der ihn beinahe sein Leben kostete, wurde gegen jenen des Evangelisten ausgetauscht, den nüchternsten und sachlichsten unter ihnen. Doch auch die beruflichen Pläne zum Erhalt der Familie, die sich als untauglich erwiesen hatten, wurden ausgetauscht. Als einziger überlebender Lustig, nunmehr Lukáš, widmete er sich nach dem Krieg etwas so Abenteuerlichem wie der Kunst. Die Zeiten hatten sich geändert und mit ihnen die Pläne. Zumindest kann das seine Hoffnung gewesen sein.

Herr Lukáš, vormals Lustig, hatte zu malen begonnen. Nicht ohne Talent, darüber hinaus auch zu fotografieren und zu filmen. Mit großem Eifer gestaltet er Dokumentarfilme über andere, talentiertere Künstler als ihn, Filme, die ohne Schwierigkeiten durch die Zensur kommen und zur besten Sendezeit im Staatsfernsehen gezeigt werden. Sie werden nicht nur von den Kritikern geschätzt. Davon können Herr Lukáš und seine Familie gut leben. Mit der Kunst verdient er somit sein Brot; mein Vater hätte sich sämtliche Details verbeten, wenn ihm zu Ohren gekommen wäre, in welcher Gesellschaft ich in Prag gelandet bin.

Dennoch ist Herrn Lukáš' Wechsel von einer untadeligen Bourgeoisie der Vorkriegszeit in diese zwar erfolgreiche, aber trotz allem bohemehafte Existenz bedenklich. Zumindest in den Augen der Stadt Prag. Kunst ist nichts Ordentliches, selbst wenn man zur Not damit seinen Unterhalt verdienen kann. Ausgeübt wird sie schließlich auf Kosten anderer. Zudem geht es darum, Dinge zu erfinden, die es nicht gibt. Jene, die Kunst machen, zieht sie eher nach unten, als dass sie sie erhöht. In Herrn Lustig-Lukáš' Fall kann man für all das die Schuld wohl Auschwitz geben, das aber als Erklärung für die umfassende Deklassierung nicht ausreicht, die in Prag mit dem Krieg Einzug hält und auch nach dem Krieg nicht endet. Im Gegenteil. Kurz nachdem die politische Ordnung der Gesellschaft im Schatten Stalins zerstört ist, nimmt die Deklassierung erneut Fahrt auf und erfasst auch jene, die sich bis dahin in Sicherheit wähnten. Klasse ersetzt Rasse. Allein mit Auschwitz lässt sich das nicht ohne weiteres erklären, und bald befindet sich Familie Lukáš in Gesellschaft zahlreicher anderer, die vor dem Krieg nicht selten mit Deutschen mehr gemeinsam hatten als mit Juden.

Neue Zeiten. Bald auch neue Sitten und Gebräuche. Und Not kennt kein Gesetz. Nur wenigen ist es gelungen, sich ins Ausland zu retten, und jene, die übrig sind, können es sich nicht mehr leisten, es so genau zu nehmen. Es handelt sich um eine neue Gemeinschaft, bestehend aus einer Handvoll Aristokraten, einer größeren Schar von Bürgern und dem ein oder anderen Kohn oder Grünfeld. Sie alle sind an den Rändern des Lebens gelandet. Die sogenannten politischen Umstände zwingen sie ein ums andere Mal zu Zugeständnissen – falls sie nicht bereit sind aufzugeben, was von ihrer Lebensweise noch vorhanden ist, sind sie, um diese aufrechtzuerhalten, auf andere angewiesen, mag dem auch der frühere Glanz fehlen und sie das in Gesellschaft von Leuten bringen, die sie vor dem Krieg ignoriert hätten oder ihnen aus dem Weg gegangen wären. Höflich, versteht sich. Mehr aus Gewohnheit als aus Überzeugung hätten sie damals den Bürgersteig gewechselt.

Als ich nach Prag komme, ist diese Schar bereits geschrumpft. Und abgenutzt – die Vorkriegsanzüge der Herren sind beim Schneider so häufig geändert worden, dass selbst sie ihre Taschen nicht mehr finden können, die Damen nach einer Mode gekleidet, die weit hinter die vom letzten Jahr zurückreicht. Prag ist ausreichend groß, um sie, nicht wissend voneinander, parallele Leben führen zu lassen. Jedoch entstehen oft genug kleine provisorische Gemeinschaften, die Geheimbünden ähneln. Sie alle haben Hitler und Stalin überlebt, während sie jetzt, durch die sogenannten Umstände aufeinander angewiesen, versuchen, miteinander Umgang zu pflegen, als wären sie ebenbürtig und seit jeher bekannt, selbst dann, wenn nur jene, die früher Goldstein und Lustig hießen, sich gezwungen sahen, ihre Namen zu wechseln.

Diese neue und unwahrscheinliche Zusammengehörigkeit wird von ebendieser Notwendigkeit viel stärker bestimmt als von Sympathie. In einem aufrichtigen Moment gestünden sie das vermutlich auch ein, falls jemand fragte. Aber es fragt niemand, so wie niemand nach den intimsten Geheimnissen einer Zwangsgemeinschaft fragt. Statt aus Sympathie muss sie von etwas zusammengehalten werden, was sie für gewöhnlich »die politische Lage« oder »das historische Schicksal« nennen. Es ist, wie es ist. Und gegen das, was ist, bieten sie die Gewohnheit auf. Diese steht im Bund mit dem, was war, aber nicht mehr ist. Die Gewohnheit kommt in Symbolen oder Ritualen zum Ausdruck, und deren gestaltende Kraft ist beträchtlich: Sie lässt einen Zeitungsleser aussehen, wie ein Zeitungsleser aussehen soll und immer ausgesehen hat, obwohl es keine Zeitungen gibt; eine Tasse Kaffee schmecken, wie sie es soll und immer getan hat, obwohl der Kaffee ungenießbar ist; die Prager denken und glauben, was sie sollen und immer gedacht und geglaubt haben, obwohl sich heutzutage niemand dafür interessiert, was sie denken und glauben.

Die Stadt selbst verstärkt diese Macht der Gewohnheit. Prag kommt mir vor wie eine einzige große Theatervorstellung, in der weiterhin alle ihre Rollen spielen, auch wenn diese einer Wirklichkeit entstammen, die längst abgeschafft wurde. Entfernt erinnert das an das ebenso unwirkliche Schauspiel, das die jungen Radikalen meiner eigenen Generation zu Hause in Stockholm aufführen. Aber hier in Prag ist es kein Spiel, keine Generalprobe dessen, was noch nicht geschehen ist. In Prag ist alles bereits geschehen. Was sich in Stockholm nicht ernst nehmen lässt, handelt hier von Verlust, Überleben und Würde. Trotzdem dauert es eine Weile, bis ich verstehe, dass diese Pflege der Gewohnheiten und Traditionen in erster Linie Protest ist. Ein verstohlener, beinahe geheimer Protest, der in seiner Diskretion mitunter schwer zu entdecken ist. Als Gewohnheit und Tradition muss er sich verkleiden, weil diese in der Öffentlichkeit nicht zugelassen sind: Keine Kritik an der Ordnung ist erlaubt, keine an Staat oder Partei, keine Brandreden von Tribünen und Rednerpulten, keine Plakate, Pamphlete oder Flugblätter, nicht einmal ein kritischer Leserbrief in den Zeitungen.

Manche lesen die Zeitung, weil sie müssen. Andere weil es die einzigen Zeitungen sind, die es gibt. Herr Lukáš liest sie ausschließlich aus alter Gewohnheit, und falls er auf die Idee verfiele, sie von vorne nach hinten zu lesen, bekäme er große Schlagzeilen und viele Spalten geboten, die von der Welt handeln. Und mit dieser steht es immer zum Besten. »Mit bester Bilanz zum Parteitag.« »Der Parteitag ist eröffnet.« Oder am Tag darauf: »Die Tagung wird fortgesetzt.« Tag drei: »Der Parteitag geht in seinen dritten Tag.« Tag vier: »Der Parteitag hat seine Arbeit abgeschlossen.« Sehr erfolgreich, könnte Herr Lukás feststellen, falls er es lesend durch die eng gesetzten Textmassen geschafft hätte. Oder: Irgendjemand wurde von jemand anderem auf einem Flughafen begrüßt. Auf einem anderen

Flughafen hat ein anderer irgendjemanden verabschiedet. »So wie wir heute arbeiten, werden wir morgen leben.« Schwer in Zweifel zu ziehen und kaum eine Nachricht. Aber auch das steht auf der Titelseite von Herrn Lukáš' Zeitung. Ebenso, dass die Arbeitslosigkeit explodiert. Wie bitte? Aber auch damit hat es seine Richtigkeit, denn der Artikel handelt von Amerika.

Aber für eine Welt, in der jeden Tag alles seine Richtigkeit hat, interessiert sich Herr Lukáš nicht und beginnt deshalb seine Zeitung von hinten zu lesen. So ist das nicht vorgesehen. Von hinten hat nichts seine Richtigkeit, und an dieser Unordnung ist all das Kleingedruckte schuld, insbesondere dieses Gewirr an Kleinanzeigen. Dennoch gibt es hier vieles von weit größerem Interesse als die Frage, wie es um die Welt stehe: Jemand sucht einen gebrauchten Kühlschrank. Wer hat meine entlaufene Katze gesehen? Weiß mit einem schwarzen Ohr und schwarzen Pfoten. Hört auf den Namen Fifi. Gesucht: alte Ansichtskarten, die Venedig, Abbazia oder Triest zeigen. Achtung! Kein Interesse an Dresden oder Briefmarken.

Bis zu dieser Stelle hat Herr Lukás seinen Kaffee, der nicht mehr nach Kaffee schmeckt, fast ausgetrunken. Wer hat Wimpel der Weltausstellung in Brüssel 1958 zu verkaufen? Verkaufe ein paar Handschuhe aus bestem Sämischleder (Chamois). Oder: Möchte mit der Dame in Kontakt treten, die letzten Mittwochnachm. eine Packung Teegebäck in der Konditorei in Vinohrady vergessen hat. Herr Lukás grübelt über das, was er liest, und über die Tatsache, dass nur die Kleinanzeigen in Frieden gelassen werden, eine unzensurierte Welt, in der ein paar Stallkaninchen oder vier gebrauchte Winterreifen (wie neuwertig!) zum Verkauf angeboten werden.

Zwei oder drei Zeilen, die kleinen Notrufen gleichen, kaum hörbare Proteste des Alltags.

Doch in Prag werden alle Äußerungen von Protest und Widerstand bekämpft, die mehr Platz einnehmen als zwei oder drei Zeilen. Unabhängig davon, ob es sich um mündliche oder schriftliche Formen handelt. Am wirkungsvollsten geschieht das, indem man den Protest erstickt, bevor er Hand oder Mund erreicht. Solange er sich im Kopf befindet und noch keine physische Gestalt angenommen hat, bleibt er eingesperrt; er ist ungehört und ungelesen, deshalb weit weniger Bedrohung. Jeden Protest im Kopf des Urhebers zu verschließen ist effektiver, als ihn selbst in eine Zelle zu sperren. Und was Seele genannt wird, ist einfach leichter zu unterwerfen als der Körper – eine gesamte Gesellschaft kann zum Schweigen gezwungen werden, während es so gut wie unmöglich ist, eine gesamte Nation einzusperren.

Davon steht nichts in Herrn Lukáš' Zeitung, bestenfalls zwischen den Zeilen: Der kritische Bürger hat in Prag keinen Platz in der eigenen Gesellschaft. Er wurde durch einen Untertan ersetzt, dessen Stimme man nur hört, wenn er in den großen Chor der Zustimmung einfällt. Darüber hinaus hat der Untertan zu schweigen oder muss damit rechnen, der Zensur und im schlimmsten Fall Repressalien ausgesetzt zu sein. Und trotzdem ist er körperlich frei; ungehindert kann er sich im öffentlichen Raum bewegen, selbst wenn er dort Protest und Widerstand verkörpert, immer dann etwa, wenn die Prager den Hut voreinander ziehen, ein Herr einer Dame die Hand küsst, die Tür aufhält oder aufsteht, um jemandem einen Sitzplatz zu überlassen, der ihn eher braucht.

Ältere Menschen? Menschliches Strandgut aus der Vergangenheit?

Dennoch Beispiele aus Fleisch und Blut, für alle sichtbar. Widerstand? Ja. Zumindest symbolischer Widerstand, ein ziviler Protest. Denn all das sind Gesten oder Zeichen des Respekts und der Toleranz, die gegen eine Ordnung kämpfen, die auf Zwang und Unterwerfung errichtet ist. Ständig verneigt und verbeugt man sich, küsst die Hand oder lässt jemandem den

Vortritt, und das mitten im Alltag. Mit ihrer physischen Präsenz erweisen viele Prager täglich und auf offener Bühne Respekt gegenüber ihren Mitmenschen, der auch jene Gedanken und Ansichten umfasst, die ausschließlich in deren Köpfen existieren. Die vielleicht größte Niederlage der »Normalisierung« in Prag ist, dass man gegen diesen körperlichen Ungehorsam nichts unternehmen kann.

Obwohl man es versucht hat. Zehn Jahre vor meiner Ankunft in Prag noch grüßten die Kommunisten einander mit geballter Faust. Die Faust hatten sie dem Arbeiter entliehen, der sie nur selten ballte, aber da sie der Meinung waren, dass er es tun sollte, geschah das nun an seiner Stelle. Diese geballte Faust galt als revolutionär. Zumindest als proletarisch, obwohl das jenen Arbeiter verwirren musste, dem lediglich eingefallen wäre, die seine um den Stiel eines Hammers, um einen Hebel oder einen Griff zu schließen. Der Gruß der Kommunisten jedoch war eine geschlossene Faust um regelrecht gar nichts – hätte die Hand sich geöffnet und jemandem entgegengestreckt, wäre sie leer gewesen. Also blieb sie geballt. Geballt sollte sie Entschlossenheit und geeinte Kraft symbolisieren, eine Faust, bereit zuzuschlagen oder einen Feind zu bedrohen statt einen Freund zu begrüßen.

Gleichwohl blieb sie leer.

Oder war sie eine Mahnung an andere Genossen, dass die Welt gefährlich war? Dass es galt, wachsam und bereit zu sein? Niemals zu ruhen? Aber die sogenannte »Normalisierung« schaffte die allerletzten geballten Fäuste ab; der traditionelle Gruß der Genossen war mitten in Prag zu einer zivilen Geste verkommen, einem verlegenen Winken, das verriet, wie sehr die Wachsamkeit nachgelassen hatte und dass niemand mehr bereit war, wie früher sofort zuzuschlagen. Die geballte Faust passte zum Hemd mit offenem Kragen und ohne Krawatte (eine Krawatte wäre suspekt gewesen, eine Fliege konterrevolutionär), nicht aber zu einer Kopfbedeckung. Die Genossen waren aus Überzeugung barhäuptig.

Doch das ist lange her, und viele von ihnen sind heute verbürgerlicht, was Hut und Krawatte gleichermaßen einschließt.

Neue Zeiten. Bald auch neue Sitten und Gebräuche. Aber es nützt nichts. Es gelingt ihnen trotzdem nicht, jenen Pragern mit Krawatte zu ähneln, die immer schon Hut getragen und diesen voreinander gezogen haben. Das ist deren Art zu grüßen, ohne die Faust zu ballen, und abgesehen von Widerstand drückt das nichts anderes aus als Wiedererkennen und gegenseitigen Respekt, einen Augenblick lang ein bloßes, ungeschütztes Haupt, nicht die bedrohliche Machtdemonstration der geballten Faust; als entblöße ein Tier einem Artverwandten seine Kehle, um zu zeigen, dass man hier mit keinen Hintergedanken oder übel gesinnten Absichten rechnen müsse, gleichwohl das Risiko einginge, sich dem Biss eines Böswilligen auszusetzen. Ein altertümliches Ritual aus einer anderen Zeit. Und ebenso wie die Würde und der Respekt jenen gegenüber, vor denen sie den Hut lüften, sind auch die Hüte der Prager altertümlich.

Hinter der Tür zu Herrn Lukáš' Wohnung befinden sich, gemeinsam mit einigen Regenschirmen, mehrere Kopfbedeckungen auf einer Hutablage. Woher kommen diese Hüte?

Aus derselben Zeit wie die Würde und der Respekt ihrer Eigentümer. In Prag einen solchen Hut zu finden ist beinahe eine Unmöglichkeit, nicht einmal in irgendeinem staubigen Schaufenster in den Vororten der Stadt kann man einen auftreiben. Einen solchen Hut gibt es hier nicht mehr: von Motten befallen und mit ziemlich schmaler Krempe, ein bleiches Seiden- oder Samtband um eine altmodisch zurechtgekniffene Hutkrone, abgewetzt vom Lauf der Zeit, speckig, vor allem an jenen Stellen der Krempe oder Krone, die der tief sitzende Höflichkeitsreflex mit den fünf Fingern der rechten Hand berührt, ein Fettabdruck trotzigen Anstands. Auch im Winter wird stets der Hut gelüpft, während des täglichen Spaziergangs durch die Stadt, auf den Herr Lukáš und seine Freunde unter keinen Umständen verzichten. Ihren Spaziergang lassen sie sich nicht nehmen, nicht einmal, wenn der Schnee weiß fällt und tagelang liegen bleibt, nicht einmal am roten Ersten Mai.

Hin und wieder befindet sich auf dem Hut eine Feder, eine Schnur oder eine Stoffmasche. Aber noch öfter eben ein oder zwei Federn, mitunter ein Büschel kleinerer Federn, dem diskreten Protest der Kopfbedeckung angepasst, der aber doch den freien Flügelschlag eines großen Vogels ahnen lässt, Federn, dort zwischen Samtband und Hutkrone schon so lange eingeklemmt, dass ihre Farben ausgeblichen sind oder sich verändert haben, wie die Farben auf den Wangen derer, die einen solchen Hut tragen; von Blau zu Blauschwarz, eine Verschiebung von Rot in Richtung Schwarz oder ein Weiß, das sich in ein schmutziges Grau verwandelt. Nur die schwarze Farbe hält stand, als wollte sie mit dieser Kapitulation nichts zu tun haben, und unter einer solchen Hutkrempe mit steifen Federn scheinen die ursprünglichen Vogelfarben über das Gesicht des Besitzers geronnen zu sein, das Rötliche breitet sich in einem feinmaschigen Netz von Purpur oder Scharlachrot über Nase und Wangen aus, hier und da mit einem Einschlag von Dunkelblau; das Weiß der Augen scheint giftig gelb eingefärbt, das klare Blau oder Braun der Pupillen in einer nicht näher bestimmten Mischung matter Farbreste gesprenkelt, als kratze man unterschiedliche Farben gedankenlos von einer Palette, ohne dass dabei irgendeine spezielle Farbe herauskommt.

Das Weiße allerdings findet sich stellenweise als Flecken, die größer werden, sich aufmachen, die eingesunkenen Wangen einzufärben, matt auf der Nasenspitze oder den Ohrläppchen leuchten oder das flache Aschgrau begleiten, sodass das, was sich da unter dem Hut befindet, weniger an ein Gesicht erinnert als vielmehr an ein morsches Brett.

In Prag werden solche Hüte von älteren Männern getragen, die sie mit leicht zitternder Hand lüpfen, um zu zeigen, dass es sie gibt. Hier sind wir! Wir existieren. Lasst euch nichts anderes erzählen! Sie sind nach wie vor am Leben und geben sich den anderen in dieser geheimen Verschwörung zu erkennen, und die ausgeblichenen und mottenzerfressenen Federn am Hut des Verschwörers sind ihre stolzen, aber mittlerweile ziemlich traurigen Standarten.

Ist jenen, die in Prag die Macht haben, klar, dass das, was sich vor ihren Augen abspielt, die permanente Konterrevolution ist? Tagaus, tagein? Für alle ersichtlich? Ich bin mir sicher, dass es so ist. Sicherlich begreift man das, und fast nichts irritiert und verunsichert Machthaber so sehr wie diese Höflichkeit. Aber gegen diesen verkörperten Widerstand kann man unmöglich vorgehen. Und jene, die es dennoch versuchten, zögen lediglich Gelächter auf sich, und nichts fürchten sie so sehr, wie sich lächerlich zu machen; Lachen fürchten sie ebenso wie Witze, vor allem, wenn sie den Verdacht haben, dass es auf ihre Kosten geschieht. Denn nichts untergräbt die Diktatur mehr, als wenn man über sie lacht.

Selbstverständlich wissen jene, die die Macht haben, auch, wo diese Höflichkeit und diese Gewohnheiten überleben und von einer Generation an die nächste weitergegeben werden. Das geschieht innerhalb der Familie, und deren Territorium ist das Heim. In Prag ist das der einzige Freiraum der Gesellschaft, nicht wie die Bierhalle eine Art Niemandsland, sondern seit Urzeiten erobert und unabhängigen, souveränen Gesetzen unterworfen. Die Prager ziehen sich in ihre Heime zurück, schließen die Tür hinter sich und machen dort, was sie wollen. Jenseits der Schwelle herrscht die Familie. Niemand anderer als die Familie kann hinter der geschlossenen Tür Macht ausüben, und sie tut das mit der ihr eigenen Liebe, despotisch und nach Gutdünken, als nähme man etwas in Beschlag, das jemand anderem gehört, ohne Absicht, es zurückzugeben. Am Küchentisch wird Geschichte umgeschrieben, der Inhalt der Schulbücher geleugnet. Hier wird schlechtgeredet und verspottet, was die Genossen hochhalten. An den Wänden hängen die falschen Karten und Porträts, die falsche Helden zeigen, daheim werden abgeschaffte Feiertage begangen, Bücher gelesen, die auf dem Index stehen, und mit Hilfe eines Transistorradios hört man BBC oder Deutsche Welle, sofern man nicht gerade zynische Witze erzählt, die vom überall herrschenden Mangel oder der Einfalt der Genossen handeln, alles eher in bitteres Gelächter als in Hass gehüllt.

Das Heim der Familie Lukáš ist ein solches Heim. Dort habe ich jedes Mal das Gefühl, mich außerhalb der Zeit zu befinden oder an einem Ort, an dem eine andere Zeitrechnung gilt. Dazu gehört, dass im Heim der Familie Lukáš mehr von all jenem übrig zu sein scheint, was ich unter Prag zu verstehen beginne, als da draußen in der Stadt gleichen Namens. Als hätte man sich hier zu verbarrikadieren und eine neue Zeit aufzuhalten versucht und geglaubt, dass dies gelinge, indem man eine Tür schließt. Dahinter steht die Zeit still. Oder es herrscht nach wie vor die alte, und zwar mit viel mehr Macht über Dinge als über Menschen: Auf einer Kommode im Flur der Familie Lukáš steht eine Pendeluhr mit unbeweglichen Zeigern, die ihre alte Zeit verloren hat und es ablehnt, sich mit der neuen zu befassen. Niemand zieht das Uhrwerk auf. Die neue Zeit wird nicht vermessen; mit ihr will man so wenig wie möglich zu tun haben, nicht mehr als das Notwendigste von ihr kennen, zufrieden damit, alles von der alten zu wissen. In festgefrorener Habachtstellung ehren die Zeiger, was einmal acht Minuten vor vier war, eine Feststellung, die damals einen Sinn ergab und vielleicht wichtig war. Heute nicht mehr. Jetzt schenkt ihnen niemand Aufmerksamkeit.

An den Wänden der Familie Lukáš hängen – zusammen mit dem ein oder anderen von Herrn Lukáš' eigenen Ölgemälden –

ausgeblichene Kupferstiche und Karten von Ländern, die es nicht mehr gibt. Auf anderen sind Grenzen gezogen, die nur mehr hier an der Wand gelten. Alle Dinge im Heim der Familie Lukáš scheinen vom unbarmherzigen Gang der Zeit gezeichnet, sind zerkratzt oder abgeschlagen, haben die Farbe gewechselt, der eine oder andere Gegenstand hat einen entscheidenden Teil eingebüßt, mitunter auch die gesamte Funktion wie bei jener Spieldose, die statt einer Melodie nicht mehr als einzelne metallische Laute von sich gibt. Vielleicht aus Solidarität mit der Vergangenheit weigern sich die Eigentümer dieser schadhaften oder unbrauchbaren Gegenstände, sie zu entsorgen, um sie durch neue zu ersetzen. Ihre Dinge verfallen. Sie fallen entzwei und lösen sich in ihre Bestandteile auf, während ihre Inhaber standhaft bleiben, sich zu Urmetern der eigenen Existenz wandeln, halsstarrig dieselben wie gestern und vorgestern. Sie sind aus unserer Gegenwart herausgetreten, um sich weiterhin in ihrer Vergangenheit aufzuhalten, wo alles noch an seinem Platz steht. Dort, umgeben von dem, was zu ihr gehört, fühlen sie sich wohl.

Es sind vor allem die Bilder, die mein Interesse wecken. Sie enthalten die dunkle Pracht ihrer Zeit (meist 19. Jahrhundert), sind aber im Lauf der Jahre und während der deutschen und dann der russischen Besatzung, die beinahe übergangslos auf die deutsche folgte, nachgedunkelt und noch düsterer geworden, kurz darauf gesprungen, hier und da in Form langer Risse aufgebrochen, die die nackte Leinwand unter der Farbe entblößen, und ich hege bald den Verdacht, dass diese Risse nicht so sehr jene der Bilder sind, sondern die meiner Gastgeber höchstpersönlich, Wunden jedoch, die sie lieber hier an den Wänden zeigen, wo sie heraldisch und vornehm wirken, nicht so aufdringlich vulgär wie ein Aussätziger oder Invalider, der seine Wunden zur Schau stellt, um Mitleid zu erregen.

Sie reparieren?

An eine Restaurierung der Bilder ist nicht zu denken. Dazu fehlt das Geld. Außerdem wäre das ebenso illusorisch, wie den Invaliden mit jenem Bein oder Arm zu versehen, die er verloren hat. Die Zeit, in der ihre Bilder mit kräftigen Farben gemalt wurden, kehrt nicht zurück, wie sehr man diese auch mit Spachtel und neuer Farbe nachbesserte.

Es ist Frau Fanta, die mich mit Familie Lukáš bekanntmacht.

In ihrer Jugend ist sie verheiratet gewesen, sehr glücklich, wie sie behauptet. Aber ihr Mann fiel von einer Brücke in die Moldau und ertrank, oder er verfing sich im Flügel einer Windmühle, wurde mitgerissen, zu Boden geschleudert und brach sich das Genick. Frau Fanta scheint auszuprobieren, welches Ende am besten zu einem so frühen Tod passt, und nach mehr als einem halben Jahrhundert hat sie sich immer noch nicht entschieden. Mal darf ihr Mann ertrinken, mal sich den Hals brechen. Wie auch immer es sich verhält, es handelt sich um ein tragisches Schicksal mit dramatischem Ausgang, vermutlich irgendwann in den zwanziger Jahren. Danach hat Frau Fanta nicht wieder geheiratet. So viel dazu. Nur die Liebe zum Toten hat fast ein ganzes Menschenleben überdauert, auch wenn sie sich mit der Zeit vom Herzen in die Erinnerung verlagert hat, wie wenn wir einen vierblättrigen Klee in ein Buch legen, das erst viele Jahre später aus Zufall wieder aufgeschlagen wird, dann aber mit einem ganz vertrockneten Kleeblatt dort zwischen den Seiten.

Bei meinen Besuchen nennt Frau Fanta ihren toten Mann nie mit Namen. Es kommt höchstens vor, dass er als »mein verstorbener Mann« oder »wie mein Mann zu sagen pflegte« ab und zu Eingang in unser Gespräch findet. Verwundert macht Frau Fanta dann eine kurze Pause, als habe sie das knisternd Trockene, seit langem Verwelkte daran selbst überrascht.

Frau Fanta ist aus diesem Kreis von alten Pragern, mit denen ich Bekanntschaft mache, die einzige Person ohne Hund. Familie Lukáš hat eine pechschwarze Dogge, viel größer als ein Schäferhund, jedoch unendlich friedfertig und mit ergebenen, ständig tränenden Augen. Trotz ihrer Größe kann sie niemandem Furcht einjagen und ist sich dessen auch bewusst; unaufhörlich bewegt sie den Schwanz hin und her, als wolle sie schmeichlerisch um Entschuldigung dafür bitten, dass es sie gibt, ein Hundeschwanz, der gegen Türrahmen und die Beine der Menschen schlägt, wenn er nicht gerade zwischen die eigenen geklemmt wird. Als Hund finde ich sie sowohl einfältig als auch unpraktisch. Sie an der Leine auszuführen widerstrebt mir, selbst in Begleitung von Herrn Lukáš' Tochter und trotz ihres verführerischen Angebots, Ela als meine Tschechischlehrerin zu ersetzen.

In vielen Prager Heimen sind Hunde eine Art Verlängerung der Familie, vierbeinige Mitglieder, die auch von jenen auf zwei zu solchen gezählt werden. Sie nehmen sich erhebliche Freiheiten heraus, und niemand versucht, sie einzuschränken. Ein solcher Hund ist Freund, leidenschaftliches Hobby oder Gesprächsthema bis hin zum Ersatz für den Mann oder die Frau, um die man trauert oder die es vielleicht nie gegeben hat. Ein Hund erfährt bedeutend mehr Wertschätzung als eine Katze und wird oft mehr geliebt als ein Kind. Nicht einmal Frau Fanta, die allein wohnt, distanziert sich zur Gänze von ihnen, wenn auch in ihrer Gegenwart nie von Hunden gesprochen wird. Es gibt schließlich Grenzen. Für Hunde hat sie nur Schweigen und die ein oder andere Grimasse übrig, und diese Standhaftigkeit verleiht ihrer Person etwas Schroffes und zugleich Exzentrisches.

Viel wird hingegen von Käfigvögeln gesprochen, von Wellensittichen oder Kanarienvögeln etwa. Sie selbst hat nichts außer einem Papagei als Gesellschaft. Auch darin ist sie allein.

Rollo ist der einzige Papagei, den ich in Prag kennenlerne. Unbeweglich sitzt er in Frau Fantas Vorzimmer in einem Käfig, der aus dünnen, morschen Holzsprossen besteht. Viel hat er hier nicht zu tun. In diesem Käfig sitzt er seit langem, es sind, wenn man Frau Fanta glauben darf, mehr als eineinhalb Jahrhunderte. Das glaube ich nun nicht, selbst wenn ich es gerne wollte und Frau Fanta tut, was sie kann, um mich in meinem schwachen Glauben zu stärken. Schon vor langer Zeit hat Rollo seine Farben eingebüßt und den Schnabel durch Fäule fast verloren. Aber Frau Fanta schreckt davor zurück, ihn durch einen anderen Vogel oder gar einen Hund zu ersetzen, da Rollo ein Erbe der mit ihr verwandten Familie Schikaneder ist und sich ziemlich fehlerfrei jene Arie angeeignet hat, die die Königin der Nacht in der »Zauberflöte« singt. Ich versuche den Eindruck zu erwecken, als würde ich höflich zuhören, wenngleich ich mit den Gedanken woanders bin. Die Arie, eigentlich nicht mehr als ein oder zwei Strophen, habe Rollo, der Familienlegende zufolge, aufgeschnappt, als Schikaneder und Mozart zusammen hier in Prag letzte Hand an die Oper legten. Das ist dokumentiert und entspricht der Wahrheit. Und zugleich auch wieder nicht. Rollo ist uralt. Aber dass er, wie Frau Fanta behauptet, Emil Schikaneder persönlich gehört hat und bereits zur Zeit Mozarts lebte, ist schwer zu glauben. Ich tue das nicht, auch wenn Papageien, Schildkröten und einige Wal- und Haiarten ungeheuer alt werden können.

Meine behutsamen Einwände weist Frau Fanta als Unsinn zurück. Heutzutage habe sie nur Zeit für die großen Dummheiten, nicht für die kleinen, und meine Rollos Alter betreffenden Einwände würden zu letzteren gehören. Also Schluss damit. Wenn hingegen das Wetter umschlägt und ihre rheumatischen Gelenke schmerzen, gibt sie zu, dass die kleinen Dummheiten von früher, in Gedanken oft genug wiederholt, mit der Zeit zu wachsen beginnen. Dann bleibt sie schlaflos in ihrem Bett liegen, und das Ticken des Weckers wandelt sich zu Stichen der Selbstanklage im Gewebe des Gewissens.

Prag ist voller Tiere. Einhörner, Greife und geflügelte Löwen mit gespaltenen Zungen und Krallen wie Heugabeln. Doch Frau Fanta mag keine Tiere, die es nicht gibt. Rollo gibt es, auch wenn er schon bessere Tage gesehen hat. Mozart? Rollo pfeift eher, als dass er singt. Schleppend und unbeholfen, wie ich finde. Mühselig versammelt er einzelne Töne zu etwas, das eine Tonfolge darstellen soll. Aber sie kommen so spärlich, als hätten sie bereits ein ganzes Vogelleben früher den Kontakt zueinander verloren. Jedes Mal, wenn ich bei der Besitzerin des alten Vogels zu Besuch bin, muss ich zuerst Mozart hören. Frau Fanta ist nicht besonders musikalisch, sieht es aber als ihre Aufgabe an, mein Tschechisch zu verbessern und mich nebenbei in der Geschichte Böhmens zu unterrichten, zutiefst überzeugt, dass auch ihr Papagei ein Teil davon ist. Rollo hat seinen festen Platz in ihrem Heim aufgrund dessen, was er einmal war, nicht, was er jetzt ist, und es genügt, einen Blick auf den Vogel da in seinem Käfig zu werfen, um zu verstehen, dass aus ihm auch nichts mehr werden wird. Das Einzige, das man von Rollo erwarten kann, ist, dass der Papagei diese Welt demnächst verlassen wird, die, geht es nach Frau Fanta, bald auch ohne sie selbst zurechtkommen muss.

Frau Fanta ist eine Dame mit unverrückbaren Auffassungen und Überzeugungen, von ihrem Charakter ebenso geformt wie von ihrer Erfahrung. Sie hat es sich zur Gewohnheit gemacht, diese mit einer Schnelligkeit und Wucht zu formulieren, die keine Einwände duldet, gottlob aber ein Alter erreicht, in dem sie die Welt nicht mehr verbessern will. Selbst die Verurteilungen bekommen deshalb einen milden Unterton, als habe sie alles lange und gründlich durchdacht, ehe sie ihre Ansichten kundtut. Hat sie aber nicht; der Welt nähert sich Frau Fanta nicht über Gedanken, ausschließlich mittels Empfindungen und

Nerven. Und so hat man es immer gehalten. Heutzutage ist sie an dieser Welt allerdings nur mäßig interessiert, höchstens an der Grammatik und dem tschechischen Wortschatz, den sie den wenigen Ausländern, die sich nach Prag verirren und die dafür bezahlen, beizubringen versucht. Nur für einige wenige Wörter macht sie eine Ausnahme, kümmert sich um deren Etymologie und historische Eskapaden. Im fortgeschrittenen Alter scheint sie sich mehr für den Ursprung der Wörter als für deren Verwendung zu interessieren, seziert sie scharfsinnig und mit Leidenschaft, allerdings eher, als handle es sich um aufgespießte Käfer in einem Schaukasten, seit langem ebenso tot wie ihr seliger Mann.

Mit Ela, meiner anderen Prager Sprachlehrerin, ist es umgekehrt. Woher Wörter kommen, weiß sie nicht. Auch hat sie daran kein übermäßiges Interesse, sondern will sie anwenden. Ela ist begierig danach, sich ihrer anzunehmen, Frau Fanta gibt sich zufrieden damit, die ihren distanziert zu untersuchen und zu erläutern. Da ich mich aber für Geschichte wie auch für Eskapaden interessiere, schätzt mich Frau Fanta als ihren Schüler.

Die alte Dame wohnt auf dem Altstädter Ring. Eine Gebühr für die Aussicht einzuheben hätte ihr wohl mehr eingebracht als die Unterrichtsstunden. Von ihrem Fauteuil am Fenster aus vermag Frau Fanta beinahe den gesamten Platz zu überblicken, den meistbesuchten Platz in Prag. Da sitzt sie mit einer Decke um ihre rheumatischen Beine gewickelt, die das Wetter voraussagen. Mitten in ihren Verben und Vokativen kann sie plötzlich innehalten, um einen raschen Blick aus dem Fenster zu werfen, dunkel und sorgenvoll, als misstraue sie dem Gewimmel an Menschen dort draußen oder dem Wetterbericht im Rundfunk, der für diesen Tag beständiges Wetter versprochen hat. Ihre Beine wissen es besser. Der Wetterbericht ist eine moderne Erfindung. Zu solch einer Welt hat Frau Fanta kein großes Vertrauen mehr. Und trotz ihres Alters hat sie nun mehr Zeit als Welt zur Verfügung.

Wenn Frau Fanta ihr Fenster auf den Platz in der Altstadt öffnet, kann sie jeden Tag die berühmte Astronomische Uhr im Rathaus schlagen hören, und kurz davor den mehr als fünfhundert Jahre alten Todesseufzer des Uhrwerks, die letzte Klage allen menschlichen Fleisches. Zu jeder vollen Stunde immer wieder das Gleiche: Mit schadenfrohem Grinsen zieht der Tod an seinem kräftigen Seil, ein Hahn kräht mit flatternden Flügeln, in zwei schmalen Fensternischen schreiten die zwölf Apostel langsam vorüber, während sie beleidigte Blicke auf den Platz unter ihnen werfen. Der Sensenmann hat alle Hände voll zu tun. In dieser Weise den Tod mehrmals täglich vor Augen und vor allem in den Ohren zu haben wird den Lebenshunger der alten Dame kaum gesteigert haben.

Mit einem Schauder schließt sie für gewöhnlich schon nach dem Seufzer das Fenster.

Auf mich wirkt die Astronomische Uhr hingegen ermutigend. Dass die armen Apostel auch mit jenen von uns zusammengespannt werden, die nie in die Kirche gehen, erscheint zwar unbarmherzig, beinahe grausam, weckt aber meine agnostische Schadenfreude. Auf himmlische Gerechtigkeit kann diese Welt nicht zählen.

Nicht einmal auf Gnade. Aber der Todestanz der Uhr passt gut zum Alten Rathaus, in dem jahrhundertelang mehrere der vornehmsten Adeligen und Aufständischen der Nation im Keller oder draußen auf dem Platz hingerichtet wurden, gehängt oder geköpft von ihren Mitmenschen, und das ohne himmlisches Zutun.

»Der ganze Platz in Blut getränkt«, sagt Frau Fanta. »Stellen Sie sich das einmal vor. Jahrhundertelang. Und in meinem Alter soll ich das aushalten.«

Die Vokative sind vergessen. Auffordernd sieht sie mich an,

gleichzeitig so eindringlich, wie ich es aus diesem Paar kleiner und grau gesprenkelter Augen nicht für möglich gehalten hätte.

Frau Fantas Nähe zu so viel Geschichte prägt auch ihren Unterricht, der unsentimentaler und weniger sinnlich ausfällt als jener, den Ela mir zuteilwerden lässt. Zur Grammatik mit ihrem strengen Korsett ist der Schritt niemals weit. Frau Fanta bevorzugt Wörter, die schon vieles mitgemacht haben, während jene Elas ohne Vorgeschichte sind, Wörter, mit denen man selbst etwas erleben soll. Frau Fantas Wörter sind mit Geschichte gesättigt; oft haben sie davon zu viel erwischt. Was hat ein Wort wie *národ*, das tschechische Wort für alles von Volk und Nation bis zu Rasse, nicht mitgemacht! Frau Fanta lässt ihr *národ* sich durch die böhmischen Annalen winden, während Elas *láska*, das tschechische Wort für Liebe, jenseits von Zeit und Raum liegt und sich nicht an die Nation, sondern ausschließlich an mich richtet. In Elas Gesellschaft fühle ich mich sehr unpatriotisch.

Frau Fantas Unterricht findet jeden Mittwoch am späten Nachmittag statt. Die Wohnungstür ist dann nicht verschlossen, ich gehe hinein, begrüße Rollo im Vorzimmer, ehe ich Frau Fantas einzigen Raum betrete, in dem ihr Bett hinter einem Seidenschirm versteckt steht. Auf dem Schirm lassen sich große, grelle Urwaldgewächse erkennen, die, so scheint es mir, fleischfressend sind. Am Fenster zum Altstädter Ring steht der Fauteuil, in dem die alte Dame viel eher thront als sitzt, ich mit geradem Rücken auf einem Stuhl vor ihr, und auf dem kleinen Serviertisch neben uns steht eine klebrige Flasche mit irgendeinem süßen Likör, der mich nach einem Bier verlangen lässt.

Oder wir trinken Tee: den miserablen, georgischen, den in Prag alle trinken.

Im Unterschied zu Ela holt Frau Fanta ihre Wörter nicht aus dem Alltag, sondern aus der tschechischen Geschichte und Literatur. An welcher Jahreszahl oder welchem wichtigen Ereignis der böhmischen Geschichte lassen sie sich aufhängen? Meine Lehrerin verfügt über einen unerschöpflichen Vorrat an Haken und alten, rostigen Nägeln. In welcher Form stoßen wir auf diese Wörter bei Neruda, Čapek oder Palacký? Frau Fanta weiß Bescheid. Die Bedeutung der Wörter wird freigelegt, als handle es sich um Früchte, die erst aus einer besonders harten oder dicken Schale herausgelöst werden müssen, bevor sie mir auf einem kleinen Teller als Häppchen zu Likör oder Tee serviert werden können. Ich bin, um ehrlich zu sein, mehr an Elas Wörtern interessiert. Für die allermeisten, die Frau Fanta benutzt, habe ich keine praktische Verwendung; als Früchte kommen sie mir trocken und schrumpelig vor, und ich vergesse sie rasch.

Nicht jedoch ihre Schale. Gerade die historischen und literarischen Zusammenhänge, aus denen Frau Fanta sie befreit hat, faszinieren mich.

Diese Zusammenhänge sind kulturell vielfältig und kosmopolitisch. Oder, in der Bezeichnung, die Frau Fanta bevorzugt – »altösterreichisch«. Obwohl wir uns der tschechischen Sprache widmen, nimmt mich Frau Fanta auch mit auf Ausflüge in die deutsche Sprache und Literatur, als sei das die natürlichste Sache der Welt. Ob ich von Leo Perutz gehört habe? Ernst Weiß? Rilke, Kafka oder Max Brod tauchen unterwegs auf und führen sie früher oder später immer zurück in ihr Prag. Da gehören sie schließlich hin, und damit meint sie ihre böhmischen Autoren. Wie kann jemand Franz Werfel oder Egon Erwin Kisch als deutsche Autoren bezeichnen? Wenn sie doch so offensichtlich österreichische sind oder, besser noch, deutschsprachige Autoren aus Prag? Auf jeder zweiten Seite in Kafkas Werk ließe sich, verspricht Frau Fanta, ein Wort oder Ausdruck finden, den ein deutscher Leser nicht verstehe, Wörter, die mit Pragerdeutsch und dem alten Österreich zu tun haben, zudem eine Menge tschechischer Lehnwörter, die in Hamburg oder Berlin ganz und gar unbekannt seien.

Oder wisse ich vielleicht, was ein »Pallawatsch« ist? Eine »Kredenz«? Oder eine »Tuchent«?

Selbstverständlich nicht. Und auch in Hamburg niemand.

Dass diese deutschen Leser dennoch so tun, als verstünden sie, sich sogar als Spezialisten bezeichnen, betrachtet Frau Fanta als persönliche Beleidigung. Diese alte Dame ist im Namen der Sprache und Prags empört. Ihre Familie lebt schließlich seit Generationen hier, länger als fast alle anderen Familien der Stadt, und ich glaube ihr, selbst wenn mich Rollo in seinem Käfig als (einigermaßen) lebender Beweis dieser langen und ununterbrochenen Kontinuität nicht richtig zu überzeugen vermag.

Meine andere Sprachlehrerin, Ela, versorgt mich mit tschechischen Wörtern ohne historischen und literarischen Zusammenhang. Während Frau Fantas Unterricht ist, wie in einer alten Chronik oder einem Poesiealbum zu blättern, stattet mich Ela mit einem Werkzeugkasten aus. Darin befinden sich die praktischen Schrauben und Muttern der Sprache; von den Gebrüdern Čapek oder der großen patriotischen Spendensammlung für das Nationaltheater direkt gegenüber dem Café Slavia ist niemals die Rede. Elas Sprachunterricht hat mit Gefühlen und Funktionen zu tun, ist weit mehr Spielstunde als Lehrstunde, eine Sprache ohne Ballast an Jahreszahlen, Reimen, Feldschlachten und Fürstenhochzeiten. Ihre Vorstellungen von Geschichte sind mehr als diffus. Die Statuen der Stadt sind für sie in Bronze gegossene Rätsel oder Rebusse. Frau Fantas Prag der Zwischenkriegszeit kennt sie überhaupt nicht, über den Kommunismus lacht sie nur; falls sie sich die griechischen Geschichten ihres Vaters anhört, eines Vaters, der wohl als Partisan im Bürgerkrieg gekämpft hat, dann sicher eher aus Respekt ihm gegenüber als aus Interesse.

Nicht einmal Prag ist in ihrer Sprache richtig anwesend. Die deutschen Referenzen der Stadt sind ihr fremd. Das war vor ihrer Zeit. Exotik oder reine Archäologie. Franz Kafka ist ihr natürlich ein Begriff, aber sehr wahrscheinlich hat sie ihn nicht gelesen. Anfangs vermute ich, dass das mit Griechenland zu tun hat, trotz allem ist sie ja Griechin, kann sich mit den Knödeln nicht anfreunden (die ich gerne esse) und trägt schwarze Seidenunterwäsche, lange bevor diese auch in Mitteleuropa Mode wird. Aber dann erinnere ich mich, dass sie immerhin hier im Land geboren ist, allerdings in Pardubice, und sich in Prag vielleicht fast ebenso fremd fühlt wie ich.

Frau Fanta serviert Tee ohne Gebäck und bleibt hartnäckig. Nur Gerede. Bösartige Gerüchte. Nichts als eifersüchtige Menschen. An Rollos hohem Alter und seiner Vergangenheit in Mozarts unmittelbarer Nähe bestehe kein Zweifel. Alles andere sei Verleumdung. Ich würde Prag nie verstehen können, wenn ich nicht lerne zu akzeptieren, dass das, was in dieser Stadt auf den ersten Blick unwahrscheinlich aussieht, etwas völlig Glaubwürdiges und Normales sei.

»Bei uns wird ein Papagei älter als irgendwo sonst.«

So sieht es zweifellos aus. Aber wie kommt das? Ich muss sehr misstrauisch gewirkt haben.

»Bei uns hat er keine andere Wahl.«

Und nach einer kurzen, inquisitorischen Pause:

»Mit der Zeit werden Sie das verstehen.«

An diesem Punkt irrt Frau Fanta. Aus dem Verhältnis Prags zu seinen Käfigvögeln werde ich nie schlau. Sieht man in ihnen, wie sie da in ihren Käfigen eingesperrt sind, Stellvertreter für das eigene Schicksal? Als schmerzliche, aber dennoch anheimelnde Erinnerung daran, wie die Dinge liegen? Doch dann hätte es sich erneut um eine dieser literarischen Metaphern gehandelt, denen ich zunehmend mit Misstrauen begegne, eine masochistische und kitschige zumal, und ich gebe auf. Mit der Zeit begnüge ich mich damit, dass ein Vogel eben ein Vogel ist und dass man Vögel auch im Käfig als ziemlich pflegeleichte und harmlose Gesellschaft begreifen kann, die, wenn man Glück hat, für einen sogar singt – eine geflügelte Gesellschaft, die weder besondere Verantwortung noch Aufmerksamkeit verlangt.

Aber den Käfig werde ich nicht so leicht los, wenn es um die Tierwelt in Prag geht. Als die Dogge von Familie Lukáš Welpen bekommt, meldet sich der Staatszirkus. Ob man vielleicht einen kleinen Tiger einquartieren dürfe? Das Tigerpaar des Zirkus hat Junge bekommen, doch von einem will die Mutter nichts wissen. In ihrer Nähe befindet es sich in offenkundiger Lebensgefahr. Herr Lukáš macht für gewöhnlich Geschäfte mit dem Löwen- und Tigerbändiger, der mit Ikonen handelt, wenn der Zirkus auf dem Balkan und in der Sowjetunion auf Tournee ist, mit Antiquitäten ohne Ausfuhrgenehmigung, die sich aber ohne Risiko im Boden des Tigerkäfigs zurück nach Prag schmuggeln lassen. Hier werden sie mit großem Gewinn auf dem Schwarzmarkt weiterverkauft, weshalb sich wohl auch für ein Tigerjunges als Zwischenglied in solch weitläufigen geschäftlichen Transaktionen leicht ein Platz finden sollte.

Familie Lukáš nimmt den Verstoßenen entgegen, der vom Hund der Familie sofort adoptiert wird; das einfältige Tier hat plötzlich eine verantwortungsvolle Aufgabe. Den ganzen Frühsommer lang wird der Tiger gemeinsam mit seinen Stiefgeschwistern gesäugt, vier schwarzen Hundewelpen, tapst durch die Wohnung und den kleinen Garten der Familie Lukáš, versteckt sich geschickt hinter Türen oder unter Schränken, von wo er uns sehr ungeschickt anfällt, genau genommen unsere Füße, wenn wir gerade vorbeigehen. Sanft schieben wir den Tiger mit dem Fuß unter ein Sofa oder ein Bett. Tiger wachsen allerdings schneller als Hunde. Der älteste Sohn der Familie studiert am Konservatorium Cello und soll im Lauf des Sommers im Rudolfinum auftreten, ein Konzert, das abgesagt werden muss, weil ihn das Tigerjunge in den linken Daumen gebissen hat. Nur im Spiel. Einige Wochen später ist der Tiger bereits so groß, dass er sowohl für Hunde als auch für Menschen unangenehm wird, obwohl er genauso verschmust und verspielt ist wie früher. Der Tiger kommt in den Zoologischen Garten der Stadt Prag. Im Herbst besuchen wir ihn dort in Begleitung seiner Stiefmutter. Eine deprimierende, herzzerreißende Begegnung sowohl für das Tier als auch für uns Menschen. Der Tiger ist nichts, was man weiterhin herumschubsen könnte, sondern ein großes Etwas, das in einen Käfig gesperrt ist, die Dogge von Familie Lukáš aber sofort wiedererkennt und vielleicht auch uns da auf der anderen Seite des Gitters. Ihre Schnauzen streifen zitternd aneinander. Nach Art von Müttern und Söhnen. Und beide jammern, nach Art von Hunden und Tigern, als verstünden sie, dass sie dieses Gitter für immer trennen wird.

Dennoch ist Prag eine Stadt, die Hunde mehr liebt als Tiger. Die meisten von ihnen sind klein, häufig intelligente Rassen, häufiger noch überhaupt keine Rasse. Mit ihren Herrchen und Frauchen leben sie eng zusammen: auf dem Schoß, auf einem Sofa, in einem Bett oder unter dem Tisch eines Restaurants, wo ihnen von Kellnern, die sich um die zweibeinige Begleitung der Hunde weniger kümmern als um den vierbeinigen Gast, eigene Schüsseln mit Leckerbissen serviert werden, obwohl von ihnen kein Trinkgeld zu erwarten ist. Trotzdem ist das, was unter dem Tisch serviert wird, oft besser als das, was auf ihm landet. Ob aus Misanthropie der Kellner oder aus Tierliebe, lässt sich nicht so leicht sagen.

Familie Lukáš hingegen hält sich einen so großen Hund, dass er nicht mit ins Restaurant genommen wird (obwohl das natürlich mit Auschwitz zu tun haben kann). Auch die, mit denen Familie Lukáš Umgang pflegt, halten sich große Hunde, als solle gerade die Größe ihre Entfremdung betonen. Wahrscheinlicher ist aber trotzdem, dass es an rein praktischen Umständen liegt. Die Besitzer von großen Hunden bewohnen in Prag oft größere Flächen als die von kleineren Hunden, mit mehr Platz zur Verfügung, als ein Dackel oder Pudel braucht, obwohl ihre Wohnungen kleiner sind als früher, da sie aufgeteilt wurden oder man Räume abgetrennt hat, um im Namen des Fortschritts und der Gleichheit Platz für mehrere Mieter zu schaffen.

Platz aber gibt es nicht. Keinerlei Geräumigkeit. Betrachtet man es genauer, ist das, was Speisezimmer genannt wird, eine Diele, und die geschlossene Tür, die in ein Wohnzimmer oder ein Schlafzimmer führt, eine Garderobentür, der Balkon Kleiderschrank und Speisekammer gleichzeitig, das Wohnzimmer ein Schlafzimmer mit Liegesofas statt Betten, und aus diesem Mangel an Geräumigkeit wurde ein verschwenderischer Überfluss an Platz geschaffen, den es nicht gibt. So entsteht ausreichend Raum, um ihn mit den größten Hunden zu teilen. Das geschieht dann aus Liebe zu ihnen, aber hin und wieder auch als stiller Protest gegen ein Regime, das die Größe der Wohnungen diktiert und in Zukunft vielleicht auf die Idee kommt, das sogar in Bezug auf Hunde zu tun.

Auch die nicht-jüdischen Bekannten von Familie Lukáš halten sich große Hunde, aber nicht so traurige wie die Dogge, vielmehr handelt es sich um ganz andere Rassen. Vor allem die Schäferhunde sind beliebt. Auch das mag mit Auschwitz zu tun haben. Wenn diese Hundebesitzer einander besuchen, lässt jedoch der Gast seinen Hund zu Hause. Etwas anderes wäre nicht *comme il faut;* auch gibt es nicht genug Platz für einen oder zwei weitere Hunde. In diesen Kreisen gelten andere Gepflogenheiten und Regeln als in Gesellschaft kleiner Hunde, und in diesen Kreisen bin ich durch meine Bekanntschaft mit Frau Fanta gelandet, trotz ihres und meines Widerwillens gegen diese Tiere, kleine wie große; niemand von uns erfüllt auch nur die elementarsten kynologischen Anforderungen.

Wie ist Frau Fanta einst in diese Gesellschaft geraten? Rollo kann ihr dabei kaum weitergeholfen haben. Wer Hunde nicht krault oder ihnen nichts vom Esstisch zusteckt, wird sofort misstrauisch betrachtet, besonders ein Fremder wie ich.

Es kommt vor, dass ich zu Abendessen in Wohnungen eingeladen werde, in denen oftmals ein großer Hund unter dem Esstisch liegt. Oder, wenn der Hund zu groß oder der Tisch zu klein ist, in einer Ecke des Zimmers. Gerade ein solcher Esstisch ist in Prag neben dem Bett das wichtigste *pièce de résistance* des Privatlebens. Das hat man der Diktatur zu verdanken. Auch die Materie scheint oft auf der Seite der Diktatur zu sein – die Betten sind schmal und hart, die Esstische fast nie oval oder rund, Möbel, die mit ihren kantigen Ecken die Schwierigkeiten unterstreichen, auch im Kreis der Familie oder der Freunde harmonisch zueinanderzufinden.

Leicht ist das nicht, und die Betten halten in Prag besser und länger als die Ehen. Da sie alle aber gleich schmal und hart sind, hat die Ehe oft keine andere Wahl, als im eigenen Bett zu bleiben und da so zu tun, als wäre sie glücklich; selbst wenn jeder der Ehepartner ein ebenso schmales und hartes Bett vorzieht, das allerdings nicht das eheliche ist. Im Bett ist hier die letzte Freiheit zwischen zwei Menschen gewahrt, um den Esstisch die einzige Gemeinschaft, neben jener der Bierkneipe und des Fußballstadiums, die weder vorgeschrieben noch protokolliert wird.

Zu einem solchen Abendessen ist es angebracht, sich pünktlich und mit einem Strauß Nelken für die Gastgeberin einzufinden. Leider sind die Nelken beinahe immer rot. Weder die Farbe noch diese versteifte Blume kann mit Wertschätzung rechnen, aber andere Schnittblumen sind kaum je zu bekommen. Alle wissen das. Auch die Gastgeberin, die meine Nelken entgegennimmt, als wären es Rosen und von ganz anderer Farbe, denn die rote Nelke verfolgt die Prager von der Wiege bis zur Bahre. Verschwände sie plötzlich, könnte man sich sicher sein, dass mit ihr alles verschwunden wäre, das ihre Allmacht ermöglicht. Aber so etwas geschieht nicht, und die Gastgeberin stellt die Vase mit den Nelken zur Seite, damit wir sie nicht sehen müssen.

Solche Abendessen gehören in Prag zu den seltenen Anlässen, wo man von mir Pünktlichkeit erwartet. In einer Stadt, in der sich nichts ereignet, ist die Zeit überflüssig geworden, alle haben zu viel davon, ihre beinahe einzige Ressource, aber ohne etwas daraus machen zu können. Anfangs notiere ich mir in meinem Taschenkalender Verabredungen und Uhrzeiten, jedoch ohne größeren Nutzen. Nichts passiert zur vereinbarten Zeit, und niemand ist pünktlich. Bald bleiben die Seiten leer, Tag für Tag dasselbe. Sogar die Namen verschwinden allmählich, als hätte die Zeit sie ebenso abgeschafft wie sich selbst. Einzig mein Kalender weiß noch um die Zeit; voneinander getrennte Tage in unterschiedlichen Farben. Die Wochentage schwarz, die Feiertage rot. Wochen und Monate. Nur dass sich die Zeit in Prag ausschließlich dann an meinen schwedischen Kalender hält, wenn es ein solches Abendessen wie aus einer anderen Zeit betrifft.

Oder ist da vielleicht noch etwas, das anhand von Pünktlichkeit kontrolliert werden soll? Ein Abendessen dieser Art ist nicht unähnlich jenem Ritual, das der Uneingeweihte durchlaufen muss, ehe er in eine Geheimgesellschaft aufgenommen wird. In meinem Fall ist Frau Fantas Empfehlung vermutlich ausreichend; hier ist man unter Gleichgesinnten und geht wie selbstverständlich davon aus, dass ein junger Mann von der anderen Seite – der richtigen Seite – in ihrem Kreis zu Hause ist. Aber völlig sicher kann man trotzdem nicht sein. Was für einer bin ich eigentlich? Bereits dass ich mich hier unter ihnen in Prag aufhalte, sozusagen auf der falschen Seite, hat zur Folge, dass ein Schatten des Misstrauens auf meine Person fällt. Und angeblich bin ich ganz und gar freiwillig hier.

Freiwillig. Wie ist das möglich? Und, um Himmels willen, warum?

Aber sie sind viel zu wohlerzogen, gleichzeitig neugierig, um solch indiskrete Fragen zu stellen. Am weitesten wagt sich ein

Herr vor, der mich, bevor wir uns zu Tisch setzen, fragt, wie ich mir hier in Prag die Zeit vertreibe. Den hinterlistigen Unterton seiner Frage vermag er nicht zu verbergen. Ich bin auf der Hut. »Mit jungen Frauen und Bier.« Schlagartig sieht er erleichtert aus. »Gott sei Dank! Das war genau die Antwort, die ich mir erhofft hatte.« Weitere Fragen werden nicht gestellt. Die Erleichterung ist vielleicht allzu groß. Meine Anwesenheit ist immerhin tröstlich, schmeichelt sogar und scheint alle dazu zu bringen, von ihren anfänglichen Zweifeln abzusehen.

Ich bin willkommen.

Sobald wir aber bei Tisch Platz genommen haben, kehrt das Misstrauen zurück. Nun richtet es sich darauf, ob ich wirklich einer von ihnen bin. Weiß ich mich zu benehmen? Unter einem Vorwand, der drei, vielleicht vier Gänge hindurch aufrechterhalten wird, werde ich getestet. Ist mir die Reihenfolge geläufig, in der die Gläser benutzt werden müssen? Welches Besteck wozu dient? Wo werde ich meine Serviette platzieren? Auf meinem Schoß? Sie um den Hals binden? Während sie Konversation betreiben, studieren sie mich. Zwischendurch zeigen ihre Lippen ein Lächeln, doch ihre Blicke sind ebenso kalt, wie ihr Gespräch leer ist, in dessen Verlauf diese Prüfung fortdauert, die auf etwas zielt, das wichtiger ist als meine Tischmanieren, allerdings verborgen unter der Untadeligkeit ihrer eigenen.

Ich bin immer noch auf der Hut.

»Wären Sie so freundlich, mir das Salz zu reichen?«

Es ist eine Bitte. Ein Wunsch. Aber auch ein Test, da die Person, die ihn äußert, herausfinden will, ob ich es so verstehe, und nicht als Anweisung von jemandem, der zu bequem ist, um sich selbst über den ganzen Tisch nach dem Salz zu strecken. Also eine Frage der Etikette. Ich bestehe das Examen. Das ist zufriedenstellend, nicht so sehr für mich als vielmehr für sie. Hätte es sich als Fehler erwiesen, mich eingeladen zu haben, wäre das unverzeihlich gewesen. Zu viel haben sie verraten, viel zu viel enthüllt, und so etwas kann nicht wieder ungeschehen gemacht werden – nicht ohne den eigenen Geschmack und das eigene Urteil in Frage zu stellen.

Ich bestehe den Test an ihrer Stelle und fühle mich zugleich geehrt. Ich bin in eine Gesellschaft von Menschen aufgenommen worden, die für alle anderen, die in Prag nicht zu Hause sind, fast unerreichbar ist. Damen und Herren, die sich um den Tisch versammeln, um einen Verlust zu feiern, den ich mit meiner Anwesenheit bestätigen soll, und ohne Hund wirkt das Esszimmer von Familie Lukáš, vormals Lustig, noch größer; dahinter vermute ich weitere Räume, obwohl Herr Lukáš versichert, dass das nicht der Fall sei, dass jene drei, in denen wir uns aufhalten, die einzigen seien, über die die Familie verfüge. Auf der anderen Seite der Wand – Herr Lukáš macht eine ausholende Bewegung mit dem Arm in Richtung der Wand hinter ihm – wohnen fremde Menschen. Mit ihnen stehe man in ständigen Konflikten um Wasser, Strom oder ein Radio in voller Lautstärke. Am schlimmsten sei das Radio, vor allem sonntagmorgens. Dennoch sind drei Zimmer ungewöhnlich viele. Familie Lukáš kann sich glücklich schätzen, alles dank entfernter Verwandter, die vor mehreren Jahren an eben dieser Adresse angemeldet wurden, selbst wenn es nicht einmal damals richtig der Wahrheit entsprach. Irgendwo wohnen sie schon – nur nicht hier. Doch ist all das bereits so lange her, dass die Behörden den Vertrag vermutlich verlegt oder vergessen haben. Und die Nachbarn im Haus sind trotz allem anständige Leute, die die Sache nicht melden würden.

Familie Lukáš kann sich sogar dieses Esszimmer leisten, das zu nichts anderem verwendet wird denn als Esszimmer. Ein unwahrscheinlicher Luxus in Prag. Dennoch vermag ich mir nicht vorzustellen, dass man hier täglich das Abendessen einnimmt, jedenfalls nicht an einem Tisch, der in einer Weise gedeckt ist, in der man Gäste empfängt.

Auf dem Tisch vor mir befinden sich Gläser, Teller und Besteck in großer Zahl, ausgelegt wie für eine Operation oder (kulinarische) Feldschlacht. Eine großbürgerliche Ordnung, die ich aus Stockholm kenne, wo sie mich irritieren würde, die aber in Prag lediglich altmodisch wirkt. Genauer betrachtet scheint alles, mit dem der Tisch eingedeckt ist, zu etwas zu gehören, was aus einer früheren Existenz gerettet wurde; der gedeckte Tisch gleicht einer Konkursmasse oder dem, was bei einer Inventarversteigerung angeboten wird: Teller aus Meißner Porzellan (Zwiebelmuster); zwei oder drei Dutzend Kristallgläser (darunter ein paar angeschlagene und ein gesprungenes); mattes Silberbesteck mit eingraviertem Wappenschild, das nicht das Familiensilber der Lukáš sein kann; große Servietten aus Damast (auch diese mitunter mit falschen Familieninitialen bestickt); einige Salz- und Pfefferstreuer in Form exotischer Früchte; drei oder vier Weinkaraffen; einzelne Servierplatten; Aschenbecher aus Zinn; verschiedene Vorlegeschüsseln und Beilagenteller; eine Suppenkelle mit einem Griff aus Edelholz.

So gut es geht, hat hier alles, das irgendwie übrig blieb, seinen Platz gefunden. Wie die verschiedenen Dinge auf dem Tisch angeordnet werden, weicht leicht von dem ab, was ich gewohnt bin, aber nachdem ich eine Weile überlegt habe, glaube ich, sowohl ihre Platzierung als auch ihren Gebrauch zu verstehen.

Mit Ausnahme eines einzigen.

Den Gegenstand erkenne ich vage wieder, weiß auch, dass ich ihn irgendwann verwendet haben muss. Trotzdem komme ich nicht darauf, was es ist.

Kann es an der Platzierung liegen?

Dieses Besteck ist ein Mittelding aus einem kleineren Löffel und einer Kindergabel, wenngleich es auch für ein Kind, das bereits selbständig essen kann, eigentlich zu klein ist. Das Besteck liegt, vom Teller aus gerechnet, außen rechts, müsste also früh zum Einsatz kommen. Aber das geschieht weder bei der Vorspeise, der Suppe oder sobald es Zeit für den Hauptgang ist. Unberührt bleibt es auf seinem Platz liegen. Unauffällig sehe ich mich um – niemand hat es benutzt. Und mittlerweile sind alle mit dem warmen Hauptgericht beschäftigt. Es wird weitergegessen, als wäre dieses Besteck nach wie vor nicht an der Reihe gewesen, obwohl sich das Abendessen seinem Ende nähert, und in mir verstärkt sich der Zweifel, dass es noch dazu kommen könnte. Das tut es auch nicht. Wenn die Gäste sich nach dem Essen von ihren Plätzen erheben werden, bleibt es an derselben Stelle liegen wie zum Zeitpunkt, als wir uns zu Tisch setzten, ohne dass es verwendet worden wäre.

Während des Desserts fällt mir dann ein, was da auf dem Tischtuch liegt.

Eine Austerngabel.

Bei jedem Gedeck eine.

Austern allerdings hat man uns nicht serviert. Das hätte mich auch gewundert, nicht einmal in den Hotelrestaurants des Alcron oder Jalta gibt es Austern, auch nicht auf der Speisekarte. Auch russischen Kaviar gibt es dort nicht. Doch den kann man immer schwarz bei den Kellnern bestellen, die ihn diskret an den Tisch liefern, in Papier eingeschlagen, damit die Kaviardose nicht aussieht wie das, was es in der Tat ist. Austern aber gibt es keine. Seit mehr als einer Generation hat man hier in der Stadt keine einzige geöffnet; nachkommende Generationen hatten keine Gelegenheit, deren raue Schale und flüssigen Inhalt mit salzigem Geruch nach Meer kennenzulernen, und es ist nicht einmal sicher, dass die alten Damen und Herren um den Esstisch der Familie Lukáš sich erinnern, wie sie schmeckten, obwohl sie sie früher oft im Mund hatten.

Das ist aber lange her und die Auster das jüngste aller Fabeltiere Prags: eines, das es nicht gibt, obwohl es im Unterschied zum Einhorn und zum Greif einst tatsächlich existierte. Nun nicht mehr. Die Austern sind aus Prag verschwunden und wurden hier nicht gesehen, seit Prag auf die andere, auf die falsche Seite Europas verschwand.

Beim ersten Mal finde ich, dass die Gabeln lächerlich aussehen, ebenso fehl am Platz wie die Kavalleriesäbel oder die ostindischen Porzellanteller, die dort und da die Wände im Heim von Familie Lukáš zieren. Wäre es nicht besser gewesen, man hätte die Austerngabeln in irgendeiner Küchenlade liegen lassen? Oder sie auf einem Flohmarkt abgestoßen? Aber schon beim zweiten oder dritten Mal beginne ich sie zu schätzen. Diese vollkommen überflüssigen und bedeutungslosen Austerngabeln liegen da auf dem Esstisch der Familie Lukáš, aus reinem Trotz und, obwohl das niemand sagt, um den Lauf der Zeit aufzuheben, als Erinnerung an eine ganz andere Zeit, Besteck, das auf dem Tisch übrig blieb, um zu bezeugen, dass es eine solche immerhin gab.

Als Gast bei Familie Lukáš mache ich diese Erfahrung noch einige weitere Male. Der festlich gedeckte Tisch, das weiße Tischtuch mit einer Austerngabel für jeden Gast – und niemand nimmt sie in die Hand, keiner der Gäste berührt sie. Und dennoch wären die Austern, die es nicht gibt, ohne diese überflüssige Austerngabel noch deutlicher abwesend: ohne dieses geputzte Silber aus einer Zeit, als es Austern noch gab, nach denen in der Erinnerung nun alle greifen statt nach der Gabel, die da vor ihnen auf dem Tisch liegt.

Doch ohne sie hätte es vielleicht keine Austern gegeben, nach denen man wenigstens in der Erinnerung hätte greifen können. Denn solange der Tisch mit Austerngabeln gedeckt wird, gibt es auch Austern, woanders zwar als auf diesem Tisch, und niemals so zahlreich und so vorzüglich wie heute, da es sie nicht gibt.

Und das ist der eigentliche Skandal: dass die heutige Zeit so unendlich viel schlechter ist als die, die es einmal gab und die – darüber sind sich alle am Tisch einig – die beste aller Zeiten war.

Wie war der Abend bei Familie Lukáš?

Es ist Mittwochnachmittag, wieder einmal Zeit für meinen Tschechischunterricht, und Frau Fanta ist es, die die Frage stellt. Ihre rheumatischen Beine haben sie daran gehindert, am vergangenen Sonntag ebenfalls teilzunehmen.

»Ausgezeichnet. Es gab Austern.«

Frau Fanta verzieht das Gesicht zu einer ihrer Grimassen. Diesmal geschieht es mehr aus Langeweile als aus Missbilligung.

»Jaja«, seufzt sie. »Bei Familie Lukáš gibt es immer dasselbe.«

Tagsüber sitze ich im Klementinum, im großen Lesesaal der Bibliothek, die ich mit der Straßenbahn der Linie 8 erreiche oder nach einem kurzen Spaziergang durch die Altstadt von der Haltestelle der Linie 3 auf dem Wenzelsplatz.

Vor mir auf dem Pult habe ich neben der kleinen Leselampe mit dem verbeulten Metallschirm Bücher und Notizblöcke aufgereiht, die meisten davon voll offiziöser Statistiken, denen ich misstraue. Sie beziehen sich auf jene Wirtschaft, zu deren Studium ich nach Prag gekommen bin. Von dieser wollen die in Spalten und Tabellen angeordneten Zahlen ein Bild zeichnen, das nicht im Geringsten mit meinen eigenen Erfahrungen in Prag übereinstimmt. In meinem Alltag gibt es nichts, was die Bezeichnung »Wirtschaft« verdient, eigentlich gibt es nichts außer Mangel. In meinen Notizblöcken gibt es jedoch ausschließlich Überfluss, und einen Großteil dieses Überflusses habe ich trotz besseren Wissens selbst auf Papier festgehalten, Zahlen, die anschwellen und sich aufblähen, obwohl ich weiß, dass sie mager und dünn sein müssten.

Diese Zahlen wollen mich von einem Wohlstand überzeugen, den es nicht gibt, und im großen Lesesaal des Klementinums trage selbst ich zu dieser Illusionserzeugung bei; meine Aufzeichnungen erzählen beharrlich eine Geschichte, von der mir klar ist, dass sie nicht stimmt, und gemeinsam mit der ständig sich steigernden Produktion von Kohle, Stahl oder Elektrizität wachsen auch meine Zweifel. Anfangs gelten sie ausschließlich den Zahlen vor mir auf dem Papier, bald aber der Frage, wie sinnvoll es ist, über diese Zahlen gebeugt hier im Lesesaal zu sitzen. Noch dazu sind sie eine langweilige Lektüre. Es fällt mir schwer, mich auf Ziffern zu konzentrieren. Meine Gedanken schweifen ab. Diese Zahlenparade vorhersagbarer Fortschritte wirkt einschläfernd, lediglich in Einzelfällen überrascht sie mich, wenn einige Ziffern offenkundig als schamlose Lüge aus der Reihe tanzen.

Hin und wieder lege ich eine Pause ein, um einen Apfel zu essen oder mir die Beine auf dem langen Korridor vor dem Lesesaal zu vertreten. Dort schlendere ich auf und ab, ohne mich für mehr als einen Moment aus dem Bann der Zahlen lösen zu können. Dann kehre ich mit einem Gefühl der Lustlosigkeit zurück an meinen Platz, wo die herausgeputzten und glänzenden Zahlen im Schein der Leselampe auf mich warten: Seiten, von oben bis unten mit heroischen Zahlen gefüllt, von denen ich zunehmend den Eindruck habe, sie ergäben keinerlei Sinn. Ja, sie scheinen mich zu verhöhnen. Viele von ihnen habe ich im Verdacht, ganz und gar willkürlich zu sein; sie existieren nur um ihrer selbst willen. Wenn sie überhaupt irgendeine Bedeutung haben, dann als bewusste Fälschungen.

Es ist mein Betreuer, der mich mit den meisten dieser tschechischen Zahlen versorgt. Das Institut, an dem er arbeitet, ist in einem Barockpalais auf der Kleinseite untergebracht. Doch Dozent Konečný, blass und spitznäsig, scheint weder mit dem Palais noch mit meinen Zahlen viel zu tun zu haben. Eine schmächtige und wortkarge Person hinter Brillen mit dicken Gläsern, die in ihrer ruhigen Art fast um Entschuldigung dafür zu bitten scheint, die Mitmenschen mit ihrer bloßen Existenz zu stören. Es fällt schwer, sich vorzustellen, wie so jemand eingesetzt werden kann, um Zahlen zu überwachen, die das genaue Gegenteil sind. Dozent Konečný sieht es als seine Aufgabe an, mich mit Zahlen zu versorgen, die er »zuverlässig« nennt, und mit zuverlässig meint er nicht nur für meine – »unsere«, wie er sagt – Arbeit unentbehrlich, sondern auch von höherer Stelle abgesegnet, Zahlen, die, richtig dargestellt, garantieren sollen, dass meine Dissertation angenommen würde. Eine »höhere Stelle« hingegen erwähnt er nie; nicht, dass eine solche nicht existierte, natürlich existiert sie, sondern weil es überflüssig und eine Beleidigung mir gegenüber wäre, mich darüber aufzuklären, was offenkundig ist und wovon Dozent Konečný ohnehin annimmt, ich wisse Bescheid.

Unsere sogenannte Zusammenarbeit beruht auf einer Reihe solcher Annahmen und Übereinkünfte, so selbstverständlich vorausgesetzt, dass sie nie zur Sprache gebracht werden müssen. Mitunter kann das den Eindruck von Einverständnis erwecken.

Dozent Konečnýs Erscheinung hat etwas Asketisches, gleichzeitig fast Rührendes. Das Gesicht ist dicht an den Schädel gepresst, als hätte man über eine Hand oder einen Fuß einen zu engen Handschuh oder Strumpf gezogen, sodass was zuvor beweglich war, steif geworden ist und etwas beinahe Versteinertes angenommen hat. Seine Lippen sind dünn und aufgesprungen; mein Betreuer befeuchtet sie oft mit der Zunge. Wie ein flacher Schlangenkopf schießt sie aus dem Mund, blaurot und bald wieder verschwunden. Menschen wie er sterben nicht an einer plötzlichen Herzattacke oder nach langer, bösartiger Krankheit, eher an ihrem Arbeitsplatz, wo sie von der Putzfrau mit vornüber auf den Schreibtisch gefallenem Oberkörper, den Kopf zwischen all den Papieren, gefunden werden, bereits verkümmert und bis auf die Rippen vertrocknet, als hätten sie dort monatelang gelegen und nicht erst seit dem Nachmittag des vergangenen Tages.

Wäre mein Betreuer nicht so verbindlich und diskret, sähe ich mich versucht, ihn meinen Zensor zu nennen. Denn seine Aufgabe hat vielmehr abschreckenden als aufmunternden Charakter. Mir ist das bald klar, was wiederum ihm fast ebenso bald klar ist. Seine Betreuung besteht vor allem darin, dass nichts

Unzuverlässiges, also nichts, was nicht zweckdienlich und abgesegnet ist, in meinen Entwürfen oder Vorstudien auftaucht und von dort in meine Dissertation gelangt. Das genau gilt es zu verhindern! Dozent Konečný prüft die Auswahl meiner Zahlen viel kritischer als meine schriftlichen Kommentare dazu, Zahlen, die ich über ihn bekommen habe, die jedoch ebenso wenig seine wie meine sind. Sie alle gehören der höheren Stelle, die sich keinen Augenblick für Dozent Konečnýs und meine gemeinsame Arbeit interessiert. Gleichzeitig muss er mich davon überzeugen, dass es zu diesem Arbeitsplan keine Alternative gibt: Anderes Material als jenes, mit dem er als Betreuer mich versorgt, kommt nicht in Frage.

Daran darf es nicht den geringsten Zweifel geben. Genau genommen macht Dozent Konečný mir das auf seine dezente Art bereits bei unserem allerersten Treffen klar. Aus Stockholm habe ich einige Bücher tschechischer Ökonomen wie Ota Šik oder Radoslav Selucký mitgebracht, Personen, die nach dem Einmarsch in Prag in Ungnade gefallen sind und nun entlassen oder auf andere Weise zum Schweigen gebracht wurden, sofern sie sich nicht bereits im Exil befanden. Deren Arbeiten haben großen Eindruck auf mich gemacht. Sie mit nach Prag zu nehmen, wo sie jetzt tabu sind, war eine Trotzhandlung, die fast einer Provokation gleichkam. Denn Šik und Selucký stehen auf der Seite der Buchstaben und Wörter, sie benutzen nur wenige Zahlen, um ihre Überlegungen zur katastrophalen wirtschaftlichen Lage des Landes zu beleuchten. In ihrer Welt kommt den Zahlen eine untergeordnete Rolle zu; begreiflich werden sie erst mithilfe von Wörtern.

Ich zeige ihre Arbeiten Dozent Konečný, der sie selbstverständlich kennt, flüchtig in den Büchern vor- und zurückblättert und danach zustimmend nickt, halb unmerklich, bevor er sie mit einer Handbewegung, als verjage er ein irritierendes Insekt, eher eine Fliege als eine Hornisse, zurück auf meine Seite des

Tisches schiebt. Seine wortlose und, wie mir scheint, solidarische Sympathie, ist nicht zu verkennen. Es handelt sich immerhin um von meinem Zensor hochgeschätzte Kollegen.

Ihre Bücher sind jedoch unbrauchbar. Für uns können sie nicht in Frage kommen. Stattdessen muss ich mich an das »zuverlässige« Material halten, mit dem er mich versorgen wird. Zum überwiegenden Teil wird es aus Zahlen bestehen, also von genau jener Objektivität sein, die Wörter nicht einmal ansatzweise besitzen. Zahlen haben mit Fakten, Wörter mit Ansichten zu tun. Auf Letztere kann man sich nicht verlassen. Wörter können bekanntlich alles Mögliche bedeuten und sollen deshalb in unserer Dissertation, die ja aufseiten des Beständigen und Faktischen angesiedelt ist, ausschließlich jenen Platz bekommen, der absolut notwendig ist. »Wir beide«, sagt Dozent Konečný in einem Ton kollegialer Vertraulichkeit, »befassen uns mit strikter Wissenschaft, eine Dissertation muss ja nach mehr Langlebigkeit trachten als ein Leitartikel oder die neueste Parteibroschüre. Ein Buch ist schließlich etwas Besseres als eine Zeitung. Und ein wissenschaftliches Buch muss mehr Zahlen als Wörter beinhalten.«

»Für unsere Arbeit ist es am besten, wenn wir die hier vergessen«, sagt Dozent Konečný und zeigt auf die Bücher seiner Kollegen. »Leider.« Das Wort fügt er mit einem eiligen und zugleich entschuldigenden Lächeln hinzu.

Für mich ist das ein harter Schlag. Zahlen sind nie meine Sache gewesen. So lange ich zurückdenken kann, habe ich mich an Buchstaben gehalten, nicht an Zahlen, denen ich nie recht vertraut und die ich oft genug nicht einmal verstanden habe. Und erst die störrische Selbstgefälligkeit der Zahlen, ihre Vermessenheit! In diesem Punkt liegt Dozent Konečný richtig: Zahlen sind nicht verhandelbar. Stattdessen stellen und erzwingen sie unaufhörlich Ultimaten, anders als die Wörter laden sie nicht zu einem Gespräch oder zumindest zum Nachdenken ein; keine einzige Zahl, der ich begegnete, vermochte »fast« oder »womöglich« zu sagen. Etwas festzuhalten liegt ihnen mehr, und vielleicht erscheinen sie mir gerade, weil sie keine Einwände dulden, verlogener als Wörter. Es kommt vor, dass Wörter mit Ausflüchten reagieren und Abkürzungen nehmen, selten aber, dass sie wie Zahlen hartnäckig auf etwas beharren, auch wenn sie ganz falschliegen. Doch nun bin ich solchen Zahlen ganz und gar ausgeliefert, und zwar in großer Menge, sogar bewusst verdrehten und gefälschten Zahlen, und es wird erwartet, dass Dozent Konečný und vor allem ich zu dieser systematischen Fälschung beitragen, indem wir sie zu wissenschaftlicher Wahrheit erheben, das alles in einer Dissertation, auf deren Umschlag mein Name stehen soll, nicht der irgendeines anderen.

Mit dem eigenen Namen als Garant für etwas zu stehen, das Lüge ist? Das ist zu viel verlangt. Ich habe nicht vor, mich freiwillig für eine solch erniedrigende Unterwerfung herzugeben. Es dauert allerdings lange, bis ich begreife, dass es Zeit ist, sich langsam zur Wehr zu setzen, und dass das nur mithilfe von Wörtern geschehen kann.

Im Katalog der Buchbestände des Klementinums habe ich nach anderen Quellen gesucht als dem Zahlenmaterial, das mir Dozent Konečný zur Verfügung gestellt hat. Und ich will wissen, was aus Šik und Selucký geworden ist, beide mittlerweile im Exil. Was ist aber mit ihren Arbeiten geschehen? Sind auch sie auf der schwarzen Liste? In der gigantischen Kartei aller Bücher der Nationalbibliothek fehlen ihre Werke. Auch ihre Namen lassen sich unter dem Buchstaben »S« in den Schubladen des Karteikastens mit den ordentlich maschinengeschriebenen Karten für jeden Autor nicht finden. Ihre Namen sind verschwunden. Wörter können vielleicht, wie Dozent Konečný findet, dazu gebracht werden, alles Mögliche zu bedeuten, doch selten dazu, ganz und gar zu verschwinden wie hier die beiden Namen, nach denen ich suche.

Schließlich finde ich einen von ihnen in einer Anthologie aus den frühen sechziger Jahren, deren genaues Studium mir Dozent Konečný empfohlen hat. Vielleicht ist es ein Versehen: Hineingezwängt zwischen die anderen Beiträger der Anthologie finde ich da den Namen Šik. Nicht mehr als diese drei Buchstaben dicht beieinander. Alle Werke unter seinem eigenen Namen aber müssen auf dem Index gelandet und aus der Nationalbibliothek aussortiert worden sein, die prinzipiell allen zur Verfügung steht.

In meinem Misstrauen gegen die Zahlen neige ich immer stärker den Wörtern zu. Mir scheint nun, dass die Zahlen meine Selbstachtung wie auch meinen Ruf bedrohen, und statt auf Dozent Konečný höre ich mehr und mehr auf Frau Fanta, die so leidenschaftlich auf der Seite der Wörter steht. Die wenigen Zahlen, die sie verwendet, beschränken sich auf eine Zeitangabe oder die Größe des Söldnerheeres irgendeines Fürsten, Zahlen, die keine andere Aufgabe haben, als an ihnen so viel mehr und wichtigere Wörter aufzuhängen. Bei der Ausleihe des Klementinums bestelle ich Autoren und Bücher, die ich aus ihren Sprachlektionen in Erinnerung habe: tschechische Klassiker, Biografien, Bücher über Prags Geschichte oder die Mythen und Sagen der Stadt. Alles ist vorrätig. Alles wird prompt geliefert. Die Bücherstapel auf meinem Leseplatz wachsen, auch die Menge der Anmerkungen in meinen Notizbüchern. Nun aber bestehen sie aus Wörtern – die Zahlen können sich, abgesehen von einer einzelnen Jahreszahl, einer Uhrzeit oder einem Datum, unter ihnen bald keinen Platz mehr verschaffen.

Von jenem, das zu lesen Frau Fanta mich anregt, ist es der Mythos vom Golem, der mich am meisten fasziniert. Im alten Prag erzählte man die Legende um den Rabbi Löw, der sich aus den vier Elementen einen künstlichen Menschen erschuf und ihm den Namen Golem gab. Alle Teile dieses Wesens sind menschlich. Auch dem Gesicht gibt Rabbi Löw menschliche

Züge, nur die Fähigkeit zu sprechen fehlt seiner Schöpfung. Stumm und mit seinem schweren Haupt auf den Händen ruhend sitzt er beim Herd im Haus des Rabbiners und wartet auf Aufträge. Der Golem wird um Wasser geschickt, soll Brennmaterial sammeln, Besorgungen auf dem Markt erledigen oder Holz hacken, und alles wird zur Zufriedenheit ausgeführt, bevor er auf seinen Platz beim Herd zurückkehrt, wo er auf neue Aufträge wartet.

Nur sprechen kann er nicht. Und er hat keine Vergangenheit: Aus Erde, Wasser, Feuer und Luft ist er geschaffen, wer er ist und woher er kommt, weiß er nicht. Danach fragt ihn auch niemand.

Dem Golem fehlt sowohl Sprache als auch der eigene Wille. Er hat keine Biografie, keine Erinnerungen, ja, eigentlich schlimmer noch, er scheint einfach nicht in der Lage, sich an das zu erinnern, was geschieht und was er erlebt, und ebendas macht ihn zu einem *homunculus*, dem Wunschtraum der mittelalterlichen Alchimisten von einem durch und durch künstlichen Menschen, und gerade durch diesen totalen Gedächtnisverlust oder das Unvermögen, sich zu erinnern, wird er zu einem Instrument in den Händen anderer.

Rabbi Löw ist jedoch nicht irgendein Alchimist, sondern ein zutiefst gottesfürchtiger und rechtgläubiger Mensch. Seine Schöpfung wird nicht als Arbeitstier verwendet. Bei ihm wohnt der Golem zusammen mit den anderen Mitgliedern des Haushalts. Auch würde es Rabbi Löw nicht einfallen, den Golem am Sabbat arbeiten zu lassen oder ihn mit Aufgaben zu betrauen, die vielleicht seine Kräfte übersteigen. Falls der Golem ein Sklave ist, so ist er dennoch in den besten Händen.

Bald habe ich die Zahlen und Statistiken im Klementinum ganz aufgegeben. In Jan Nerudas »Kleinseitner Geschichten« aus dem 19. Jahrhundert finde ich mehr über Wirtschaft, in Karel Čapeks Romanen mehr über die Bedingungen der Macht als in den zeitgenössischen Werken der Ökonomie. Die Belletristik ersetzt die wirtschaftswissenschaftliche Fachliteratur, obwohl ich nur einige wenige der tschechischen Klassiker ohne Schwierigkeiten im Original lesen kann; Professor Poldaufs großes Tschechisch-Englisch-Wörterbuch mit seinem hellroten Umschlag liegt im Lesesaal stets neben mir bereit. In einigen der größeren Buchhandlungen der Stadt und vor allem in den Antiquariaten entdecke ich Übersetzungen der tschechischen Klassiker, die ich billig erwerbe und tagsüber in die Bibliothek mitnehme. Mit wenigen Ausnahmen handelt es sich um Übersetzungen ins Deutsche, und besonders in den Antiquariaten, wo sie in Regalen mit meterweise unverkäuflicher älterer deutscher Literatur stehen, hineingezwängt zwischen Bücher auf Tschechisch, ist man erfreut darüber, sie loszuwerden. Nur physisch, von Einband zu Einband, berühren sie einander. Frau Fantas Geschichtsschreibung von der großen kulturellen Symbiose entpuppt sich hier als sentimental oder reines Wunschdenken: Die Regale der Antiquariate zeugen eher davon, wie deutsche und tschechische Kultur in Prag aneinander vorbeilebten, streng voneinander getrennt.

Nirgendwo allerdings hat die deutschsprachige Bevölkerung, die früher in Prag zu Hause war, deutlichere Spuren hinterlassen als in den Antiquariaten. Bücher scheinen alles, was von ihnen übrig geblieben ist, Bücher, die einst den Deutschpragern gehörten und von ihnen vielleicht sogar gelesen wurden, die aber hier seit mindestens einer Generation ungelesen in langen Reihen stehen, Bücher, die ihre Besitzer alle überlebt haben, und mit diesen Büchern hin und wieder auch der Name eines Inhabers auf einem eingeklebten Exlibris, umschlungen von

Blumenornamenten im Jugendstil, verziert mit dem einen oder anderen Totenkopf und oft mit einem lateinischen Spruch versehen, den ich nur halb verstehe.

Einmal entdecke ich auch einige kleine ungefaltete und beinahe quadratische Scheine, die zwischen die Seiten eines deutschen Buchs gesteckt wurden. Sie gleichen eher Kupons als Scheinen und sind jene besondere Währung, die im Getto Theresienstadt als Zahlungsmittel verwendet wurde; verstohlen lasse ich die Scheine in meiner Jackentasche verschwinden. Leider habe ich schon am nächsten Tag vergessen, in welchem Buch ich sie gefunden habe. Nun steht es dort ohne seine Scheine, und ginge ich in das Antiquariat zurück, hätte ich nicht die geringste Chance, das Buch wiederzufinden. Ich mache mir Vorwürfe. Wie konnte ich bloß so nachlässig sein, so gedankenlos? Meinen Diebstahl rechtfertige ich damit, dass ich etwas aus dem Getto vor dem Vergessen gerettet habe. In jenem Buch, das ich nicht noch einmal finden würde, hätten die Scheine bleiben können, ohne dass es je wieder geöffnet worden wäre.

Im Sommer sind die Antiquariate in Prag kühl, im Winter kalt und zugig. Sparsam beleuchtet sind sie zu jeder Jahreszeit, und der strenge Geruch von Staub sticht in der Nase. Hinter einem Tisch sitzt jemand in einem Arbeitsmantel und liest ein Buch, ohne sich um die Kundschaft zu kümmern. Die Kunden fragen nach Büchern, die es nicht gibt, oder suchen eigenständig nach dem, was sie zu finden hoffen. Manchmal nach überhaupt nichts Bestimmtem. Die Antiquariate erinnern mich an riesige Speicherkammern, oft unterirdisch oder in Kellergewölben untergebracht, die für Prag die Vergangenheit aufbewahren. Hier wird die Geschichte gelagert; als Vergangenheit von Schimmel und Staub überzogen, als Geschichte unterdrückt und verschwiegen. Nicht aber beschönigt – niemand hat dafür gesorgt, sich ihrer anzunehmen, sie einzuordnen, auszusortieren, sie auf den Index zu setzen oder das Vorbildliche hervorzuheben. Hier wird Geschichte nicht aufbewahrt, wie sie sein soll, sondern wie sie ist, und die Antiquariate sind wohl der einzige Freiraum dieser Art, den es in Prag gibt. Im Antiquariat kann jeder sich eigenhändig seine Version der Geschichte zusammenstellen, ohne Rücksicht darauf, was von oben als die einzig richtige Version gilt. Die in den Regalen herrschende Ordnung schreibt lediglich eine grobe Einteilung in Sachgebiete vor, dazu eine alphabetische Reihung, weniger eingehalten als vielmehr angestrebt.

Nach wie vor ist mein Deutsch besser als mein Tschechisch, und es zieht mich zu jenem ausgestorbenen Deutsch hin, das in der Unterwelt der Antiquariate weiterlebt. In dunklen Räumen stehen finstere Reihen mit Büchern in der Sprache der Täter und oft genug von deren Opfern geschrieben, ganz oben unter der Zimmerdecke versteckt oder gleich über dem Zement- oder Fliesenboden. Nur selten fragt ein Kunde nach ihnen. Meistens bin ich mit meinem Interesse allein. Viele Stunden verbringe ich auf einer schmalen Leiter balancierend, wo ich den Kopf schief halte und versuche, Titel und Autorennamen auf traurig ausgeblichenen oder eingerissenen Buchrücken zu lesen, häufig Klassiker wie Goethe oder Schiller, Grillparzer oder Thomas Mann, aber auch Bestsellerautoren der Zwischenkriegszeit wie Lion Feuchtwanger, Erich Kästner und Stefan Zweig (immer wieder dieser Zweig). Ich entdecke jedoch auch pragerdeutsche Autoren, die mich mehr interessieren – Hugo Salus, Gustav Meyrink, Hermann Ungar, Max Brod, Ernst Weiß, Paul Leppin.

Wie viel vergeudete Zeit!

Mitunter habe ich den Eindruck, mehr Zeit mit der Suche nach Lektüre zu verbringen, als ich brauche, das, was ich finde, auch wirklich zu lesen. Meine Entdeckungen sind selten und wären ohne Leiter noch seltener. Ein Antiquariat dieser Art – und es gibt mehrere davon – ist wie eine Krypta, Dichtern geweiht, deren Bücher vor nicht allzu langer Zeit hier gelesen, vielleicht sogar geschrieben wurden, eine Literatur jedoch, die hier nicht mehr zu Hause und in Vergessenheit geraten ist. Kaum jemand in Prag liest sie oder macht sich etwas aus ihr. Nur die Namen und Titel der Buchrücken legen Zeugnis davon ab, dass es sie einst gab, und wenn ich dann von der Leiter heruntersteige, tun mein Nacken und meine Schultern weh, ein schmerzhafter Preis für eine magere kulturelle Ausbeute.

Ich nehme ein Buch in die Hand, blättere darin, die Seiten gleichsam spröde und steif. So lange zwischen Buchdeckel gepresst dazustehen, die nicht geöffnet werden, muss eine harte Prüfung auch für die Ideen und Überzeugungen sein, die in einem solchen Buch Platz finden. Ab und zu stehen die Buchstaben nicht ganz aufrecht in den Zeilen; sie scheinen sich auf den Seiten vorzutasten, Zeile für Zeile. Oder ganze Wörter sind seit Jahrzehnten am Verblassen, als wollten sie mit dem Rest des Textes nichts mehr zu tun haben.

So umfassend und beinahe schon fanatisch gründlich ist meine Durchsuchung dort auf der Leiter, dass ich bald entdecke, dass Goethe und Schiller sich in Gesellschaft von Büchern befinden, die noch weniger nachgefragt werden als ihre eigenen, Bücher, die mit der Zeit, wenn der eine oder andere Goethe oder Grillparzer doch neue Besitzer gefunden hat, die staubigen Regale dominieren werden. Bei jedem künftigen Besuch ist es, als hätten sie sich vermehrt. Nach und nach präge ich mir die Namen einiger ihrer Autoren ein. Blunck, Hermann Stehr, Johst, Gustav Frenssen, Kolbenheyer, Wilhelm Schäfer. *Nomen est omen.* Als Autoren haben sie weniger Größe als die Ideen und Themen, über die sie schreiben, und durch ihre Aneignung sind mehrere dieser Ideen und Themen in Verruf geraten. In den Büchern, die sie geschrieben haben, finde ich selten ein Exlibris, als wollte der ursprüngliche Inhaber eines solchen Buches mit ihm nichts zu tun haben, es jedenfalls nicht zur Schau stellen oder sein Besitzrecht geltend machen.

Kein Exlibris und nie einer der Kupons aus Theresienstadt. Obwohl auch die, die diese Bücher besessen und vielleicht sogar gelesen haben, in Prag einst neben jenen wohnten, die statt einem Dörfler oder einem Binding Lion Feuchtwanger und ihre deutschen Klassiker bevorzugten, wobei Erstere gleichgültig gegenüber dem Schicksal Letzterer waren oder es beschleunigten, indem sie sie denunzierten.

Doch auch von ihnen sind nur Bücher übrig geblieben.

Die Funde, über die ich mich am meisten freue, sind jene tschechischen Autoren, die ich nur mit Mühe im Original lesen kann, auf die ich hier aber manchmal in deutschen Übersetzungen stoße. Auf diese Art lese ich Jaroslav Hašek, eine ganze Menge der Gebrüder Čapek, Bohumil Hrabal, Božena Němcová oder Dichter wie Vítězslav Nezval oder Vladimír Holan. Für die Kasse eines Studenten trifft sich das gut, und bald haben die Buchstaben die Zahlen zur Gänze verdrängt; ich fühle mich an die Schulbank meiner Kindheit erinnert, als ich unter dem Pultdeckel heimlich las, was mit dem Unterricht nichts zu tun hatte. Im Lesesaal des Klementinums aber zwingt mich niemand dazu, das Buch zu verstecken; es liegt aufgeschlagen vor mir, ohne dass jemand mit dem Zeigestab auf meine Finger schlägt.

Wirtschaft studiere ich nicht mehr. Meine Treffen mit Dozent Konečný stelle ich langsam ein. Ich höre kaum mehr von ihm. Für das, womit ich meine Zeit verbringe, habe ich keinen Namen. Noch nicht. Aus meinen gekauften oder im Klementinum entlehnten Büchern schreibe ich Auszüge ab, oft mehrere Seiten lang; wenn ich von ihnen aufsehe, ist es bereits drei oder auch fünf Uhr. Die Zeit vergessend habe ich kopiert, was mich verblüfft oder was ich für besonders klug halte, manchmal für eine unbestreitbare Wahrheit. Meine eigenen Kommentare zu dem, was ich abschreibe, sind mitunter noch länger, sie wachsen sich aus zu Mini-Essays oder sind zumindest aufgequollene Fußnoten, um dann wieder zu etwas zusammenzuschrumpfen, das einem Aphorismus gleicht. Sicherlich genial, oft aber so kryptisch festgehalten, dass ich ihn nachträglich selbst nicht verstehe. Was steht da eigentlich? Etwas Unlesbares. Was ich selbst geschrieben habe, vermag ich nicht zu lesen, geschweige denn zu begreifen.

Dennoch gehe ich mit meinen Wörtern anders um als mit den Zahlen, die ich normalerweise liegen lasse, wenn ich aus dem Lesesaal gehe, um eine Pause zu machen. Die Wörter behandle ich achtsamer, sie sind gefährlicher als Zahlen. Auch für mich. Nicht banal und eindeutig, nicht entweder dafür oder dagegen wie die Zahlen; die Wörter enthalten Schattierungen von dafür oder dagegen, es genügt, den Blickwinkel zu ändern oder ihnen einen Schubs zu geben, damit sie wie in einem Kaleidoskop sowohl Gestalt als auch Bedeutung wechseln. Wenn ich mich aus dem Lesesaal entferne, getraue ich mich nicht mehr, meine Aufzeichnungen liegen zu lassen, habe deshalb einen Plastiksack in der Tasche, in den ich mein Manuskript stecke. Manuskript, nicht Dissertation, ist das Wort, das ich nunmehr verwende. Verlasse ich den Lesesaal, nehme ich es mit.

So weit ist es gekommen.

Ich habe angefangen zu verstecken, was ich geschrieben habe, als enthalte es etwas Verbotenes, und es sind die Autoren Prags selbst, wie Franz Kafka oder Karel Čapek, die mich dazu gebracht haben. Vor allem aber der Mythos vom Golem, diesem künstlichen Menschen, der mehr einem von Čapeks Robotern ähnelt als den namenlosen und angstvollen Geschöpfen Kafkas, die letztlich zu Initialen reduziert sind. Dennoch scheinen sie alle derselben Familie anzugehören: Wesen, die nicht wissen, wer sie sind, woher sie kommen oder wohin sie gehen. Die sich an nichts erinnern können und nichts zu erinnern haben. Wie viele solcher künstlichen Menschen, scheinbar lebendig, habe ich nicht in Prag getroffen! Und ich fertige umfangreiche Abschriften aus den Büchern über den Golem an und versehe sie mit eigenen Kommentaren, schreibe auf, streiche, schreibe um, und was da langsam auf dem Papier heranwächst, gleicht eher einer Krankenakte als einem Rezept gegen das große Vergessen.

Eigentlich sind diese Prager Mythen und Literatur subversiver als alles, was die Politik der »Normalisierung« in Druck und Übersetzung verbietet oder bereits in Manuskriptform als eine Angelegenheit der Polizei auffasst.

Warum stehen Čapeks Roboter und die Geschichten vom Golem nicht auf dem Index?

Stattdessen scheint im Klementinum Chaos zu herrschen. Für meine Arbeit entdecke ich im Zettelkasten der Bibliothek wichtige Verfasser, die nur indirekt mit meiner Dissertation zu tun haben, die ich aber beschließe zu bestellen. Karl Popper, Marshall McLuhan, Friedrich von Hayek. Es sollte sie dort gar nicht geben. Im normalisierten Prag sind sie sogenannte Unpersonen. Man nennt sie nie beim Namen, und ihre Bücher sind nirgends zu bekommen. Aber in der Bibliothek des Klementinums gibt es sie, und mit einem solchen, eigentlich nicht existierenden Buch vor mir auf dem Tisch im Lesesaal, befasse ich mich mit der Frage, wie schwer es sein muss, hier in der Welt etwas auszulöschen und für immer abzuschaffen, dem es einst gelang, den Weg hinein zu finden; nicht zuletzt in eine Bibliothek.

Wie kann es sein, dass ihre Bücher noch nicht aussortiert wurden? Mehr als zwei Jahre nach dem Einmarsch? Dass die Neuordnung der Normalisierung noch nicht die bedeutendste Bibliothek der Stadt erreicht hat? Ist es eine Frage der Zeit? Oder dessen, was Frau Fanta »Schlamperei« nennt, eine Bezeichnung, die sie für das meiste verwendet, das in Prag zusammengebrochen ist und nicht funktioniert wie vorgesehen?

Hin und wieder bilde ich mir ein, dass es mit Sabotage zu tun haben muss. Eine unausgesprochene und vielleicht sogar unbewusste Sabotage, wenn etwa die stark kurzsichtige (wie es einer Bibliothekarin ansteht) Dame mittleren Alters am Entlehnschalter des Klementinums mit freundlichem Interesse meine Bestellungen prüft und dafür sorgt, dass ich sie am nächsten Tag bei ihr abholen kann.

»Ihr Buch ist hier. Ich hoffe, das freut Sie zu hören.«

Einige Tage lang lese ich dann ohne Unterbrechung Karl Popper oder Friedrich von Hayek, die mich mit weiteren Argumenten ausstatten, geeignet, eine Ordnung zum Einsturz zu bringen, zu deren Aufrechterhaltung sogar diese freundliche Bibliothekarin in ihrer untergeordneten Stellung verpflichtet ist. Ganz unbedeutend ist sie schließlich nicht. Sie sitzt da an ihrem Pult, um über die Gesundheit dieser riesigen Buchbestände zu wachen, die aber bereits angesteckt, krank sind, innerlich angegriffen von allen Metastasen des Zweifels und der Einwände, die sie nun statt zu bekämpfen zu verbreiten hilft, indem sie dienstbeflissen die allerschlimmsten Ansteckungsgefahren an mich weitergibt.

Mehrere Tage hintereinander liegt Popper jeden Morgen auf ihrem Tisch. Etwas später Friedrich Hayek und Bertrand Russell. Und jedes Mal schenkt sie mir gemeinsam mit dem Buch ihr warmes Lächeln, um damit meine Unterschrift unten auf ihrer Entlehnliste zu quittieren. Auf wessen Seite steht sie eigentlich? Oder ist sie sich darüber nicht im Klaren, was sie tut? Vielleicht sind ihr alle diese Autoren unbekannt. Oder setzt sie möglicherweise eine solidarische Handlung, geht es um ihre stille Sympathie für das, dem ich mich da im Lesesaal widme?

Da es ohnehin kaum möglich und vermutlich auch am besten so ist, beschließe ich, nicht zu versuchen, den Grund dafür herauszufinden. Am besten sowohl für sie als auch für mich. Die Erklärung wäre wahrscheinlich zu kompliziert und widersprüchlich, um nicht von meinen plumpen und naiven Fragen verzerrt zu werden. Es ist gut möglich, hier zur selben Zeit dafür und dagegen zu sein, die rechte Ordnung zu verteidigen, die man zugleich täglich zu untergraben hilft.

Gut möglich; tatsächlich vielleicht die einzig mögliche Haltung.

Auch lässt sich nicht behaupten, diese Bibliothekarin trage die Schuld an etwas Empörendem oder noch nicht einmal besonders Bemerkenswertem – einige verbotene fremdsprachige Bücher auszuleihen kann schließlich als geringer Verstoß gewertet werden, dem es an einem gewissen Maß arglosen Charmes nicht mangelt.

Ich weiß das zu schätzen. Statt Neugier empfinde ich Dankbarkeit gegenüber dieser Bibliothekarin. Einmal gebe ich ihr sogar einen meiner Äpfel. Freudig überrascht nimmt sie ihn entgegen.

Während der Tage im Lesesaal habe ich angefangen, immer längere Pausen zu machen, um zu Fuß zu verdauen, was ich in den Büchern entdeckt habe. Fast jeder dieser Spaziergänge führt mich zum alten jüdischen Friedhof in der Nähe des Klementinums. Entweder nehme ich den Weg über den Marienplatz oder gehe die Strecke der Straßenbahnlinie 8 entlang, am Rudolfinum vorbei, löse eine Eintrittskarte für den Friedhof und verbringe dann eine halbe Stunde oder mehr, häufig allein, zwischen schiefen und wackligen Grabmalen. Kneife ich die Augen zusammen, verwandeln sie sich in ein einziges sturmgepeitschtes Meer aus bleifarbenem oder schwarzem Stein.

Der Friedhof liegt dort, wo früher das Prager Getto war. Er ist verlassen und einsam, obwohl die Toten hier seit Hunderten Jahren dicht gedrängt begraben liegen, in Schichten übereinander, während die Stadt rundherum hereinwächst, sich von allen Seiten über die Gräber neigt. Es herrscht Unordnung; die Grabsteine bedrängen sich gegenseitig und fallen übereinander, die Gräber sind nicht ordentlich abgegrenzt, sodass schwierig auszumachen ist, welcher Tod wem gehört. Diese Ruhestätte für die Toten hat etwas Unwirkliches, zugleich Strenges und Unerbittliches an sich. Kein Lebender spricht mich hier an, und es gibt niemanden, mit dem ich sprechen könnte. Es gibt keine Bänke, auf die sich einsame Alte setzen und darüber nachdenken könnten, ob es hier für die ewige Ruhe still genug wäre, oder um eine Weile mit dem geliebten Menschen zu plaudern, der vielleicht schon fortgegangen ist und unter der Erde ruht.

Dann allerdings woanders als hier.

In einem solchen Gespräch könnte verhandelt werden, was sowohl über als auch unter der Erde gilt: am wahrscheinlichsten jedoch das, was einst über ihr galt, begraben weniger von Erde als vom Vergessen. An diesem Ort haben die Toten allerdings seit langem keine lebenden Angehörigen, die solcher Bänke bedürfen; der Letzte, der hier begraben wurde, war ein Moses Beck, gestorben 1787. Es besteht keine Verbindung mehr zwischen über und unter der Erde. Als alleinige Gesellschaft haben die Toten heutzutage nur mehr einander, alle vereint in Namenlosigkeit und Vergessen. Trotzdem liegen nach jüdischem Brauch kleine Steine auf einigen der Gräber als Zeichen, dass die Toten hier nicht vollständig vergessen sind. Erinnerung und Vergessen tanzen ihren ewigen Paartanz, eng und krampfhaft umschlungen, treten einander aber unaufhörlich auf die Zehen, als achtete niemand von ihnen auf die Musik. Die Steine ruhen da jedoch wie von einer unsichtbaren Hand hinterlegt, einer Hand weder aus Fleisch noch aus Blut.

Die Begrabenen sind mir alle unbekannt. Die Ausnahme ist Rabbi Löw, der Schöpfer des Golems.

Häufig besuche ich den Friedhof, um zwischen den Grabsteinen umherzugehen, bevor ich vor dem Grab des berühmten Rabbiners mit seinem in den Stein gehauenen Löwen stehen bleibe. Können wir uns sicher sein, dass er hier ruht? Nach bald vierhundert Jahren? Die Inschrift auf dem Grabstein ist auf Hebräisch, das ich nicht verstehe, mit von Wind und Wetter so verschlissenen Schriftzeichen, dass selbst der gelehrte Rabbiner es wohl nicht vermocht hätte, sie zu deuten. Auf dem Grab des Rabbi Löw liegen die meisten Steine, eine Handvoll Erinnerung, verwandelt zu Kies. Der Löwe im Stein ähnelt einer Katze. Eine bösartige, geflügelte Hauskatze anstelle eines Löwen, eines jener vielen Prager Tiere, die es nicht gibt.

Allerdings haben auch die ausgetretenen Pfade zwischen den Gräbern mit einer Savanne oder einem Dschungel nicht viel gemeinsam.

Nur selten sehe ich andere Besucher, deren unsicherer Gang inmitten der Grabsteine sie als Touristen entlarvt, Besucher, die vielleicht nicht einmal Juden sind, nur auf der Suche nach einer Stimmung, einer Atmosphäre, oder die meinen, das sei ein geeigneter Ort, um über ein Stück europäischer Geschichte nachzudenken. Bei so viel Tod und verwahrloster Vergangenheit kommt es vor, dass auch ich mir diese Frage stelle. Europa? Das Wort ist mir zu groß und unangenehm, um etwas Brauchbares damit anstellen zu können. Auch eine Annäherung über Umwege ist keine große Hilfe. Was könnte als typisch europäisch gelten? Auf besonders viel komme ich nicht. Ein Streichquartett vielleicht. Ein guter Jahrgang eines Weins. Ein Konzentrationslager. Eine Amsel. Mehr fällt mir nicht ein. Und zum Konzentrationslager und zu der Amsel mag mich der Spaziergang auf dem Friedhof inspiriert haben; in den großen dichtbelaubten Bäumen, die ihre Kronen über den Gräbern aufgespannt haben, gibt es immer mehrere Amseln, die man hier nicht sieht, nur hört. Mehr als diese vier Phänomene oder Erscheinungen, ohne die ich mir Europa nicht vorzustellen vermag, bekomme ich nicht zusammen. Oder? Da ist doch noch etwas, was ich bereits vergessen habe, bevor ich erneut vor Rabbi Löws Grabstein stehe. Und erst da fällt mir ein, dass gerade dieses Vergessen das fünfte Phänomen und vielleicht am meisten europäische von allen ist.

»treffen diesen donnerstag 15 uhr. stop k-ý«

Dozent Konečný meldet sich per Telegramm. Er bittet um ein Treffen im Institut. Die Bitte ist eigentlich ein Befehl, und das nicht ohne Grund: Seine und meine Zahlen liegen brach, und mehr als zwei Monate müssen vergangen sein, ohne dass wir einander gesehen haben. Und ich habe nichts, was ich ihm zeigen könnte, jedenfalls nichts, was mit meiner – unserer – Dissertation zu tun hat. Dieser fehlende Fortschritt in der Arbeit ist für mich belastend, und ich bin meinem Zensor eine Erklärung schuldig. Jede Erklärung aber, die sich nicht an die Wahrheit hält, wäre eine Ausrede oder ein Vorwand, den Dozent Konečný nicht einmal zu kontrollieren brauchte, sondern sofort durchschauen würde; in unserer Zusammenarbeit ist ein Punkt erreicht, an dem die Lüge keine Überzeugungskraft mehr besitzt, nicht einmal Charme genug, um mehr Zeit für mich zu erwirken. Es ist nötig geworden, auf Kosten der Lüge ein Wagnis einzugehen. Ich habe keine andere Wahl, als mich an die Wahrheit zu halten, kann nur darauf hoffen, dass auch mein Betreuer sich in deren zwingende Notwendigkeit und Unzugänglichkeit für Einwände fügt.

Falls Dozent Konečný über meine lange Abwesenheit irritiert ist, so lässt er es sich nicht anmerken, rührt nur energischer als sonst mit dem Löffel in seinem Kaffee. »Na?« Schwer zu sagen, wie ich anfangen soll, um dann fortsetzen zu können.

»Seit einiger Zeit hat meine Arbeit eine andere Richtung genommen«, sage ich.

Dozent Konečný hat den Löffel auf der Untertasse abgelegt. Mit hochgezogenen Augenbrauen und weit geöffneten Augen sieht er mich an. Was ein Lächeln sein könnte, zeichnet sich in seinem rechten Mundwinkel ab, ein sehr dünnes, aber, wie ich es verstehe, amüsiertes Lächeln. Oder sarkastisch?

»Eine andere Richtung sagen Sie? Interessant.«

»Ich habe begonnen, mich für den Golem zu interessieren.«

Dozent Konečný wirkt erstaunt, schweigt aber wie jemand,

der mehr wissen möchte, bevor er gedenkt, sich zu erkennen zu geben. Als Prager weiß er natürlich, von wem die Rede ist. »Seit einiger Zeit mittlerweile«, setze ich fort. Ein vielleicht eher politisches als wirtschaftliches Interesse. »Prag ist ja gewissermaßen ein Laboratorium, in dem mit uns Menschen lange Zeit hindurch Experimente stattgefunden haben.« Auch dazu sagt mein Betreuer nichts, hat seinen Kaffeelöffel aber durch eine Füllfeder ersetzt, die er nun langsam zwischen den Fingern hin und her dreht wie jemand, der intensiv nachdenkt oder mit seinen Gedanken woanders ist. Dieses Schweigen ermutigt mich zu etwas, das ich erst im Nachhinein als eine Art Bekenntnis begreife:

»Der Golem«, sage ich, »ist ja nichts anderes als ein sehr früher Versuch, gerade hier in Prag einen neuen Menschen zu schaffen, genau wie der Sozialismus unserer Tage es will. Der Unterschied ist nicht besonders groß. Der neue sozialistische Mensch ist zwar von der Partei geschaffen und der Golem von einem frommen Rabbi, aber eigentlich sind sie Brüder, beide Sklaven oder eine Art Diener, die gehorchen und tun müssen, was man ihnen sagt. Und beide gehorchen und tun, was man ihnen gesagt hat. Der einzige Unterschied ist, dass die Partei behauptet, der neue Mensch, den man schaffen wolle, sei freier und glücklicher als der alte ausgebeutete und unterdrückte von gestern, obwohl er selbst nicht gefragt wurde, ihm selbst nicht gestattet ist, das für uns zu bestätigen, weil er ebenso stumm ist wie der Golem. Es ist die Zensur der Partei, die ihn zum Schweigen bringt, die ihn hindert, dagegen zu protestieren, dass er, statt befreit zu werden, zu einem Werkzeug in den Händen der Partei wurde. Wer kann das bestreiten?«

Meine Frage ist rhetorisch, ich habe nicht mit einer Antwort gerechnet, allerdings auch nicht damit, dass Dozent Konečný regungslos sitzen bleibt, als hätte er nichts gehört oder nicht das geringste Interesse an dem, was ich gesagt habe. Ich fahre fort:

»Der Staatsbürger ist von einem freien Menschen in einen Untertan verwandelt, und genau wie im Fall des Golems war das möglich, weil der neue sozialistische Mensch keine Ahnung hat, woher er kommt oder wohin er geht, denn er wurde seiner Vergangenheit beraubt, aller Erinnerungen und historischen Bezüge, die ihm sagen könnten, wer er ist. Ohne sie ist er wie ein leeres Gefäß, das die Partei mit allem Möglichen füllen kann. Er ist ein stummes, willenloses, hilfloses Wesen ohne irgendeine bewusste Erfahrung geblieben, auf die er zurückgreifen und die ihn vor Missbrauch schützen könnte. Kurz gesagt, ein neuer Golem.«

Und ohne darauf zu warten, wie Dozent Konečný reagieren wird, mache ich weiter: »Der historische Golem war kein richtiger Mensch, nur ein Instrument, das aber nicht schlecht behandelt wurde. Wir wissen, dass Rabbi Löw ein sehr gottesfürchtiger Mann war. Die Partei hingegen glaubt nicht an Gott, und der neue Mensch, den man schaffen will, ist aus diesem Grund ein Golem, dem keine Barmherzigkeit zuteilwerden wird, stattdessen wird er missbraucht. Im Schweiße seines Angesichts soll der neue sozialistische Mensch für eine bessere Zukunft kämpfen. Doch wofür eigentlich? Für etwas, wovon wir noch keinen Schimmer sehen und das vermutlich niemals kommen wird. Und für wen? Nicht für ihn selbst, sondern für die Partei. Und all das ist möglich geworden, indem man ihn seiner Vergangenheit beraubt hat. Ohne die Vergangenheit ist er, genau wie der Golem, wie von einem Gedächtnisverlust betroffen, der alles und alle umfasst, eine Weile vielleicht noch Mensch, aber schon morgen Roboter. Man könnte sagen, dass er golemisiert wurde. Und gerade die Fähigkeit, sich zu erinnern, und die Erinnerungen, die er in sich gespeichert hat, sind es, die den freien Menschen vom künstlichen Menschen des Sozialismus unterscheiden; deshalb ist die Partei in dieses Pogrom an der Vergangenheit und der Erinnerung in jeder möglichen Form verwickelt. Nicht nur hier in Prag, überall in Mitteleuropa. Die Erinnerung an das, was einmal war, ist nur im Weg. Das erzwungene Vergessen ist der beste Verbündete falscher Utopie. Ohne Erinnerung sind wir alle Sklaven.«

An dieser Stelle schließe ich jäh, einigermaßen zufrieden mit mir selbst. Ich glaube, dass fast alles darunter war, was ich sagen wollte, dass es zusammenhängend und einigermaßen klar und konzis genug formuliert war, um meinen Überlegungen gerecht zu werden. Was Dozent Konečný von der Sache hält, weiß ich nicht. Meine Ausführung scheint sein Schweigen nur vertieft und verlängert zu haben. Dann legt er seine Füllfeder zur Seite und hebt den Blick vom Schreibtisch.

»So sehen Sie uns also.«

Es ist unklar, ob das als Frage oder als Feststellung gemeint ist. Das verunsichert mich.

»Ich dachte, Sie selbst würden es so sehen«, sage ich. »Dass es beim Prager Frühling darum ging.«

Dozent Konečný ist vom Schreibtisch aufgestanden. Er beginnt im Raum auf und ab zu gehen, langsam und mit den Händen auf dem Rücken, ehe er wieder hinter seinem leeren Sessel zu stehen kommt.

»Ein Roboter ist ein mechanischer Sklave«, sage ich. »Und der Golem ist ein menschlicher Sklave.«

Dozent Konečný betrachtet mich neugierig, es scheint, als mache er das zum allerersten Mal, seit wir uns kennen.

»Haben Sie von Ihren Überlegungen vielleicht etwas aufgeschrieben? Etwas, das Sie mir zeigen könnten?«

Das habe ich. Vor unserem Treffen habe ich einige Beispiele davon aufgelistet, was ich mit dem Kampf des Regimes gegen die Erinnerung in ihren unterschiedlichen Formen meine. Es ist auf Dozent Konečný zugeschnitten, um zu zeigen, wie systematisch der Kampf gegen die Erinnerung ist, wie untrennbar von einem solchen Regime. Und zwar von Anfang an. Sein Interesse schmeichelt mir, zugleich ärgere ich mich, dass ich nicht mehr Zeit darauf verwendet habe, noch weitere und vielleicht bessere Beispiele zu finden, besorgt, dass Dozent Konečný mein Material für viel zu dünn halten wird. Ich reiche ihm meine Zusammenstellung. Sie hat Platz auf einem Blatt Papier, das einzige Arbeitsergebnis der vergangenen zwei Monate, das ich vorweisen kann:

- Kampf gegen Erinnerung als Geschichtsschreibung (das Streben, die Geschichte umzuschreiben). Symbolischer Höhepunkt: als die Subskribenten der Großen Sowjetenzyklopädie nach dem Fall Lawrenti Berias aufgefordert wurden, die Seite mit seiner Biografie herauszuschneiden und durch eine neue zu ersetzen, die einen Eintrag zum Stichwort Beringsee enthielt.
- Kampf gegen Erinnerung als Genetik. Gegen Gregor Mendels Theorie, die besagt, dass in allem organischen Leben ein Code hinterlegt ist, der unveränderlich ist, eine Art ewiger Erinnerung, äußerem Einfluss unzugänglich. Symbolischer Höhepunkt: Josef Stalins und Nikita Chruschtschows lange Unterstützung für den wissenschaftlichen Scharlatan Trofim Lyssenko, der behauptete, dass erworbene Eigenschaften vererbt werden können.
- Kampf gegen Erinnerung als Kybernetik. Gegen Norbert Wieners kybernetische Theorien, dass der Mensch sich mithilfe des Maschinengedächtnisses und *feedback* der Umwelt selbst als unabhängiges »System« regeln kann.
- Kampf gegen Erinnerung als Psychoanalyse. Gegen Sigmund Freuds Theorien zum Unbewussten und den früh verdrängten Erinnerungen, die dort gespeichert sind, die aber auch als unbewusste und unzugängliche unsere Handlungen mitgestalten.
- Kampf gegen jene Erinnerung, die der Marktmechanismus

und Adam Smiths *invisible hand* mit sich bringen. Gegen die Vorstellung vom Markt als einem einzigen riesenhaften Gedächtnis, das automatisch alle relevanten Daten in Form von Preisen aufzeichnet, die die Wünsche der Menschen in Form von Angebot und Nachfrage widerspiegeln.
- Kampf gegen Erinnerung als Sprache. Etwa wenn Petersburg in Petrograd und dann in Leningrad umbenannt wird. Oder Zarizyn zu Stalingrad und dann zu Wolgograd wird (mitunter innerhalb weniger Jahre). Symbolischer Höhepunkt: George Orwells *newspeak*.

Aus Gründen der Vorsicht habe ich darauf verzichtet, mein Traktat zu datieren und zu unterzeichnen, es ist ausschließlich für Dozent Konečný bestimmt. In den Händen anderer wäre es eine unmittelbare Gefahr für mich, und nicht einmal über die Reaktion Dozent Konečnýs kann ich mir ganz sicher sein. Ich bin ein Wagnis eingegangen. Mein Betreuer hat wieder hinter dem Schreibtisch Platz genommen und nimmt sich für mich peinigend lange Zeit, um den Text durchzulesen.

»Und auf all das sind Sie selbst gekommen?« In seiner Stimme liegt Misstrauen, vielleicht auch Anerkennung. Ich hoffe auf Letzteres.

»Mehr oder weniger«, sage ich. »Aber die Verantwortung dafür trage selbstverständlich ich.«

»Eben«, sagt Dozent Konečný nachdenklich. »Eben.«

»Das ist natürlich keine vollständige Liste.«

Darauf antwortet Dozent Konečný nicht. Er bleibt sitzen, und mir steht mit einem Mal klar vor Augen, dass das, was er nun vor sich auf den Schreibtisch gelegt hat, nicht so sehr ein Traktat oder eine gewagte Abrechnung mit dem real existierenden Sozialismus ist als meine eigenhändig verfasste Kündigung, das Ende meiner Dissertation. Dass sie in jenem Moment begraben wurde, als sich Dozent Konečný von seinem

Schreibtisch erhob. Es ist, als habe er meine Gedanken gelesen:

»Sie sehen natürlich ein, dass wir das nicht verwenden können«, sagt er. »Dass das nicht publiziert werden kann.«

Etwas anderes habe ich nicht erwartet. Man kann nicht verlangen, dass Dozent Konečný ein Risiko eingeht, das seine eigene Position gefährdet. Mut oder sorglose Nachlässigkeit ist seine Sache nicht. Vermutlich hält er sich zurück, falls erforderlich, kommt oder geht vor allen anderen, versucht aber dennoch seine Integrität zu verteidigen. Es gibt kein Telefon auf seinem Schreibtisch. Schon das besagt einiges, ist nicht ganz ungefährlich, zudem anspruchslos. Mein Eindruck ist, dass mein Betreuer auf seine Art weiß, was er will. Was aber will er? In Ruhe gelassen werden, nicht gefragt, nicht befördert werden, sich der Verantwortung entziehen, ohne in der einen oder anderen Richtung Verdacht auf sich zu lenken. Auch Stellung zu beziehen ist nicht seine Sache. Nicht dafür oder dagegen sein; wenn es sein muss, meldet er sich vermutlich krank, und da alle wissen, warum, wird er nicht behelligt. Damit ist er bestimmt einverstanden und hat mit den Jahren fast so etwas wie Karriere gemacht, obwohl sein einziger richtig energischer Einsatz am Institut wohl jener ist, sich so wenig wie möglich von den anderen zu unterscheiden. Gefahr geht von dieser Person jedoch keine aus. Mit der Zeit wurde aus dem Respekt, mit dem man ihm am Institut begegnete, ohne dass jemand genau wusste, warum, sogar Sympathie, ja, beinahe Zuneigung.

»Beim nächsten Treffen kann ich einen vollständigeren Entwurf mitbringen«, sage ich, auch wenn ich weiß, dass das nicht die richtige Antwort ist. Ein weiteres Mal steht Dozent Konečný von seinem Schreibtisch auf und hat beginnt, im Raum auf und ab zu gehen. Dann fragt er, wie weit ich mit meiner neuen Arbeit gekommen sei und ob er behalten dürfe, was da vor ihm auf dem Tisch liegt.

»Selbstverständlich.«

Warum sage ich etwas so Dummes? Um zu rechtfertigen, dass ich mich so selten blicken ließ? Weil ich als Schüler meinem Lehrer zeigen will, was ich kann? Gleichzeitig birgt das ein Risiko: Meine »Theorie« ist als Beitrag zu meiner Dissertation untauglich, ihrem Inhalt nach konterrevolutionärer als das, was für die Warschauer-Pakt-Staaten vor mehr als drei Jahren ausreichte, um in dieses Land einzumarschieren. Dozent Konečný könnte mich jederzeit anzeigen; meine »Theorie«, eher ein Pamphlet oder Flugblatt, wäre mehr als hinlänglich, um mich auszuweisen. Ich will jedoch so lange wie möglich in Prag bleiben.

»Wussten Sie, dass der Golem tatsächlich einmal aufständisch wurde? Ein einziges Mal. Aber immerhin.«

Nein. Das wusste ich nicht. Dozent Konečný hat die Brille abgenommen, um sie zu putzen. Ohne Brille sind seine Augen trüb, sie sind kleiner geworden, zusammengeschrumpft, auf dem Grund glänzen und leuchten sie; zum ersten Mal sehe ich sie, ohne dass sie sich hinter dickem Glas verstecken.

Dass es zum Aufstand kommt, ist Rabbi Löws Schuld. Oder zumindest sein Fehler. Auf ein Stück Pergament hat der Rabbiner etwas geschrieben, das Dozent Konečný Gottes »heiligen und geheimen« Namen nennt, und nur ein solches sogenanntes *sch'ma,* dem Golem unter die Zunge gelegt, kann dem künstlichen Menschen Rabbi Löws Leben schenken. Erst wenn der Golem am Ende des Tages all seine Arbeiten und Dienste erledigt hat, entfernt der Rabbi das Pergamentstück mit der Formel darauf, und seine Schöpfung kommt sofort zur Ruhe, taucht während der Nacht in etwas ein, was wir uns nach Dozent Konečný wie einen tiefen Schlaf oder eine Winterruhe vorstellen sollen, bis der nächste Arbeitstag beginnt. Eines Abends jedoch – laut Dozent Konečný ein einziger – vergisst Rabbi Löw, das Pergamentstück zu entfernen, und wie in einem Albtraum bricht der Golem aus dem Haus des Rabbiners aus, tobt wie ein Berserker durchs Getto, zertrümmert Fenster, Karren und Türen, greift Menschen, Vieh und Haustiere an, ehe Rabbi Löw ihn einfangen und ihm das *sch'ma* entfernen kann.

»Eine höchst lehrreiche Geschichte«, sagt Dozent Konečný.

Er hat sich die Brille und mit ihr seinen gewohnten Gesichtsausdruck wieder aufgesetzt, überhaupt nicht unfreundlich, aber leicht distanziert und unverbindlich. Sein Gesicht sieht aus wie ein weißes Leintuch, ausgebleicht und allzu oft gewaschen. Ich bin versucht anzumerken, dass ich das, was er vom Aufstand des Golems erzählt hat, hoffnungsvoll finde, selbst wenn er unterdrückt wurde, komme aber nicht dazu, bevor er seinen Gedankengang fortsetzt:

»Wie konnte er so vergesslich sein?«

Dozent Konečný schüttelt den Kopf, mehrere Male, was er sagt, ist nicht an mich gerichtet, es scheint in seinem Inneren zu verschwinden. Es ist spät geworden, und die Dissertation, die es vielleicht gar nicht mehr gibt, ist genau genommen nicht zur Sprache gekommen. Dozent Konečný macht den Eindruck, er denke weiterhin über den Aufstand des Golem nach, darüber, wie er zustande kommen konnte, eher als darüber, wie die Ordnung wiederhergestellt wurde, und plötzlich sagt er, dass es spät geworden sei, dass er mich aber gerne als seinen Gast in seiner Stammkneipe Zu den zwei Katzen sehe, kurz nach sechs. Er würde sich darüber sehr freuen. Seiner Meinung nach sei es höchste Zeit, dass wir uns auch privat kennenlernten.

Kurz nach sechs finde ich mich in der Stammkneipe meines Betreuers ein und entdecke ihn an einem Tisch ganz hinten im Lokal. Gemeinsam mit Dozent Konečný sitzt dort ein eleganter Herr im Pepitaanzug und mit Krawatte, dünn wie eine Schnur, raucht filterlose Zigaretten und stellt sich als Herr Perlík vor, »zwanzig Jahre in der Automobilbranche«. Es stellt sich heraus, dass er Fahrschullehrer ist. Die beiden Herren, Dozent Konečný und Herr Perlík, kennen einander seit der Kindheit. Nahezu alles, was sie sagen, beginnt mit »Erinnerst du dich …?« oder »Schon damals …«, bevor sie einander große Bruchstücke aus der gemeinsamen Vergangenheit auftischen, wenn auch nur jene, an die man sich gerne erinnert und die zu hören angenehm sind.

Alles wird mit der Hausmarke aus Pilsen hinuntergespült, und ausgeschlossen aus dieser sentimentalen Inventur des ausschließlich Schönen und Ergreifenden von früher, beschränkt sich meine Teilnahme darauf, eine weitere Runde mit ihnen zu trinken. Zwei sind bereits getrunken, eine dritte steht auf dem Tisch, eine vierte gilt es zu vermeiden. Meine Dissertation oder etwas von diesseits der Schulzeit beider Stammgäste zu besprechen, wäre schlimmer, als Unordnung in ihre Inventur zu bringen, eine Unaufmerksamkeit und vor allem Unhöflichkeit, nicht zu entschuldigen, wie viele Bierkrüge auch immer ich leere.

Es wird ein sehr unterhaltsamer Abend. Als Herr Perlík herausfindet, dass ich keinen Führerschein habe, zeigt er sich besorgt, dann voller Eifer, diese Peinlichkeit in Ordnung zu bringen. Ein moderner Mensch kann unmöglich ohne Führerschein auskommen. »Aber das kriegen wir hin.« Herr Perlík notiert etwas auf einem Bierdeckel, sagt, dass ich ihn anrufen solle, am besten vormittags nach neun. »Allerdings erst in einem Monat, in diesem bin ich von früh bis spät beschäftigt.« Dozent Konečný hat seine Brille abgenommen, um sie zu putzen. Als ich meinen Teil der Rechnung bezahlen will, schüttelt er nur freundlich seinen Kopf.

Ein anderes Mal. Heute Abend sei ich sein Gast.

Nur wenige Tage nach meinem Treffen mit Dozent Konečný und Herrn Perlík sucht mich Jarka im Klementinum auf. Ohne vorher ihren Mantel in der Garderobe abzugeben, betritt sie den Lesesaal beinahe im selben Augenblick, in dem ich gerade von dem Buch vor mir aufblicke, an diesem Vormittag »R.U.R (Rossum's Universal Robots)« aus dem Jahr 1920, Karel Čapeks Drama über Roboter, die durch einen Aufstand versuchen, die ganze Welt zu übernehmen (ohne Erfolg). Jarka findet meinen Platz, ohne unter den hier in langen anonymen Tischreihen lesenden Studenten, alle über ihre Papiere und Bücher gebeugt, nach mir suchen zu müssen.

Ich habe sie seit Weihnachten nicht gesehen, seit bald einem halben Jahr. Sie sieht aus wie damals, wenn auch dünner und trotz breiter, schwarzer Ringe unter den Augen schöner, zieht einen freien Stuhl heran, setzt sich und erzählt flüsternd, dass ihre Mutter sehr krank sei, das Bett nicht mehr verlassen könne, dass es eigentlich keine Hoffnung mehr gebe.

»Eigentlich?«

Der Arzt gibt ihr im besten Fall noch eine Woche, und gestern Abend habe sie zu Jarka gesagt, dass sie mich sehen wolle. »Sie mochte dich ja immer so gern.« Jarka sieht sich rasch im Lesesaal um.

»Ich wusste ja, dass ich dich hier finden würde«, flüstert sie erleichtert.

Ich weiche ihrem Blick aus. Ich habe keine Lust, ihre sterbende Mutter zu besuchen, und Jarka tritt hier auf, als wolle sie mich öffentlich vor Zeugen dazu zwingen. Das Ganze ist peinlich genug. Ich fühle mich beobachtet, wenngleich uns wohl niemand bemerkt hat und die im Lesesaal vorgeschriebene Ruhe, die Jarka dazu anhält zu flüstern und sich kurz zu fassen, mehr auf meiner als auf ihrer Seite ist.

Ihre Mutter?

Ich antworte ausweichend, sage, dass auch ich sie immer

gern hatte und dass ich, falls Jarka das wolle, versuchen könne vorbeizukommen, aber nicht wisse, wann ich dafür Zeit haben werde.

»Der Doktor sagte, eine Woche.« Jarka sieht verärgert aus. Und flüstert, zischt beinahe: »Die Leute haben nicht die Angewohnheit, dann zu sterben, wenn es den anderen passt.«

Mit dieser Replik ist sie zufrieden; sie beruhigt sich, wir sitzen eine Weile still. »So viele Bücher«, flüstert sie und sieht sich im Lesesaal um, in dem die Bücher entlang der Wände in langen Reihen dicht aneinander stehen, stumm, in meinen Augen aber auffordernd, als warteten sie ungeduldig auf Fortsetzung.

Plötzlich drückt sie sich eng an mich. Ich bin jedoch auf der Hut, bleibe starr und standhaft, mache nichts, um sie aufzufordern, nichts, um bei ihr die geringste Hoffnung zu wecken, dass unser Verhältnis von Anfang an oder vielleicht von Weihnachten an wieder beginnen könnte, nur weil ihre Mutter gerade im Sterben liegt.

»Ich komme«, flüstere ich.

»Morgen. Um fünf?«

»Morgen um fünf.«

Jarka steht jäh auf. Sie hat bekommen, was sie will, wendet flink mein Buch, um zu sehen, was ich lese, bevor sie es ohne Kommentar wieder vor mir zurück auf den Tisch legt. Sie geht, ohne sich noch einmal umzudrehen, aus dem Lesesaal, als ob sie weder Čapeks Roboter noch alle diese Bücher entlang der Wände das Geringste angingen.

Einige Minuten nach fünf läute ich kurz an der Tür. Im Halbdunkel dahinter ist Jarkas Gesicht blasser und noch schmäler als gestern, die schwarzen Ringe unter den Augen sind jedoch unverändert vorhanden, und wie schon im Lesesaal flüstert sie, anstatt mit mir zu sprechen. »Mama ist gerade aufgewacht.« In dem kleinen an die Küche grenzenden Alkoven liegt ihre Mutter auf dem Rücken im Bett. Ihr Gesicht ist weiß und durchscheinend, wie ein dünn ausgewalzter Teig, ein Gesicht, ganz glatt von den Medikamenten und von der Nähe des Todes. Dem Tod bin ich bisher nur ein oder vielleicht zweimal so nahe gekommen. Über die Stirn ziehen sich nun vier tiefe schwarze Furchen durch all das Glatte, das es hier zuvor nicht gab; sie laufen an der Nasenwurzel zusammen, die Nase ist geschrumpft, hebt sich nur unbedeutend aus dem Teig des weißen Gesichts. Auf einem kleinen Tisch neben dem Bett stehen mehrere leere Gläser mit Löffeln darin. In einem Glas mit Wasser liegen ihre dritten Zähne.

Besonders viel Zeit bleibt Jarkas Mutter wohl nicht mehr. Ihre Tochter bestätigt – die Sterbende sei nun schon seit mehreren Tagen wie mit Mehl gepudert, die hohlen Wangen seien eingefallen, sie habe in der letzten Zeit meist phantasiert. Zur Toilette muss Jarka sie tragen, und ich denke, dass es die Mutter mit einer Tochter, die Wasserspringerin ist, trotz allem glücklich getroffen hat. Laut Jarka ist bis zu dieser Stunde das einzige Lebendige in diesem Gesicht die weiße, immer spitzere Nase.

»Eigenartig, aber ich habe sie zuvor nie gesehen.«

Nun beugt sie sich tief zur Mutter im Bett hinunter und legt den Mund dicht an deren Ohr. »Maminka«, flüstert Jarka, »er ist hier. Er ist gekommen, um zu sehen, wie es dir geht.«

Die Mutter liegt reglos mit geschlossenen Augen da, als hätte sie nichts gehört. Jarka hat sich auf die Bettkante gesetzt und streicht einige weiße, klebrige Haarsträhnen aus der Stirn der Mutter. Vielleicht hat sie Fieber. Die Mutter reagiert weder auf die Berührung noch darauf, was ihre Tochter gesagt hat. Dann aber öffnet sie plötzlich die Augen und sieht sich im Zimmer um, mit einem Blick, der gegenwärtig wie auch eigentümlich klar ist. Das ermutigt Jarka zu einer weiteren Anstrengung.

»Er ist jetzt hier«, versucht sie es erneut. »Maminka, hörst du mich?«

Die Mutter aber schweigt weiterhin, während sie mich mit diesem eigentümlich klaren Blick betrachtet. Hört sie nicht? Hat sie mich vielleicht vergessen? Ich drehe mich zu Jarka, zu meiner Bestürzung sehe ich Tränen über ihre Wangen rinnen. Noch aber ist ihre Mutter nicht tot.

»Mama«, sagt sie und beugt sich ein weiteres Mal über die Mutter im Bett. »Er ist jetzt hier.«

»Vielleicht hört sie mich nicht«, flüstere ich.

Dann aber bewegen sich plötzlich die Kiefer der Mutter, auf und ab hinter geschlossenem Mund, und noch einmal, als kaue sie auf etwas, ohne sich entscheiden zu können, ob sie es auch schlucken solle. Die Augen? Sie sind wieder geschlossen. Die Augenlider zittern leicht, beinahe unsichtbar, wie die Nase eines schnuppernden Kaninchens, der Kopf ist noch tiefer in die Kissen gesunken, ist nahe daran, ganz zwischen ihnen zu verschwinden; nicht mehr als die schmale Nasenspitze und die schwarzen, tiefen Furchen auf der Stirn sind zu sehen. Reglos liegt sie da wie vorhin. Damit scheint mir die Sache entschieden.

»Sie hört uns nicht«, sage ich zu Jarka. »Sie muss mich vergessen haben.«

Aber es ist immerhin Jarkas Mutter, und Jarka nimmt deren eine Hand in ihre beiden, streichelt sie nicht nur einmal, sondern mehrere Male, bis die Mutter beide Augen wieder öffnet, ganz klar und von einem kühlen Blau; der kleine Kopf taucht aus den Kissen auf wie ein Stück Eis in fließendem Gewässer, hartgefroren und steif. Lediglich die Lippen bewegen sich, prüfend und zuerst ohne Worte, dann aber sagt die Mutter plötzlich mit fester und lauter Stimme: »Werden Sie meine Jarka heiraten?«

Was sie sagt, ist für uns beide im Raum deutlich zu hören,

obwohl es nur an mich gerichtet ist. Unentwegt hält sie mich mit ihrem klaren und strengen Blick fest, ebenso schonungslos wie der Tod hier im Raum, der sie noch eine Weile gewähren lässt.

»Ich will, dass Sie das tun«, sagt die Mutter.

»Ja«, antworte ich und bemühe mich, das so klar und laut zu sagen wie die todkranke Frau im Bett. »Das werde ich.«

Die Mutter betrachtet mich noch eine Weile, dann schließt sie wieder die Augen. So bleibt sie völlig reglos und ziemlich lange liegen, bis sie unvermutet sagt: »Herr Brouček ist auch dieser Meinung.« Danach verstummt sie. Gäbe es im Raum eine Uhr, dann, denke ich, hörte ich sie ticken. Jarka beugt sich noch einmal über ihre Mutter, als warte sie auf letzte Worte, die sie aber nur mit dem Ohr dicht am Mund der Mutter hätte verstehen können.

Vorsichtig richtet sie sich an der Bettkante auf.

»Ich glaube, sie schläft jetzt.«

»Dann ist es vielleicht am besten, wenn ich jetzt gehe«, flüstere ich.

Jarka begleitet mich zur Tür, öffnet sie, und in Sicherheit auf der anderen Seite der Schwelle wende ich mich um und streichle ihr über die Wange. Woher diese Scheu, diese plötzliche Unbeholfenheit?

Sie lächelt still und nimmt meine Hand.

»Ich weiß ja, dass es nicht wahr ist«, flüstert sie. »Aber es war schön von dir gesagt.«

Das macht mich verlegen und mir peinlich bewusst, dass ich gelogen habe.

»Es hat ja nur für deine Mutter Bedeutung. Deshalb habe ich es gesagt. Ich glaube, du verstehst das.«

Jarka nickt und lächelt immer noch ihr nach innen gewandtes, mildes Lächeln, als höre sie, was ich sage, obwohl sie irgendwo anders ist.

»Ja«, sagt sie leise. »Mama hat es bestimmt glücklich gemacht.«

»Jeder hört ja das Seine.«

»Ja. Jeder hört das Seine.«

»Ich glaube, es ist am besten, wenn ich jetzt gehe«, sage ich.

»Ja. So wird es am besten sein.«

Noch aber bin ich nicht bereit zu gehen.

»Wer ist Herr Brouček?«

Jarka lächelt wieder, hebt kaum sichtbar die Schultern. Das wisse sie nicht. In der letzten Zeit habe ihre Mutter bei mehreren Gelegenheiten die Namen von Personen genannt, die sie nicht kennt.

»Die ganze Zeit spricht sie über Leute, von denen ich noch nie gehört habe. Ich weiß nicht einmal, ob es sie gibt.«

Nun möchte ich aber gehen.

»Herr Brouček ist wohl einer davon.«

»Ja«, sagt Jarka in den engen Türspalt zwischen uns, nicht viel mehr als ein Schlitz oder eine Ritze, dennoch einem Abgrund gleich, bevor sie die Tür zur Wohnung vorsichtig zuzieht.

»Herr Brouček ist bestimmt einer davon.«

Herr Perlík musste den Wagen absichtlich um die Ecke des Hotels Intercontinental geparkt haben, denn noch bevor der Kaffee ausgetrunken war, stand er auf und sagte, lassen Sie uns sofort anfangen, gleich jetzt, obwohl ich nicht damit gerechnet hatte, ohne Vorwarnung meine erste Fahrstunde zu absolvieren.

Das Auto war ein Škoda, rot lackiert und rostig, mit einer Doppelbedienung ausgestattet, die aus verschiedenen Pedalen und Hebeln vor dem Sitz für den Beifahrer bestand. Herr Perlík setzte sich ans Steuer und ich mich neben ihn. Sehen Sie jetzt genau zu, wie ich das mache, sagte er und fuhr rückwärts aus dem Parkplatz, bog ab auf die Strossmayerstraße und hielt auf das Stadtzentrum zu, wie man das Auto startet, lernen wir später, sagte er.

Bevor Herr Perlík sich ans Steuer setzte, hatte er ein Paar weißer Handschuhe übergezogen, die um die Handgelenke geknöpft wurden und die Außenflächen der Hände nackt ließen. Alles ist eine Frage des Stils, sagte er, passen Sie jetzt genau auf, wie ich die Arme führe, und seine Ellbogen waren in die Höhe gehoben und die Arme angewinkelt, sodass Herr Perlík wie eine Eier legende Henne aussah, als er mit kleinen, sehr weichen Bewegungen und steifen Armen das Lenkrad vorsichtig von der einen zur anderen Seite drehte, schon im Zu den zwei Katzen habe ich gesehen, dass Sie Talent haben, sagte er, dass ich mit meiner angeborenen Begabung bald ein geschickter Autofahrer sein würde und dazu Glück hätte, meine Ausbildung gerade hier in Prag zu erhalten, eine für jeden Fahrer sehr fordernde Stadt mit ihren engen Straßen, gepflasterten Gassen und Ampeln, die nicht immer von Grün auf Rot umschalteten, mit all den Gefahren, die das für den Verkehr mit sich brächte, ganz zu schweigen von den Verkehrsteilnehmern, die sich hier schwertun, links von rechts zu unterscheiden oder umgekehrt, die nie gelernt hätten einzuparken, sagte Herr Perlík, alles für einen Fahrschüler glückliche Umstände, die ermöglichten, dass ich in Zukunft in einer Stadt wie zum Beispiel New York oder Kalkutta nicht die geringsten Schwierigkeiten hätte. Von diesen war Kalkutta am schlimmsten, das hatte Herr Perlík aus sicherer Quelle, eine Stadt, in der man mit Kühen im Straßenverkehr rechnen muss, die oft gutmütig wiederkäuend auf der Fahrbahn liegen, ohne die geringste Absicht, sich vom Fleck zu bewegen, und diese Unbeweglichkeit hat sogar den Segen der Priester, sagte er empört, stellen Sie sich das einmal vor! Solche Probleme blieben uns laut Herrn Perlík in Prag erspart, nicht einmal mit Hunden, die plötzlich vors Auto rannten, wäre hier zu rechnen, da die Prager viel zu sehr an ihren Hunden hingen, um sie solchen Gefahren auszusetzen, einer Stadt, in der die Wahrscheinlichkeit, einen Biertrinker auf dem Nachhauseweg von seinem Stammlokal zu überfahren, weitaus größer wäre, als einen Dackel zu töten. Und während er sich auf diese Weise über die theoretische Seite der Kunst des Autofahrens ausließ, demonstrierte er mit steif emporgehobenen Ellbogen und den behandschuhten Händen am Lenkrad deren praktische Seite, auch wenn es auf mich den Eindruck machte, als wäre Herr Perlík mehr damit beschäftigt, neugierig nach links und nach rechts zu schauen, statt die Augen durch die Windschutzscheibe auf den Verkehr vor uns zu richten, der langsam und träge durch das Prager Zentrum rollte.

Die Hybernská entlang, an Prag-Mitte und dem Café Arco vorbei fuhr Herr Perlík weiter Richtung Vinohrady, während er die ganze Zeit kurze Kommentare zu den Gebäuden und Plätzen abgab, an denen wir vorüberkamen. Pulverturm, sagte er, hier das Revolutionsmuseum, oder: Zu unserer Linken sehen Sie den Prager Hauptbahnhof. Am Morgen hatte es geregnet, es musste schwierig gewesen sein, den Wagen zu lenken, die Fahrbahn war vom nassen Kohlenstaub schmierig, vielleicht waren auch die Reifen abgenutzt, denn immer wenn wir vor einer roten Ampel bremsen mussten, rutschte das Auto mit blockierten Rädern ein Stück weiter, ehe wir standen. Die Ampel sprang um, schlingernd setzten wir uns wieder in Bewegung, und schon bei Gelb gab Herr Perlík wieder seiner Überzeugung Ausdruck, dass alles eine Frage des Stils wäre, dass wir, genau genommen, Zeit vergeudeten, wenn ich den Wagen lenkte, schließlich wäre ich zum Autofahrer geboren, und dass es deshalb genügte, wenn ich ihn und seinen Stil studierte, mir die Bewegungen und Handgriffe ebenso wie deren Zusammenspiel genau einprägte, während er, Herr Perlík, am Steuer bliebe. Um Verkehrszeichen und Regeln zu lernen, hätte ich später Zeit genug, Übung macht den Meister, sagte er auf Deutsch und fügte hinzu, wie Schiller zu sagen pflegte, auch wenn das gar nicht stimmte, machte aber nichts, streng genommen machte das überhaupt nichts, und erst in der Nähe des großen Friedhofs in Vinohrady parkte Herr Perlík in einer dunklen Seitengasse vor einem Tor, wo ein Mann bereits auf der Straße stand und so aussah, als hätte er lange auf meinen Fahrlehrer gewartet. Der Mann hielt einen Jutesack im Arm. Der Sack war unförmig und schmutzig; mir schien es, als bewegte sich etwas darin. Herr Perlík legte ihn auf die Rückbank, einer meiner Schüler, sagte er und zeigte auf mich, ein famoses Talent, und der Mann auf dem Gehsteig beugte sich herunter und schaute neugierig in den Wagen, um mich da auf dem Beifahrersitz zu inspizieren. Sein Gesicht glich einem blassen Vollmond mit Kratern von schwarzen Bartstoppeln, ach ja, sagte er, wenn Sie das sagen.

Dann fuhren wir weiter, Herr Perlík erklärte mit hochgehobenen Ellbogen, dass wir nun nach Podolí müssten, wohin der

Sack geliefert werden sollte, um dann aus einer Druckerei eine größere Menge bereits gedruckter Wandkalender für das nächste Jahr abzuholen, die zu Weihnachten und mit dem ersten Schnee in den Läden bereits am ersten Tag ausverkauft seien, jedes Jahr dasselbe, sagte er verärgert, und auf dem Weg in die Druckerei kamen wir die Francouzská entlang und an dem Haus vorbei, in dem Familie Lukáš, vormals Lustig, wohnte und in dem ich mehr als nur einmal zum Abendessen ohne Austern war, und Herr Perlík deutete mit seiner behandschuhten Hand nach links und nach rechts und sagte, dass auf dieser Straße nur reiche Menschen wohnten, Leute, denen die Geschichte nichts anhaben könne, die immer weich landeten, egal, ob sich Prag nun nach Hitler oder nach Stalin zu richten hatte; und mit zwei großen Kartons voller Kalender des neuen Jahres, deren erstes Blatt erst in einem halben Jahr von der Wand gerissen werden würde, fuhren wir von Podolí zurück Richtung Holešovice, und kurz vor der Šverma-Brücke sagte Herr Perlík, Sie wissen sicher, wie die Brücke früher hieß, ich wusste es, und Herr Perlík fragte, wie lange ich in Prag bleiben wolle, nicht besonders lange, antwortete ich, es sieht nicht so aus, als würde aus meiner Dissertation etwas werden, und mit dieser Antwort war Herr Perlík zufrieden. Wirtschaft in einer Stadt wie Prag zu studieren wäre nur Unfug und Zeitverschwendung, im Vertrauen könne er mir sagen, dass ganz sicher auch sein alter Kindheitsfreund, mein Doktorvater Dozent Konečný, dieser Meinung sei. Ein Führerschein hingegen sei etwas Nützliches, sagte er, damit könne man immer etwas anfangen, und meiner wäre fertig, wann immer ich wollte, er müsse nur eine Woche im Vorhinein wissen, wann ich beabsichtigte, Prag zu verlassen.

Alles andere überlassen Sie mir, sagte Herr Perlík.

Zurück auf dem Parkplatz des Hotels Intercontinental muss er von starken Gefühlen überwältigt worden sein, denn aus seiner Brieftasche zog er einen vergilbten Zeitungsausschnitt hervor, ein unscharfes Foto, das etwas zeigte, was wie ein kleiner, zweisitziger Sportwagen mit verlängertem Heck aussah. Wir durften es nicht bauen, sagte er bitter, auch wenn ich nicht verstand, wen er mit »wir« meinte, die gesamte tschechische Nation etwa oder nur die Škodawerke, was sich aber auf dem zerknitterten Bild befand, war gewissermaßen dort auf dem Papier geblieben, nie in Produktion gegangen, und noch Jahre später schien Herr Perlík der Unfähigkeit nachzutrauern, die Ingenieurskunst der Nation in ein reiches Angebot von Pkws für tschechische Fahrzeuglenker zu verwandeln, etwas, wofür er im Vorbeigehen die Kommunisten verantwortlich machte; vor dem Krieg hätte man in Böhmen ja schließlich Autos gebaut, die in ganz Europa berühmt waren, außerdem ihrer Zeit weit voraus, und ich dachte an den Tatraplan, den man in Prag nach wie vor sehen konnte und der mit seiner stromlinienförmigen Karosserie und dem langgezogenen Heck wie ein Delfin oder kleinerer Wal aussah, der sich mittlerweile aber weniger tummelnd als stotternd durch den Prager Straßenverkehr bewegte, und Herr Perlík nickte betrübt, Autos, ihrer Zeit weit voraus, sagte er, damals, als wir hier im Land noch eine Zukunft hatten.

Zum ersten Mal in Prag lief mir die Zeit davon. Die Zeit, die es bisher im Überfluss gegeben hatte, war in dem Maß knapp geworden, in dem mein Entschluss gereift war, die Dissertation aufzugeben, und jene, die übrig blieb, musste ich nun hinter dem Lenkrad verbringen, um wenigstens zu einem Führerschein zu kommen. Während ich aber auf dem Weg zurück in meine alte schwedische Zeit war, befand Herr Perlík sich in seiner tschechischen, ließ mich nicht ans Steuer und nutzte die Fahrstunden weiterhin dafür, diverse Besorgungen zu machen, etwas in Autowerkstätten abzugeben oder von dort zu holen, in Warenlagern oder in engen, kleinen Vorstadtläden, in denen er dem weiblichen Personal kavaliermäßig die Hand küsste, jungen Frauen in sehr kurzen Röcken, die im Rückspiegel auf der

Straße stehen blieben, wenn wir von dort wieder wegfuhren, und uns hysterisch nachwinkten, bis wir aus dem Blick verschwanden. Selten nur hob er die Ellbogen etwas höher, als hätte ihn plötzlich das schlechte Gewissen eingeholt und er sich an seinen pädagogischen Auftrag erinnert, Sie vergessen hoffentlich nicht, mich zu beobachten, sagte er, sehen Sie jetzt genau zu, wie ich diese Kurve nehmen werde, und erst nach einem halben Dutzend sogenannter Lektionen war die Zeit gekommen, dass Herr Perlík mir, als er mich wie immer auf dem Hotelparkplatz des Intercontinental abholte, seinen großen Plan verriet.

Zu Ehren des Tages trug er denselben eleganten Pepitaanzug wie damals, als wir uns im Zu den zwei Katzen zum ersten Mal getroffen hatten, dazu einen kleinen, zerknitterten sportlichen Hut, eine breite mit einem englischen Knoten gebundene Strickkrawatte, und in der Mitte eine große, mattglänzende Perle, die mit einer Nadel befestigt sein musste, die irgendwo im Innern des Gewebten verschwand. Es war mir klar, dass es nun ernst wurde. Mit Herrn Perlík hatte ich mich bereits auf den Preis für seine Fahrstunden inklusive Führerschein geeinigt, zweihundert schwedische Kronen und zwei Flaschen Johnnie Walker Red Label, die ich ja ohne Schwierigkeiten im Tuzex-Laden kaufen könnte.

Ich kenne den Polizeimajor, der Ihren Führerschein ausstellen wird, sagte Herr Perlík. Das ist ein Freund von mir. Er wohnt in Spořilov und nimmt jeden Tag den Bus in die Stadt, und am Tag Ihrer Prüfung holen wir ihn ab und fahren ihn ins Büro. Das wird einen guten Eindruck auf ihn machen und reicht als praktischer Teil. Wenn wir dann im Büro ankommen, setzt er noch seine Unterschrift dazu, und schon haben Sie Ihren Führerschein. Ich war davon nicht ganz überzeugt. Müsse nicht auch eine mündliche Prüfung abgelegt werden, bevor es Zeit für die Unterschrift ist? Kein Problem, sagte Herr Perlík. Ich habe ihn informiert, dass Sie nur Deutsch sprechen, und sehr viel mehr als »Achtung« oder »Heil Hitler« beherrscht der Major nicht. Also halte ich die Prüfung auf Deutsch ab und übersetze Ihre Antworten für den Major ins Tschechische, sagte er und richtete sich die Nadel auf der Krawatte zurecht. Falls es Ihnen lieber ist, können Sie auch auf Schwedisch antworten.

Doch zuerst musste geübt werden, genauer gesagt, auf der Strecke zwischen Spořilov und der Altstadt, und das taten wir. Herr Perlík lenkte den Wagen und bat mich, mir die Straßenbahnhaltestellen, Zebrastreifen und Ampeln genau einzuprägen, alles muss hier drinnen sitzen, sagte er und klopfte sich mit der behandschuhten Hand mehrmals leicht an die Schläfe, und nachdem wir nach Spořilov gefahren waren und Herr Perlík auf das Haus gezeigt hatte, in dem im vierten Stock der Polizeimajor wohnte, ein trauriges, kasernenähnliches Hochhaus, das, wie es schien, von seiner schmutzig grauen Farbe zusammengehalten wurde und direkt aus dem grauen, nackten Boden hervorwuchs, fuhren wir wieder zurück, merken Sie sich diese Ampeln hier, sagte er, sie schalten schneller um als jene, an denen wir eben vorbeikamen, vergessen Sie das nicht, und auf diese Weise fuhren wir eine Woche lang hin und zurück, mitunter mehrmals täglich, zwischen der Polizeimajorsadresse in Spořilov und dem Polizeihauptquartier in der Altstadt, gerade das letzte Stück war das schwierigste, und nur die beiden letzten Male ließ Herr Perlík mich hinter dem Steuer Platz nehmen, es klappte einigermaßen, nur beim letzten Mal auf dem Weg nach Prag hinein bremste ich zu spät und fuhr in das Auto vor uns. Kein größerer Schaden war entstanden, nur eine Delle im Kofferraum und ein verbeultes Nummernschild, Herr Perlík aber erstarrte, die Augen verengten sich zu zwei dunklen Schlitzen, und mit leiser Stimme bat er mich, sofort vom Fahrersitz auf seine Seite hinüberzurutschen, weniger eine Bitte als ein Befehl, ging rasch auf das Auto vor uns zu, wo er sich ziemlich lange mit dem Fahrer unterhielt, einem jungen Mann in meinem

Alter, und als Herr Perlík zurückkam, war er so freundlich und gutmütig wie immer. Gute Nachrichten, sagte er, nachdem er sich wieder ans Steuer gesetzt hatte, der Kerl hat keinen Führerschein, eine Entschädigung kann er sich jetzt sonstwo suchen.

Es war noch finster, als wir im Morgengrauen den Polizeimajor in Uniform abholten, der sich, ohne mich da hinter dem Lenkrad zu grüßen, auf die Rückbank setzte. Der Major war kahlköpfig, fett und an diesem frühen Morgen schlecht rasiert, im Gesicht hatte er mehrere kleine Schnittwunden, die er hin und wieder mit einer Papierserviette abtupfte. Ich steuerte in der Dunkelheit vorsichtig auf die Stadt zu, über jene Route, die ich seit mehr als einer Woche fast auswendig kannte, und während Herr Perlík vom Beifahrersitz aus mit den Füßen auf den Brems- und Kupplungspedalen der Doppelbedienung diskret mithalf, hatte er sich zur Rückbank gewandt und unterhielt lautstark den Major mit einem Schwall an Phrasen und Blödeleien, die so früh am Morgen noch dümmlicher wirkten, als das mitten am Tag der Fall gewesen wäre, und im Rückspiegel konnte ich sehen, wie der Major weiter hin und wieder sein fettes, mürrisches Gesicht und die Wunden vom Rasierer mit seiner Papierserviette abtupfte; nach wie vor hatte er kein einziges Wort gesprochen, ein so regloses Gesicht, dass sich unmöglich sagen ließ, ob er Herrn Perlík zuhörte oder nicht. Die Fahrt in die Stadt hinein verlief trotz der Dunkelheit überraschend gut, nur an der letzten Ampel starb der Motor ab, ich vermochte den Wagen aber ohne Herrn Perlíks Hilfe wieder in Gang zu bringen, und da es noch früh am Morgen war, war die Straße vor der Arbeitsstätte des Polizeimajors ganz leer; genau wie Herr Perlík vorausberechnet hatte, bestand keine Notwendigkeit, dass ich tatsächlich einparken musste, ein Teilbereich der Fahrkunst, den wir nicht einmal geübt hatten.

Der Rest bedarf nicht vieler Worte. Ebenso mürrisch und schweigsam wie zuvor im Wagen nahm der Polizeimajor hinter seinem Schreibtisch Platz, Herr Perlík und ich auf zwei Stühlen vor ihm, und mein Fahrschullehrer fragte mich auf Deutsch, und ich antwortete in derselben Sprache: dreißig Stundenkilometer, und er nickte ernst, wandte sich zum Polizeimajor und sagte auf Tschechisch, vollkommen richtig, fünfzig Stundenkilometer, und auf Deutsch sagte ich: bei einem Kreisverkehr, und an den Polizeimajor gewandt sagte Herr Perlík mit gespieltem Erstaunen auf Tschechisch: na, was sagt man dazu, an einem Bahnübergang, wieder vollkommen richtig, und so ging das noch eine Weile weiter, ohne dass der Polizeimajor auch nur ein Wort sagte oder uns in irgendeiner Weise wissen ließ, was er von der Sache hielt, bis Herr Perlík plötzlich aufstand, eine Füllfeder aus der Innentasche des Anzugs holte und an mich gerichtet auf Deutsch dazu gratulierte, dass ich die Prüfung bestanden und keine einzige Frage falsch beantwortet hätte, dann mit feierlicher Geste die Füllfeder dem Polizeimajor reichte, der sie ohne eine Miene zu verziehen und ohne Kommentar entgegennahm und seine Unterschrift in ein kleines Heft mit steifem rosa Einband vor sich auf dem Tisch kritzelte, das ich zuvor dort nicht gesehen hatte. Herr Perlík wandte sich mit einigen weiteren nichtssagenden Phrasen an den Polizeimajor, sagte *na shledanou*, auf Wiedersehen, und plötzlich, als hätte er genug oder als wäre es hoch an der Zeit, den Arbeitstag zu beginnen, schüttelte der Polizeimajor erst Herrn Perlík und danach auch mir die Hand, scheuchte uns dann beinahe aus dem Zimmer, bevor er, ohne ein Wort des Abschieds, die Tür hinter uns schloss.

Auf der gegenüberliegenden Straßenseite gab es ein Lokal, das schon geöffnet hatte. Zwei Kellnerinnen waren eben noch damit beschäftigt gewesen, mit Bürsten an langen Stielen den Fliesenboden aufzuwischen, und Herr Perlík und ich setzten uns in eine Ecke und bestellten jeweils Kaffee, der eigentlich zu dünn und zu wässrig war, um damit die bestandene Prüfung zu feiern. Im Großen und Ganzen ist alles wie geplant gelaufen.

Ihr Talent ist wirklich außerordentlich, daran besteht kein Zweifel, sagte Herr Perlík, und es war deutlich zu bemerken, dass auch unser Polizeimajor das verstand, sobald er sich in den Wagen gesetzt hatte, und als hätte er meine Gedanken gelesen, erklärte er, dass man nie dem Schein nach urteilen dürfe, dass im Leben nichts so sei, wie es auf den ersten Blick wirkt oder aussieht. Nehmen Sie zum Beispiel unseren Freund, den Polizeimajor, sagte Herr Perlík. Wer ihn nicht kennt, dem mag er vielleicht als eine Person mit beschränktem Horizont erscheinen, ja, als geradezu einfältig. Doch laut Herrn Perlík könnte nichts falscher sein, denn wer den Major wirklich kenne, für den verberge sich hinter der etwas finsteren Fassade ein hervorragendes Urteilsvermögen und eine blitzschnelle Auffassungsgabe, ja, wie soll ich sagen, sagte Herr Perlík und hob den Blick zur Decke, als erwartete er sich von oben die richtigen Wörter, hinter dieser Fassade verbirgt sich eine erstklassige polizeiliche Begabung.

Doch sofort nachdem er das festgestellt hatte, sah Herr Perlík betrübt aus, seufzte und zog meinen Führerschein aus der Tasche, ein dünnes, kleines Dokument, in rosa Plastik eingebunden, und legte es vor uns auf den Tisch, ehe er ein weiteres Mal seufzte. Nach einer kurzen Pause fand er die Worte wieder und machte deutlich, wie gerührt er sei, sich der Feierlichkeit des Augenblicks bewusst, und so wie ich mich über den Führerschein freuen könne, sehe er seinerseits mit Bedauern, was letztlich auf einen unwiderruflichen Abschied hinauslief und durch dieses Dokument hier vor uns auf dem Tisch so traurig bestätigt schien. Ja, sagte Herr Perlík und strich sich mit der Hand über die Augen, mir ist unsere gemeinsam verbrachte Zeit im Auto sehr ans Herz gewachsen. Das will ich nicht leugnen. Aber so etwas geschieht nun mal, ich hänge eben sehr an Ihnen und Ihrem liebenswürdigen Wesen, man könnte fast sagen, dass hinter dem Steuer zwei Menschen zueinander gefunden haben, und all das haben wir dem hier zu verdanken, sagte er und klopfte mit seinen Fingerknöcheln auf den Führerschein vor uns, nicht nur ein oder zwei, sondern drei Mal. Denken Sie bitte an mich, wann immer Sie Ihren Führerschein zur Hand nehmen, und bedenken Sie, wie ein so scheinbar unbedeutendes Dokument zwei Menschen zusammenbringen kann. Und vergessen Sie nicht, dass alles eine Frage des Stils ist! Das Leben handelt von nichts anderem als Stil, sagte ein nun merklich gerührter Herr Perlík, keine Regeln oder Verordnungen können ihn je ersetzen, und wenn Sie erlauben, so ist meine einzige Kritik an Ihrer heutigen Fahrweise, dass Sie die Ellbogen etwas höher hätten halten müssen, die Arme mehr im rechten Winkel. Aber Gott sei Dank war es dunkel und der Polizeimajor hat nichts bemerkt.

Der Fahrschullehrer stand auf, nahm seinen Hut und den Papiersack, in dem sich an diesem frühen Morgen zwei Flaschen befunden hatten, jetzt aber nur noch eine, verbeugte sich kunstvoll mit dem Hut in der Hand und wünschte mir eine angenehme letzte Zeit in Prag. In zehn Tagen sollte ich ja ohne Dissertation, jedoch mit Führerschein wieder heimreisen müssen.

Dann ging er zur Tür hinaus und verschwand beinahe sofort im Gewimmel draußen, zwischen den Einwohnern Prags auf ihrem täglichen Weg zur Arbeit, ein Teil von ihnen so früh am Morgen immer noch halb im Schlaf.